Architektur und Denkmal

Oskar Spital-Frenking

Architektur und Denkmal

Der Umgang mit bestehender Bausubstanz:

Entwicklungen
Positionen
Projekte

Verlagsanstalt
Alexander Koch

ISBN 3-87422-640-9

Produktion: Herstellungs-Service
Goldener Schnitt, Sinzheim
Gesamtherstellung: Karl Weinbrenner & Söhne GmbH & Co,
Leinfelden-Echterdingen

Bestellnummer 640

Vorwort

Architekten und Denkmalpfleger, Architektur und Denkmalpflege pflegen eine vielschichtige Beziehung seit nunmehr zwei Jahrhunderten. Diese Beziehung ist nicht eindeutig und je nach persönlichem Standpunkt und persönlicher Überzeugung bewegt sie sich zwischen tief verwurzelter Ablehnung und engagierter, fast idealistische Züge annehmender Zuneigung. Im Laufe der Entwicklung muss allerdings festgestellt werden, dass unabhängig von den persönlich geprägten Facetten gegenseitiger Wertschätzung inzwischen eine fortschreitende Distanzierung voneinander stattfindet.

Architekten und Denkmalpfleger diskutieren jeweils unter sich. Wenn Architekten eine Veranstaltung zu dem Thema „Denkmalpflege" durchführen, werden sie hierzu in den meisten Fällen nicht einen renommierten Denkmalpfleger einladen, sondern eine namhafte Architektenpersönlichkeit, die darüber referiert, was sie unter Denkmalpflege versteht, was Denkmalpflege zu tun habe und vor allem was nicht. Gleiches gilt für die andere Seite, die der Denkmalpfleger. Wenn sie ihr eigenes wissenschaftliches Terrain verlassen, um über Maß, Aufgabe, Stellenwert oder Berechtigung neuer Architektur nachzudenken, suchen sie ebenfalls selten den Dialog mit renommierten zeitgenössischen Architekten. Entweder sie diskutieren und formulieren die Ziele selbst oder sie bemühen Architekten, die seit geraumer Zeit mit der eigenen Sichtweise vertraut und somit als assimiliert zu betrachten sind.

Der Prozess uneingeschränkter Neubautätigkeit scheint vorbei zu sein. Die Forderungen nach Ressourcenschonung, ein immenser Bestand an bereits erstellten Gebäuden, der genutzt werden will, zunehmende Probleme bei der Entsorgung von Abfall- und Müllmassen, die zu einem überwiegenden Anteil aus Baumüll bestehen, führen dazu, dass man sich vonseiten der Architektenschaft vermehrt den Fragen des Umgangs mit dem Altbaubestand wird widmen müssen – und damit auch wieder vermehrt den Denkmälern.

Architekten und Denkmalpfleger wissen zu wenig voneinander. Jeder pflegt die eingefahrenen Vorurteile über die andere Seite. Die Architekten werfen den Denkmalpflegern vor, dass sie neue Projekte und Ideen ver- oder behindern bzw. mit ihrem Hang zur Wissenschaftlichkeit die Objekte zu musealen Ausstellungsstücken machen. Die Denkmalpfleger werfen den Architekten vor, dass sie nicht über genügendes Wissen bezüglich historischer Architektur verfügen und diese lediglich als interessante und wertsteigernde Kulisse für ihre eigenen Neuschöpfungen ansehen und benutzen.

Dieses Buch richtet sich vornehmlich an Architekten. Es will über die Hintergründe und Anliegen denkmalpflegerischer Ziele und Kriterien informieren wie auch prinzipiell Probleme und konzeptionelle Ansätze für den allgemeinen Umgang mit der Altbausubstanz ansprechen. Es ist kein Lehrbuch und kann und will keine Rezepte vermitteln. Aber es möchte dazu beitragen, dass Architekten wie alle anderen an der Planung und den Entscheidungen Beteiligten bewusster und begründeter eine Haltung, einen begründeten prinzipiellen Standpunkt im Umgang mit der historischen Substanz, mit dem Denkmal einnehmen können. Die Formulierung eines begründbaren Standpunktes ist die Grundvoraussetzung für eine diskussions- und dialogfähige Arbeit im Zusammenspiel mit dem an einem Bauvorhaben zu beteiligenden Personenkreis.

Inhalt

Einführung

„Bamberg – eine Stadt bewahrt ihre Vergangenheit";
„Frankfurt a.M. – eine Stadt verdrängt ihre Vergangenheit",
aus dem Katalog der Ausstellung „Eine Zukunft für unsere Vergangenheit" zum Europäischen Denkmalschutzjahr 1975

Vor über zwanzig Jahren hat der Alexander Koch Verlag ein Buch über den Umgang mit bestehenden Gebäuden herausgegeben. Das Buch "Neues Leben für alte Bauten" von Gerhard Müller-Menckens gab einen Überblick über die Probleme und die Vielfalt der Lösungsansätze im Umgang mit historischer Substanz zu der damaligen Zeit. Es erschien zu einer Zeit, als alte Gebäude nach einer langen Periode der Missachtung und Vernachlässigung nun aktuell und populär wurden.

Es war die Zeit des Europäischen Denkmalschutzjahres, die Zeit des Aufbegehrens gegen den Absolutheitsanspruch der Moderne und die Prämissen des modernen Städtebaus, der den Bruch mit der historisch gewachsenen Stadt vollzogen hatte. Der Wunsch, eine neue Stadt sozial und gerecht und den Ansprüchen einer neuen Zeit genügend entwickeln und verwirklichen zu können, hatte sich nicht erfüllt, die Ergebnisse zogen zunehmend die Kritik einer uniformen und nicht menschengerechten Umwelt nach sich.

In dieser Zeit der Verunsicherung über die Ziele zeitgenössischer Entwicklungen und Planungen wurde die historische Architektur, wurden die historischen Stadträume und die Altbauten wieder diskussionsfähig, sie wurden gelobt ob ihres menschlichen Maßstabes, ihrer Individualität, ihres hohen Erlebniswertes im öffentlichen Raum. Nach einer langen Phase der Ignoranz, einhergehend mit einem hohen Grad an Zerstörung und Verlust von Altbausubstanz, bekamen nun gerade diese Objekte fast Vorbildcharakter. Dabei war es oftmals nicht wichtig, ob die Objekte tatsächlich alt waren oder ob es sich nur um Nachbauten oder Kopien handelte.

Diese Zeit, dieser Zeitgeist wird in dem Buch von Gerhard Müller-Menckens dokumentiert.

Seitdem ist ein Vierteljahrhundert vergangen, wir sind in einem neuen Jahrtausend. Natürlich hat es in diesen über zwanzig Jahren Veränderungen gegeben, haben sich neue Sichtweisen entwickelt, sind neue Standpunkte bezogen worden oder werden weiter neu entwickelt. Es scheint an der Zeit, wiederum eine Standortbestimmung vorzunehmen. Diese kann allerdings nicht allgemein gültig geleistet werden, dafür ist auch die derzeitige Denkmalpflegelandschaft zu vielschichtig und zu unterschiedlich in ihren Standpunkten und Sichtweisen. Natürlich gibt es Versuche, denkmalpflegerische Zielsetzungen und Bewertungsmaßstäbe allgemein verbindlich zu definieren und zu regeln. Die Geschichte der Denkmalpflege und ihrer praktischen Umsetzung und Ausübung zeigt aber, dass dieses bisher noch nie durchgängig und dauerhaft gelungen ist. Wertigkeiten und Beurteilungskriterien werden nach wie vor verschieden diskutiert und verändern sich, man denke nur an die unterschiedliche Beurteilung von Wiederaufbauprojekten wie das der Dresdener Frauenkirche.

Dieses macht den Umgang mit der Denkmalpflege nicht einfacher, sondern kann vielmehr in einigen Fällen zu einer Verweigerung der konstruktiven Zusammenarbeit mit den offiziellen Vertretern der Denkmalpflege führen, da diese in ihrer Argumentation nicht als kalkulierbar erscheinen. Problematisch ist dieser Zustand in der Art, dass die Anforderungen aus denkmalpflegerischer Sicht gleichsam wie andere bauaufsichtsverordnete Anforderungen und Auflagen als notwendige und ungeliebte formale Auflagen bewertet werden, die man mit geringstem Aufwand erfüllt oder geschickt versucht zu umgehen, aber das Nachdenken und sich Bemühen um den eigentlichen Sinn eines nachhaltigen Engagements für den historischen Bestand nicht leistet.

Denkmalpflege, reduziert auf eine rein formale baurechtliche Auflage, kann das Ziel, historische Substanz für uns und die nachkommenden Generationen zu bewahren und erfahrbar zu lassen, nicht erreichen. Denkmalpflege bedarf der Begeisterung, des über die Arbeit nach Vorschrift hinausgehenden Engagements, des miteinander Kommunizierens und des Bündelns aller beteiligten Kräfte, um ein gutes Ergebnis zu erzielen. Nicht das Gegeneinander von Architekten und Denkmalpflegern, sondern das Miteinander unter Einbeziehung weiterer notwendiger und mit ihrem Sachverstand helfender Fachleute muss und kann nur der zu beschreitende Weg sein. Ein Miteinander ist nur möglich, wenn man sich kennt, versteht und akzeptiert. Letzteres ist sicherlich personenabhängig und wahrscheinlich nur individuell steuerbar – von beiden Seiten. Eine Aufklärung über die Sichtweisen und Belange der jeweils anderen Seite zu versuchen, ist ein Anliegen dieses Buches.

Denkmalpflege oder denkmalpflegerische Aufgaben und Diskussionen, das Umgehen mit dem Denkmal, scheinen wieder ein aktuelles in der Öffentlichkeit diskutiertes Thema zu sein. Die Gründe hierfür mögen vielseitig sein. Das Ende eines Jahrhunderts, in diesem Fall sogar eines Jahrtausends, mag den Beginn einer neuen Zeitphase angekündigt haben; verbunden sind damit häufig auch Ängste, was das Neue, das Unbekannte für Veränderungen bringen könnte, was von dem Alten, dem Bekannten, dem lieb Gewordenen auf Dauer noch bleiben wird. Es mag eine gewisse Unsicherheit herrschen, verbunden mit einer Suche nach neuen Leitlinien. In solch einer Phase der Neuorientierung ist das Festhalten an Altem, Bekanntem und Bewährtem ein scheinbar solides und sicheres Fundament, von dem aus man die unsicheren Expeditionen in eine noch unbekannte Zukunft wagen kann.

Der Glaube an eine stetige Entwicklung durch Fortschritt ist im Bauwesen nicht mehr in der Form vorhanden wie bisher. Uneingeschränktes Festhalten und Unterstützen von technischen Entwicklungen, die eine stetige Verbesserung des Lebensstandards und der Lebensbedingungen über Jahrzehnte zu garantieren schienen, ist zweifelhaft geworden.

Ist das Suchen nach neuen Technologien, die uns immer weiter helfen sollen, die Natur und ihre Gesetzmäßigkeiten zu kontrollieren und zu steuern gemäß dem biblischen Auftrag „Macht Euch die Erde untertan", tatsächlich in der von uns derzeit ausgerichteten Art und Weise noch sinnvoll und vertretbar oder stehen wir vor der Notwendigkeit, wieder vermehrt auf die Gesetzmäßigkeiten und Regeln unseres natürlichen Lebensraumes zu hören und unser Handeln darauf abzustimmen, wie es die alten Baumeister in einer großen Perfektion konnten?

Die historischen Bauwerke und Handwerkstechniken standen in der Regel in einem Dialog mit dem natürlichen Umfeld, der ein dauerhaftes Nebeneinander garantierte und bei dem mit den regionalen Ressourcen ein jahrhundertelanges Haushalten möglich war. Unser und das letzte Jahrhundert sind gekennzeichnet durch eine bis dahin nicht gekannte explosionsartige Entwicklung von technischem Fortschritt und industrieller Entwicklung. Verbunden waren und sind damit neben allen positiven Errungenschaften, auf die wir nicht mehr verzichten wollen und können, aber auch ein Verbrauch von Ressourcen mit damit verbundenen Nebenwirkungen wie zum Beispiel Umweltbelastungen und Müllproblematiken, die ebenfalls vormals in dieser Form und diesem Ausmaß nicht existiert hatten. Aufkommende Zweifel an der Technologiegläubigkeit sind die natürliche Folge, wahrscheinlich ist damit auch ein verstärktes Interesse an traditionellen Bauweisen verbunden, die zwangsläufig als gesünder und richtiger angesehen werden.

Seit dem Ende des II. Weltkrieges sind in Deutschland eine Unzahl von neuen Gebäuden errichtet worden. Die Hochkonjunktur im Bauwesen hatte vielen Menschen für lange Zeit Arbeit gegeben, hatte für die Entwicklung von Bauindustrie sowie Baufirmen gesorgt. Das Tätigkeitsfeld lag fast ausschließlich in der Errichtung von Neubauten. Im europäischen Ausland wurde diese Phase des florierenden Baugewerbes schon vor längerer Zeit gestoppt, die Erschließung des ostdeutschen Marktes hat diesen Einbruch bei uns zeitlich etwas verzögert. Heute sind wir in der Situation, dass eigentlich alle notwendigen Gebäude bereits stehen, die wir brauchen. Die vergangene Bautätigkeit hat so viele Gebäude entstehen lassen, dass wir jetzt im Wesentlichen genug besitzen. Die

Erweiterung des Gemeindehauses in Vrin/Schweiz,
Arch. Gion Caminada,
zeitgenössische Fortschreibung der jahrhundertealten Gebäudetypologie mit traditionellen Materialien

Anbau mit Hauseingang und Bushaltestelle in Vrin-Cons/Schweiz,
Arch. Gion Caminada

Einführung

Oben: Ein einfaches, historisches Haus – keine kunstgeschichtliche Besonderheit, aber enorm wichtig für die Authentizität einer Gemeinde, einer Ortschaft und einer regionalen Kultur

Rechts: Eckgebäude am Domfreihof in Trier – ein noch relativ junges Gebäude aus den 50er-Jahren des letzten Jahrhunderts, aber ein wichtiges Dokument für die Aufbruchstimmung in der Baukunst der Nachkriegszeit. Gerade diese Gebäude sind sehr verletzbar und empfindlich gegen unsensible Eingriffe

Konsequenz ist, dass Architekten wie Baugewerbe sich zunehmend weniger mit Neubauaufgaben beschäftigen müssen. Die Aufgaben der Zukunft werden vermehrt das Herrichten, Umbauen, Verbessern von bestehenden Gebäuden für neue Nutzungen oder Ansprüche sein.

Denkmalpflege beschäftigt sich mit den Zeugnissen unserer Kulturgeschichte. Die offizielle Denkmalpflege beschäftigt sich mit den offiziellen Denkmälern, also mit den in eine Denkmalliste eingetragenen Objekten bzw. mit denen, bei denen eine Eintragung in absehbarer Zeit vorgenommen oder diskutiert werden soll. Für den am kulturellen Erbe interessierten Zeitgenossen ist es eigentlich egal, ob ein historisches Objekt den offiziellen Status eines Denkmals hat oder nicht, da es sich hierbei nur um eine formale, rechtliche Verwaltungsmaßnahme handelt. Die Grundprinzipien des Umgangs mit unserem baulichen Erbe sollten unabhängig von dem Status des Denkmals die gleichen sein. Ebenso spielt das Alter eines Objektes keine ausschlaggebende Rolle mehr, die Gebäude von gestern sind die potenziellen Denkmäler von Übermorgen. Wenn wir heute gleichgültig mit ihnen umgehen, wird es übermorgen keine aussagekräftigen Beispiele aus unserer jüngeren Vergangenheit mehr geben. Das Prinzip des professionellen Vorgehens sowie des verantwortungsvollen Umgangs gilt für alle bestehenden Bauwerke. Auch unter diesem Aspekt scheint derzeit eine Diskussion über denkmalpflegerische Belange aktuell und notwendig zu sein.

Wie verhält man sich richtig, was sind die richtigen Positionen, wie geht man vor? Bei diesen Fragen besteht bei vielen Architekten Unsicherheit, obwohl sie dem Themenkreis der historischen Substanz gegenüber eigentlich aufgeschlossen sind. Dieses Buch will eine Orientierungshilfe geben, die dem Architekten oder anderen an Entscheidungsprozessen Beteiligten erleichtern soll, eine professionelle Vorgehensweise zu finden sowie Grundlagen für Entscheidungen zu definieren. Es kann kein Rezeptbuch sein, da es in der Denkmalpflege keine

Rezepte gibt und geben darf. Die Aufgaben sind zu vielschichtig und zu vielfältig, das Vorgehen nach Schema oder Rezept würde dem Einzelfall sicher nicht gerecht werden oder schlimmstenfalls ihm sogar schaden. In diesem Buch werden verschiedene Haltungen und Prinzipien vorgestellt, die dem Leser einen Überblick über den derzeitigen Diskussionsstand geben können und ihm helfen sollen, seine eigene Haltung zu formulieren und sich gegenüber den historischen Objekten und den in diesem Zusammenhang Beteiligten zu positionieren.

Zu diesem Zweck wird in dem ersten Abschnitt ein kurzer Überblick über die bisherige Geschichte der Denkmalpflege gegeben. Denkmalpflegerische Diskussionen und Standpunkte sind keine absoluten Wertigkeiten, sondern natürlich abhängig von dem Zeitpunkt und den Personen, die sie führen. Sie reflektieren zudem meist vorangegangene Positionen und stehen somit in Abhängigkeit zu älteren Überlegungen. Dem entsprechend ist die Festschreibung von denkmalpflegerischen Zielen und Wertigkeiten ein fortlaufender Prozess, für dessen Verständnis die bisherige Entwicklungsgeschichte hilfreich ist. In dem ersten Teil soll daher versucht werden, die bisherige Entwicklung nachzuzeichnen und die jeweiligen Rahmenbedingungen aufzudecken.

In einem zweiten Teil werden exemplarisch Werke von ausgesuchten Architekten vorgestellt und mit diesen diskutiert. Sicherlich handelt es sich um unterschiedliche Anschauungen und Sichtweisen, die nicht unbedingt auf einen gemeinsamen Nenner gebracht werden können. Es soll hierbei aber vornehmlich um die Darstellung verschiedener Ansatzpunkte für Konzeptfindung und Entscheidungskriterien gehen, die dem Leser einen Überblick über mögliche Positionierungen gegenüber historischer Substanz geben soll. Die dabei getroffene Auswahl ist sicherlich lückenhaft. Andererseits kann nicht jede Variation oder Facette dargestellt werden. Die getroffene Auswahl soll reichen, um die Verschiedenartigkeit möglicher Standpunkte zu erläutern.

In einem weiteren Teil werden die so genannten einfachen Bauaufgaben, also der alltägliche Umgang mit bestehender Substanz, mit dem Denkmal, thematisiert.

Den Abschluss bildet ein praxisorientierter Teil, der einige wenige Regeln und Hinweise für den professionellen Umgang mit historischen Objekten geben will, aber nur als Ergänzung des Buches "Der Altbau. Renovieren, Restaurieren, Modernisieren" von Otfried Rau und Ute Braune zu verstehen ist.

Hauptanliegen des vorliegenden Buches ist, dass historische Erscheinungsbilder, wenn sie als Ergebnis denkmalpflegerischer Betreuung präsentiert werden, Glaubwürdigkeit bezüglich der Echtheit ihrer Materialität besitzen sollten. Wiederaufbauten, Nachbauten oder Rekonstruktionen mögen unter verschiedenen Gesichtspunkten legitim und sinnvoll sein. Aber sie müssen sich als eine Maßnahme der jeweiligen Zeit, in der sie entstanden sind, erkennbar zeigen und sollten deutlich von tatsächlich Altem zu unterscheiden sein. Denkmalpflegerische Intentionen müssen sich beschränken auf die authentischen Dokumente vergangener Zeiten.

Die Beschäftigung mit historischer Substanz ist in den meisten Fällen eine wunderbare Aufgabe, weil es sich um hoch qualitätvolle Objekte, sei es unter baupraktischen, baugeschichtlichen oder architektonischen Gesichtspunkten betrachtet, handelt. Die Gebäude in der Fülle und Komplexität ihres angetroffenen Zustandes an die nächsten Generationen weiterzugeben, soll und muss das Anliegen der heute verantwortlich entscheidenden und handelnden Personen sein.

Kurze Entwicklungsgeschichte der Denkmalpflege

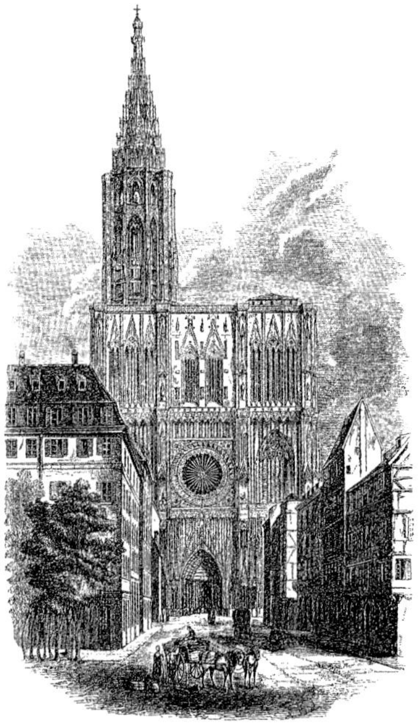

Das Straßburger Münster. Stahlstich, zweite Hälfte 19. Jahrhundert

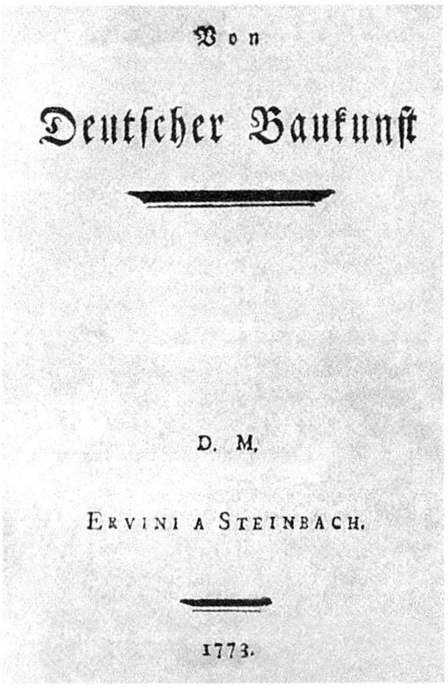

Von

Deutscher Baukunst

D. M.

Ervini a Steinbach.

1773.

Die Titelseite der Urfassung des Aufsatzes „Von deutscher Baukunst“, auf der Goethe als Autor nicht genannt wird

„Als selbstständige Disziplin mit eigenen Zielen, Kategorien, Methoden und Institutionen ist die deutsche Denkmalpflege ein Kind des Historismus und ein Enkel der Aufklärung. Ohne ein tiefgreifendes Bewusstsein der Verschiedenheit von Gegenwart und Vergangenheit und ohne die verpflichtende Kraft des Entwicklungs- und des Individualitätsgedankens wäre sie nicht vorstellbar.“

Mit diesen Worten beginnt das Buch „Denkmalpflege. Deutsche Texte aus drei Jahrhunderten“ von Norbert Huse, das als vertiefende Lektüre zu dem Thema der Geschichte der Denkmalpflege sehr zu empfehlen ist.

Denkmalpflege in unserem heutigen komplexen Verständnis ist demnach ein sehr junges Anliegen menschlichen Bemühens. Vereinzelt zitierte frühe Beispiele denkmalpflegerischen Engagements, oftmals aus der Zeit der Renaissance, sind bei genauerer Betrachtung singuläre Initiativen mit sehr speziellen Anliegen. Raffael hatte sich für den Schutz römischer Monumente ausgesprochen und für deren Erhalt eingesetzt, sein Interesse war aber beschränkt auf die antiken Monumente, die für ihn natürlich von besonderem Interesse waren. Bauwerke der Romanik oder der Gotik erfahren bei ihm keine Wertschätzung, insbesondere die Gotik wurde als „Stil der Barbaren“ bezeichnet und somit abqualifiziert.

Die Forderung von Raffael, die Bauaufnahmen der antiken Monumente in Form von Architektenzeichnungen mit Grundriss, Schnitt und Aufriss darzustellen, kann als Vorstufe einer konkreten Bauaufnahme bezeichnet werden. Diese Forderung nähert sich dem Anspruch einer heutigen Bestandserfassung, die sich nicht mehr allein auf eine stimmungsvolle und entsprechend dem subjektiven Empfinden entwickelte Skizze stützen möchte, sondern vielmehr eine sachliche, möglichst wertungsfreie Darstellung des Bestandes fordert.

Im Laufe des 18. Jahrhunderts änderte sich die ablehnende Haltung gegenüber der Gotik. In Deutschland spiegelte sich der neue Zeitgeist in einem Aufsatz „Von deutscher Baukunst“ von Johann Wolfgang von Goethe aus dem Jahr 1773 wider, in dem er das Straßburger Münster beschrieb. „Mit welcher unerwarteten Empfindung überraschte mich der Anblick, als ich davor trat. Ein ganzer, großer Eindruck füllte meine Seele, den, weil er aus tausend harmonierenden Einzelheiten bestand, ich wohl schmecken und genießen, keineswegs aber erkennen und erklären konnte.“ und „Und nun soll ich nicht ergrimmen, heiliger Erwin, wenn der deutsche Kunstgelehrte, auf Hörensagen neidischer Nachbarn, seinen Vorzug verkennt, dein Werk mit dem unverstandnen Worte gothisch verkleinert. Da er Gott danken sollte, laut verkündigen zu können, das ist deutsche Baukunst, unsre Baukunst, da der Italiener sich keiner eignen rühmen darf, vielweniger der Franzos.“ heißt es dort. Goethe war sich über die Akzeptanz seines Aufsatzes und der möglichen Konsequenzen für seine Person anscheinend nicht ganz sicher – er verfasste diesen Text anonym.

1794 bereiste David Gilly als Oberbaurat des preußischen Staates mit seinem Sohn Friedrich Gilly die Marienburg in Westpreußen im Rahmen einer Inspektionsreise. Die Marienburg war bis Mitte des 14. Jahrhunderts der Hauptsitz des Deutschen Ritterordens, befand sich nun aber nach verschiedenen Nachfolgenutzungen in einem ruinösen Zustand und war daher zum Abriss freigegeben worden. Friedrich Gilly, beeindruckt von der Architektur der Ruine, fertigte Zeichnungen über den Bestand wie auch über mögliche Rekonstruktionen an, die nach der Rückreise in Berlin ausgestellt wurden. Dort entwickelte sich eine starke Begeisterung für die Ruine, die letztlich in einer Aufhebung der Abrissgenehmigung endete sowie in dem Wiederaufbau der Marienburg als Denkmal deutscher Geschichte, als erstes deutsches Nationaldenkmal.

Der Wertewechsel vom Abrissobjekt zum Nationaldenkmal stand im Zusammenhang mit der Entwicklung eines neuen Nationalgefühls, eines aufkommenden nationalen Selbstbewusstseins und Selbstverständnisses, das nun entsprechende Belege und Beispiele für eine ruhmreiche und natürlich möglichst alte geschichtliche Tradition forderte. In diesem Zusammenhang ist auch der Weiterbau der Ruine des Kölner Domes zu sehen, ein weiteres Nationaldenkmal des 19. Jahrhunderts. Die Suche nach Belegen einer eigenen auratischen Geschichte führte dazu, dass zum Beispiel bei der Marienburg die Funktion als nationaler Identitätsträger wichtiger wurde als die gesichert belegte historische Wirklichkeit, was Karl Friedrich Schinkel zu der Kritik veranlasste: „Wo historische Wahrheit und Consequenz in einem Kunstwerke aufgegeben wird, wo man verstecken und bemänteln will, was seine Folgen vor aller Welt Augen weit verbreitet hat, da kann man unmöglich noch auf unbefangene Theilnahme und allgemeines Interesse Rechnung machen. Ein solches Werk wird, als das Geschöpf einer selbstsüchtigen und eitlen Zeit, mit dieser untergehen."

Karl Friedrich Schinkel war sicherlich die bedeutendste Persönlichkeit für die Entwicklung der Denkmalpflege im frühen 19. Jahrhundert. In seiner Funktion als Mitglied der Oberbaudeputation des preußischen Staates musste er eine Vielzahl von Projekten und Bauwerken bearbeiten und über das weitere Schicksal der Gebäude entscheiden. Andererseits erlebte seine Zeit eine Unmenge an Verlusten und Zerstörungen qualitätvoller historischer Bauwerke, bedingt durch Kriegseinwirkungen und insbesondere durch die Auswirkungen der Säkularisation, die viele Kirchen, Klöster und weitere Gebäude der Willkür der neuen Besitzer aussetzten. Das Resultat der Säkularisation war zumeist Abriss, radikaler Umbau oder Ausschlachtung der Gebäude, um sie zum Beispiel als Steinbruch für andere Bauwerke verwerten zu können.

Schinkel verfasste ein Memorandum zur Denkmalpflege. In diesem Memorandum forderte er eine Administration für die Belange der Denkmalpflege, die Einrichtung einer Denkmalbehörde, die mit der Stelle eines zentralen Konservators in Berlin zu besetzen sei. Dieser sollte von Landeskonservatoren in den Provinzen unterstützt werden, welche wiederum auf Schutzdeputationen in den einzelnen Orten zurückgreifen konnten, die aus Mitgliedern verschiedener Stände gebildet werden sollten. Die Aufgaben der Administration waren die Inventarisation der Denkmäler, eine Beratung und Kontrolle bei der Planung und Durchführung von Baumaßnahmen an Denkmälern sowie die Ermittlung von Kosten und die Aufstellung einer Prioritätenliste für die Festlegung des staatlichen Haushaltes. Das entspricht in den Grundzügen den Aufgaben und der Organisation der heutigen Denkmalpflege.

Schinkel schickte sein Memorandum 1815 an das Kultusministerium. Erreicht hat er zu seinen Lebzeiten sein Ziel nicht; es wurde nicht einmal die Stelle eines Konservators eingerichtet. Ursächlich für die geringe Resonanz seines Anliegens mag vielleicht gewesen sein, dass die Notwendigkeit solcher zusätzlichen Amtspersonen in einem sparsam geführten Staatshaushalt, der ungern weitere Staatsausgaben zuließ, nicht als dringend empfunden wurde. Schinkel setzte sich stets selbst mit hohem Engagement für die historischen Objekte ein und es konnte somit der Eindruck entstehen, dass ihre Belange bereits gut und ausreichend vertreten wurden.

Als „praktizierender Denkmalpfleger" spiegelt sich in Schinkels Tätigkeit durchaus der schöpferisch wirkende Architekt. So hatte er keine Schwierigkeiten, die Ruine der Burg Stolzenfels gemäß den seinerzeit herrschenden Vorstellungen über mittelalterliche Raumbilder wiederaufzubauen oder die Akropolis in Athen mit einer Palastanlage für Otto von Bayern, der zum König in Griechenland ernannt worden war, zu überlappen. Dabei blieb zwar der Parthenon als Ruine unangetastet, große Teile der Anlage sollten jedoch rekonstruiert oder überbaut werden.

Der erste preußische Konservator wurde zwei Jahre nach Schinkels Tod in das Amt berufen; es war Ferdinand von Quast. Er war von Hause aus sehr vermögend und somit mehr als Idealist denn aus Gründen des Brot-

Burg Stolzenfels, Ansicht der Ruine um 1835
(Zeichnung von Ch. Bodmer, gestochen von Himely)

Burg Stolzenfels heute

Kurze Entwicklungsgeschichte der Denkmalpflege

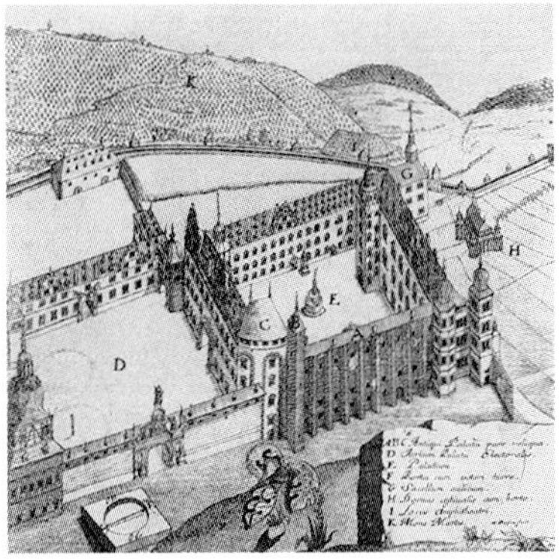

Trier, Basilika. Der kurfürstliche Palast um 1670 nach einem Stich von Nikolaus Person

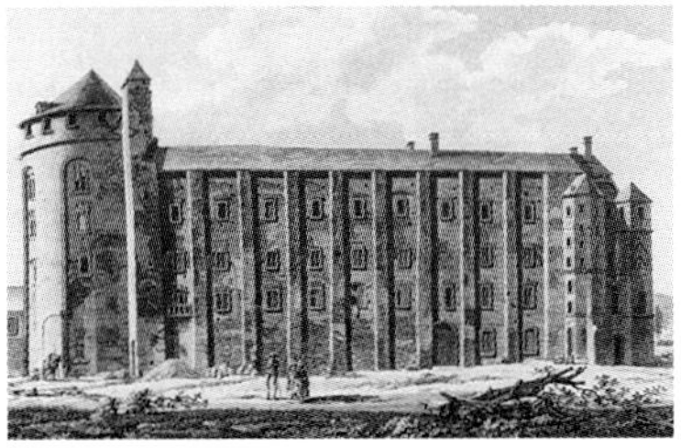

Trier, Basilika als Palatium der Trierer Erzbischöfe, aus: A. Laborde 1816

erwerbs in diesem Amt tätig. Ohne ein übergroßes Maß an Idealismus hätte er sein Engagement bei der ihm zugedachten Belastung vermutlich auch nicht aufrechterhalten können. Schinkel hatte eine vielköpfige Organisationsform von lokalen Gruppen über Ämtern in den jeweiligen Provinzen bis zu der zentralen Stelle des Konservators in Berlin gefordert. Von Quast blieb bei gleichem Arbeitspensum letztlich allein.

Die chronische Überbelastung hatte zur Konsequenz, dass er seine Arbeit selten in der erforderlichen Zeit schaffen konnte. Zudem hatte er in der preußischen Beamtenhierarchie eine für die Ausübung seines Amtes nicht ausreichende Stellung. Dies alles führte dazu, dass er letztlich selten in dem von ihm geforderten Umfang gehört wurde bzw. dass seine Anweisungen nicht befolgt wurden.

In seiner denkmalpflegerischen Haltung war von Quast konsequenter auf die Bewahrung der noch erhaltenen historischen Substanz ausgerichtet als Schinkel. Für ihn ist der Begriff der „Alterthümlichkeit" und der „altertümlichen" Wirkung wesentlich entscheidend. Die Aufgabe und der Verlust von historischen Putzen oder anderen Oberflächen, auch wenn sie sich in einem ruinösen Zustand befanden, um im Austausch eine neue und somit auch neu aussehende Oberfläche zu erzeugen, selbst wenn sich diese bemühen sollte, einen historischen Vorzustand nachzuempfinden, lehnte er ab – vorausgesetzt, dass sich diese alten Putzreste als bedeutsame Zeugnisse darstellten. Von Quast zeichnete sich zudem durch eine sehr sorgfältige und gewissenhafte Erforschung der Befundlage des jeweiligen Projektes aus, die ihm zusammen mit seinem hohen Fachwissen halfen, historische Vor- und Urzustände richtig einzuschätzen. Er stand damit oftmals im Gegensatz zu seinen Architektenkollegen, die ihre Konzepte in der Regel auf der Grundlage von oberflächlich und schnell erstellten Bauforschungen entwickelten, häufiger noch auf der Basis von pauschalierenden Idealvorstellungen über historische Stile. Dabei mussten die individuellen Eigenarten und Sonderheiten eines Objektes unerkannt und unberücksichtigt bleiben und gingen meist verloren. Die Bemühungen von Quast, solchen Planungen entgegenzuwirken, blieben allerdings meist ohne Erfolg.

Beispielhaft für seine Haltung und Arbeit soll die römische Basilika in Trier kurz dargestellt werden. Dieses römische Bauwerk war als Palastaula einst der wichtigste Repräsentationsraum des westlichen Teiles des römischen Reiches. Sie hatte den Niedergang des römischen Reiches sowie die nachfolgenden Zeiten überlebt und war in die fürstbischöfliche Schlossanlage integriert worden. Als aufgehende Bauteile bestanden allerdings nur noch die nördliche Längswand und die Apsis im Osten, die südliche Längswand sowie die nördliche Giebelwand waren als sichtbare aufgehende Bauteile nicht mehr vorhanden.

1845 publizierte der Trierer Architekt Christian Wilhelm Schmidt seine Untersuchungen an der Palastaula, mit dem Ergebnis, dass noch wesentlich mehr Reste von dem antiken Bauwerk im Baugrund und in neueren Bauteilen steckten als man bis dahin angenommen hatte. Gleichzeitig suchte die neue evangelische Gemeinde in Trier einen Bauplatz für eine neue Kirche. Schmidt traf von Quast und informierte ihn über seine Forschungen. Beide kamen zu der Überzeugung, dass eine wiederaufgebaute Palastaula der richtige Ort für die gesuchte evangelische Kirche sei, als Alternative zu dem Vorschlag eines Kirchenneubaus, der weit entfernt vom Zentrum der Stadt angesiedelt werden sollte. Die preußische Verwaltung und der preußische König stimmten dieser Konzeption zu.

Für den Wiederaufbau musste der nördliche Flügel des Schlosses abgetragen werden, eine Maßnahme, die heute entsprechend unserem derzeitigen Denkmalverständnisses nicht mehr so leicht möglich wäre. Damalige Diskussionen über diese Entscheidung sind nicht bekannt, in Erwartung der spektakulären Baumaßnahme war es wohl unstrittig und selbstverständlich. Das Fort-

Trier, Basilika nach der Wiederherstellung

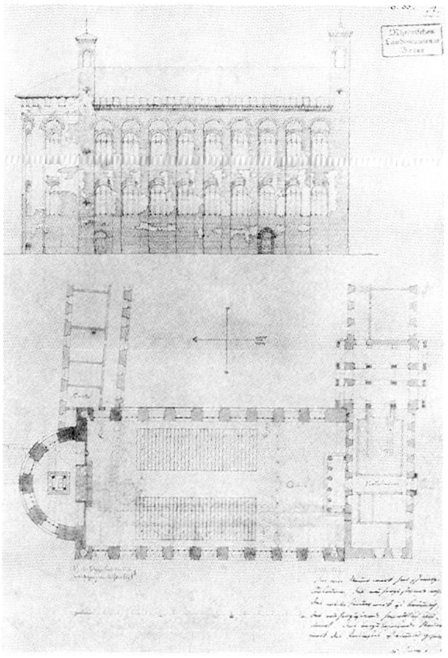

Trier, Basilika. F. v. Quast, Entwurf für den Wiederaufbau (1844). Grundriss und Westansicht

schrittliche aus unserer heutigen Sicht an der Planung von Quast ist die Art, wie er sich den Wiederaufbau und den Umgang mit der Außenfassade dachte. Ihm ging es nicht um eine stilreine Rekonstruktion, sondern um einen Wiederaufbau in Ergänzung des originalen Bestandes und Befundes, der als solcher zu erkennen bleiben sollte. Der „Alterthümliche Charakter", die zwar nur noch fragmentarisch, aber dennoch in beachtlicher Menge vorhandenen Reste des originalen römischen Putzes, die Überbauungen und Veränderungen aus mittelalterlicher Zeit sollten erhalten bleiben. Von Quast hatte das Ziel vor Augen, die Palastaula zwar wiederaufzubauen, sie aber trotzdem als altes Gebäude erfahrbar zu lassen, das Geschichte und Veränderungen erlebt und erlitten hatte, aber gerade dadurch eine besondere Wirkung und Ausstrahlung ausüben konnte.

Von Quast hatte zwar selbst Entwürfe erarbeitet, ebenfalls August Stüler, aber der ausführende Architekt wurde Karl Schnitzler, der schon bei der Wiederherstellung der Ruine Stolzenfels beteiligt gewesen war. Das Ergebnis des Wiederaufbaus der Palastaula war für von Quast, der die Baustelle aus Mangel an Zeit im Laufe der Jahre nur sehr selten besichtigen konnte, erschütternd. „Alle Poesie, welche der Anblick alter Mauerwerke in uns zu erwecken pflegt, wird durch solche (neu erstellten) glatten, kahlen Wände in uns vernichtet. Vergeblich sucht man jene Striemen und Löcher auf, welche unsere Vorfahren, die alten Barbaren, einst vor 1500 Jahren in den Römerbau einhieben und einbrachen, ein lebendiges Zeichen der Völkerwanderung und der Neuordnung Europas, welche noch bis jetzt fortdauert. Die glatte Wand ohne alle Flecken, ohne alle Vorsprünge u.s.w. erinnert mehr an ein rohes Fabrikgebäude."

Nach den Zerstörungen durch den II. Weltkrieg erfuhr die Palastaula, bei der sich inzwischen die gängige Bezeichnung Basilika etabliert hat, noch einmal eine weitere Reduktion. Sämtliche Reste der Oberflächen der Kirchenausstattung aus dem 19. Jahrhundert wurden entfernt und sie zeigt sich so heute trotz ihrer beeindruckenden räumlichen Dimension letztlich als eine römische Rohbaustelle, allerdings mit einem überwiegenden Anteil Mauerwerk aus dem 19. Jahrhundert. Ein kleiner Rest römischen Außenputzes ist erhalten geblieben. Er liegt an einer versteckten Stelle und wird heute gerne als touristische Attraktion gezeigt, wirkt aber nun im Verhältnis zu dem übrigen Erscheinungsbild des Gebäudes eher fehl am Platze.

Die Freilegung des Ziegelmauerwerks aus römischer Zeit sowie aus dem 19. Jahrhundert mag unserer heutigen Sichtweise über römische Architektur und unserer Bewunderung der hohen Perfektion römischer Handwerkskunst im Herstellen von Ziegelmauerwerk entsprechen, in der Gesamtbilanz hatte das Denkmal mehr und mehr an Aussagefähigkeit verloren, wurde es immer nackter und damit ärmer. Wer heute in die Basilika geht, kann die Größe des Raumes bestaunen; über die anderen einst bestaunenswerten Dinge muss er sich mittels Sekundärliteratur oder anderer Medien informieren lassen – das Gebäude selbst kann ihm nichts mehr erzählen. Ob es tatsächlich opportun ist, wegen eines reinen, sauberen, ungestörten Eindrucks von rohem Ziegelmauerwerk dem Gebäude noch die letzten Reste seiner Kleider zu rauben, sollte hinterfragt werden.

Natürlich hat ein Denkmal, wenn es denn nicht als Gesamtkunstwerk vollständig erhalten ist, Anspruch auf Veränderung und natürlich müssen solche Veränderungen auch unter dem Aspekt architektonischer Qualitaten entschieden werden. Aber die Qualitätsvorstellungen und Wertigkeiten in der Architektur können sich ändern. Das Sichtmauerwerk der Basilika entspricht einer sehr archaischen, haptischen Architekturvorstellung. Spätere Zeiten mögen vielleicht wieder einer „bekleideten" Architektur den Vorzug geben wollen. Die Basilika kann dann dementsprechend wieder verändert werden. Solche Veränderungen sind unter dem Aspekt der Bewahrung authentischer Geschichtssubstanz für die

Kurze Entwicklungsgeschichte der Denkmalpflege

Das Innere der Frauenkirche in München vor der Restaurierung. Tuschezeichnung, nach 1844

Entwurf für die Restaurierung des Inneren der Frauenkirche. M. Berger, um 1858/60

Denkmalpflege weniger ein Problem, wenn denn dabei alle historischen Befunde nicht ge- oder zerstört werden. Im günstigsten Fall werden sie durch eine Überfassung sogar besser geschützt und konserviert. Problematisch ist aber die Freilegung des Mauerwerks, weil dabei alle noch existierenden Reste alter Putz- und Malschichten verloren gehen. Dieser Verlust kann nicht wieder rückgängig gemacht werden – was weg ist, ist weg. Unwiderruflich.

Eine Dokumentation gleich welcher Art kann niemals ein gleichwertiger Ersatz für einen realen Befund werden. Ein Kunsthistoriker, ein Architekt oder ein Restaurator werden einen Befund jeweils unterschiedlich sehen, analysieren und beschreiben, in Abhängigkeit von ihrer Ausbildung, ihrem Können und dem Wissensstand ihrer Zeit. Eine Dokumentation ist immer eine beschränkte Erfassung der Wirklichkeit. Gibt man den realen Beleg nach einer vermeintlich umfassenden Dokumentation auf, ist es späteren Generationen unmöglich, auf Grund neuerer Erkenntnisse oder anderer Sichtweisen diesen Beleg neu zu befragen und zu erforschen. Er ist unwiderruflich verloren gegangen.

Verluste sind manchmal nötig. Aber in dem Bewusstsein, dass es sich tatsächlich um Verluste handelt, die eben nur sehr eingeschränkt durch andere Maßnahmen ausgeglichen werden können, müsste die eine oder andere Entscheidung in der Planung wie auch in der Bauausführung anders getroffen werden, müsste die Suche nach intelligenten, anspruchsvollen Konzepten unter dem Gesichtspunkt der Bestandsschonung vermehrt angestrebt werden.

Der räumliche Eindruck der Basilika in Trier ist unwidersprochen beeindruckend. Im Ruhrgebiet und sicherlich an vielen weiteren Orten stehen Gebäude unseres Industriezeitalters mit zum Teil noch größeren räumlichen Dimensionen und damit verbundenen Raumerlebnissen. Viele dieser Anlagen und Gebäude sind schon wie selbstverständlich abgebrochen und zerstört worden. Es wäre wünschenswert, wenn man diese gigantischen Zeugnisse unserer jüngsten Geschichte, unseres industriellen Jahrhunderts, bevor man sie aufgibt, zumindest für die Öffentlichkeit einmal erfahrbar machen würde. Nach dem Abriss besteht diese Chance nicht mehr. Der Eindruck, den diese Anlagen ausüben können, würde vielleicht den einen oder anderen zum Nachdenken bringen, ob man denn diese Objekte nicht auch stärker wertschätzen müsste. Aus den Geschichtsbüchern wird man sich diese Dimensionen später nicht mehr bewusst machen können – auch nicht die übrigen räumlichen, architektonischen und ästhetischen Qualitäten.

Bei den wenigen noch erhaltenen sehr alten Gebäuden muss das ausschlaggebende Kriterium sein, möglichst viel der noch vorhandenen aussagefähigen, authentischen Substanz zu bewahren.

Von Quast hatte eine schonende, bewahrende Sichtweise gegenüber den Denkmälern, nicht zuletzt auch auf Grund einer sehr sensiblen und geschulten architektonischen Begabung, einen ästhetischen Wert, eine besondere, wenn nicht sogar herausragende Qualität in der „Altherthümlichkeit" eines Gebäudes erkennen zu können.

Die Masse seiner Kollegen im 19. Jahrhundert sah das allerdings ganz anders. Für sie bedeutete Restaurierung, ein historisches Gebäude in einen stilreinen Zustand zurückzuversetzen, möglichst in den ältesten, den man bei dem Gebäude ausmachen konnte. Hierbei wurden alle späteren Überformungen meist rücksichtslos entfernt und die dann entstandenen Lücken im Sinne eines vermuteten Originalzustandes und entsprechend den persönlichen Können und Kenntnissen rekonstruiert. Purifizierung hieß das entsprechende Schlagwort.

Frankreich hatte wesentlich früher als Deutschland eine funktionierende Denkmalschutzorganisation gebildet, die zudem besser organisiert und mit größeren finanziellen Mitteln ausgestattet war. In einem zentral gesteuerten Staat war die Umsetzung einer entsprechenden Administration auch leichter möglich. Sie wurde in Deutschland oft als Vorbild herangezogen, wenn es um den Aufbau einer ähnlichen Denkmalschutzbehörde ging. Die bedeutendste Persönlichkeit auf diesem Gebiet im Frankreich des 19. Jahrhunderts war Eugen Emmanuel Viollet-le-Duc. Er war Architekt, Querdenker und reformorientierter Zeitgeist, der sich sowohl gegen die Lehrmeinung der Ecole des Beau-Arts stellte wie auch politisch engagiert zum Beispiel beim Bau von Barrikaden geholfen hatte. Er war ein akribischer Forscher und Kenner mittelalterlicher Baukunst und verstand es zudem, seine Standpunkte einer breiten Öffentlichkeit publik zu machen und zu einer großen Popularität zu verhelfen. Von hervorragender Qualität für die damalige Zeit sind seine Bestandsaufnahmen, die uns heute einen Eindruck vermitteln können, wie diese Objekte vor seinen Interventionen ausgesehen haben. Sein Wissen führte allerdings bei ihm in zunehmendem Maße dazu, dass er neben den notwendigen Sicherungsmaßnahmen sich dazu verleiten ließ, die Gebäude in einen nach seiner Überzeugung richtigen Idealzustand zu verwandeln. „Ein Gebäude restaurieren, das heißt nicht, es zu unterhalten, es zu reparieren oder zu erneuern, es bedeutet vielmehr, es in einen Zustand der Vollständigkeit zurückzuversetzen, der möglicherweise nie zuvor existiert hat", Zitat Viollet-le-Duc. Nicht die überlieferte Gestalt mit allen Veränderungen und Brüchen, sondern das Wesen, das Ideal des ursprünglich beabsichtigten Kunstwerkes wurde somit zum Ziel seiner Denkmalpflege.

So sehr er im Umgang mit den Denkmälern anscheinend vor allem mit der Baukunst der Gotik sympathisierte, war er doch kein Neogotiker im klassischen Sinne, sondern vielmehr ein nach Reformen, nach neuen Möglichkeiten suchender Architekt. Er bewunderte und erforschte die gotischen Bauwerke vor allem wegen deren konstruktiven Leistungen und versuchte, diese bei Planungsüberlegungen für neue Bauwerke in moderne gusseiserne Konstruktionen zu transformieren. Im Umgang mit historischen Objekten zielte er jedoch in den meisten

Fällen auf eine stilgerechte Rekonstruktion und wurde mit dieser Haltung ein Vorbild weit über die Landesgrenzen Frankreichs hinaus.

In England war es der Neogotiker Sir Georg Gilbert Scott, der eine vergleichbare Position einnahm. Kaum eine Kirche, die er nicht im Sinne seiner Idealvorstellung einer stilreinen Gotik verändert hätte. In England aber regte sich ein erster durchgreifender Widerstand gegen eine solch geartete Restaurierungswut und die damit verbundenen fatalen Auswirkungen auf den Denkmalbestand. Vorreiter und erster Wortführer war der Kunsttheoretiker John Ruskin. Auch er war ein Bewunderer der Gotik und der Zeit des Mittelalters, aber nicht beschränkt auf formale Gestaltungsprinzipien. Ruskin war ein Gegner der sich entwickelnden industriell geprägten Gesellschaft, der industriell erzeugten Serienprodukte. Seine Wertschätzung und Bewunderung galt den handwerklich individuell erzeugten, erarbeiteten und gestalteten Werkstücken und Waren, Ergebnisse einer den Menschen befriedigenden handwerklichen Arbeit, wie es sich nach der Vorstellung ihm gleich gesinnter Zeitgenossen wie zum Beispiel Augustus Welby Pugin in der mittelalterlichen Gesellschaft harmonisch dargestellt haben müsste. Seine Ablehnung galt den industriell hergestellten Serienprodukten. Die mittelalterlichen Bauwerke waren für ihn Zeugen oder Zeugnisse einer Zeit großer handwerklicher Kunst. Jeder Stein war als ein individuelles Werk eines mittelalterlichen Handwerkers anzusehen, das es zu respektieren galt. Selbst abgewitterte Oberflächen hatten nach Ruskin noch eine Spur von der Aura der alten Handwerker und Baumeister behalten. Bei der gängigen Restaurierungspraxis wurden aber die äußeren Schichten der Steine abgeschlagen, um eine neue, unbeschädigte Schale vorblenden zu können. Dabei gingen natürlich die authentischen Oberflächen und mit ihnen ihre Aura verloren.

Die gängige Restaurierungspraxis seiner Zeit lehnte Ruskin somit kategorisch ab, sein Postulat hieß Pflege,

Platzfassade des Bischofspalastes in Sens vor der Restaurierung mit den Spuren seiner wechselhaften Geschichte, E.-E. Viollet-le-Duc, 1851
(Foto: Caisse National des Monuments Historique et des Sites),
nach Huse; Denkmalpflege, Deutsche Texte aus drei Jahrhunderten

Links oben: Die Platzfassade nach der geplanten Restaurierung als perfektes gotisches Bauwerk, E.-E. Viollet-le-Duc, 1851
(Foto: Caisse National des Monuments Historique et des Sites),
nach Huse; Denkmalpflege, Deutsche Texte aus drei Jahrhunderten

Kurze Entwicklungsgeschichte der Denkmalpflege

Heidelberger Schloss, Blick auf die Ruine des Ottheinrichsbaus

Erster Rekonstruktionsvorschlag für den Ottheinrichsbau von Carl Schäfer, 1900

Eingriffe nur dort, wo es für den Erhalt unbedingt notwendig war, und nur so viel wie unbedingt nötig. War Pflege und Erhalt nicht mehr möglich, blieb als einzige Konsequenz der Verlust, das Ende, der Abbruch.

William Morris nahm das Gedankengut von Ruskin auf und entwickelte es weiter. Auch er, überzeugter Sozialist, lehnte die frühindustrielle Welt mit den explosionsartig sich entwickelnden sozialen Problemen und Missständen ab und sah einen Lösungsansatz in der Rückführung der Arbeitswelt zu handwerklichen Produktionsweisen, zu qualitätvoll gestalteten Gebrauchsgütern, die für jeden Einzelnen ein verbessertes Umfeld und eine befriedigende Arbeit erzeugen sollten. Er war Mitbegründer der Arts and Crafts-Bewegung und der S.P.A.B., der „Society for the Protection of ancient Buildings", einer Art Bürgerinitiative, die noch heute besteht. Gegner waren die Denkmalpfleger der damaligen Zeit, im Wesentlichen Architekten, die im Sinne der Stilreinheit und Stiltreue im le-Ducschen oder Scottschen Sinne die Gebäude überformten, zurückbauten, rekonstruierten und restaurierten. Die S.P.A.B. entwickelte sich zu einer einflussreichen Institution, die heute fest in die englische Denkmalpflegelandschaft integriert ist und bei vielen wichtigen Fragen und Projekten mit gehört werden muss. Nach wie vor gelten die einst von William Morris definierten Regeln.

In Deutschland entwickelte sich um die Jahrhundertwende eine Protestbewegung gegen die bis dahin übliche Praxis des „vandalism restaurateur". Hatte noch bei der Wiedereröffnung des Münchner Domes die Bevölkerung nur nachträglich ihren Unmut über die gotisierende Purifizierung des Innenraumes äußern können, gelang es durch öffentlichen Druck, das Schicksal eines Wiederaufbaus und einer Restaurierung von dem Ottheinrichsbau des Heidelberger Schlosses fern zu halten. Die Hauptakteure dort waren Carl Schäfer, Architekt und Professor an der Hochschule in Karlsruhe, auf der einen Seite und Georg Dehio als Kunsthistoriker auf der anderen Seite. Carl Schäfer war eine anerkannte Größe als Lehrender und praktizierender Architekt auf dem Gebiet der historischen Stilkunde. Er hatte bereits die Überarbeitung des so genannten Friedrichbaus als Projekt auf dem Heidelberger Schloss durchführen können. Dabei aber ging er bei seinen Arbeiten wesentlich weiter, als es von einer Gutachterkommission vorher festgelegt worden war. Diese wollten den altertümlichen Charakter des Gebäudes bewahrt haben, während das Ergebnis der Schäferschen Ausführung letztendlich einem Neubau mehr ähnelte als einem ehrwürdigen alten Gebäude. Die Vorschläge, die Schäfer dann für den Wiederaufbau des so genannten Ottheinrichsbaus vorlegte, einer Ruine, bei der nur noch die Außenmauern sowie Wände und Decke des Sockelgeschosses standen, riefen eine Protestwelle derjenigen hervor, die ein ähnliches Ergebnis befürchteten und erwarteten wie bei dem Friedrichsbau.

Wortführer war Georg Dehio, der in einer sehr geschickten Argumentationsführung darlegte, dass keinerlei Notwendigkeit aus Gründen der Substanzsicherung für einen massiven technischen oder baulichen Eingriff bestand; dass weiterhin keine gesicherten Grundlagen für eine Rekonstruktion vorlagen und somit ein Wiederaufbau nur als These für einen möglichen Urzustand anzusehen sei, der tatsächliche Urzustand des Gebäudes aber mit fast hundertprozentiger Wahrscheinlichkeit nicht wiedergegeben werden könne; dass durch eine Wiederaufbaumaßnahme die noch erhaltene Substanz nicht besser geschützt, sondern im Gegenteil erheblich in Mitleidenschaft genommen würde. Letztlich würde man bei einem perfekt ausgeführten Wiederaufbau schwerlich weiter mit den gealterten, ruinösen Oberflächen der übrigen Gebäude des Schlosskomplexes leben wollen, was weitere Baumaßnahmen nach sich ziehen würde. Dehio argumentierte, dass ein Denkmal nicht in die Hände eines Architekten, sondern in die Obhut der Kunstwissenschaft gehöre, da man ein Denkmal nur mit den Mitteln der Kunstwissenschaft sich erarbeiten und verstehen könne und nicht mit dem Wissen der Architekturstillehre der damaligen Zeit.

Seine Devise gegen die Schäferschen Pläne lautete: „Konservieren, nicht restaurieren" und er konnte glaubhaft darstellen, dass nicht Gründe der Erhaltung und der Denkmalpflege für einen Wiederaufbau sprachen, sondern einzig und allein der Gestaltungswille und Aktionismus des Architekten und der ihn unterstützenden Kreise.

Dieses Leitbild eines perfekten, stilreinen und vollständigen Baudenkmals, dem fast das ganze 19. Jahrhundert begeistert gefolgt war, hatte vermutlich mehr Schäden angerichtet, als dass es den Denkmälern geholfen hätte. Auf der Basis mehr oder weniger fundierter Forschungsergebnisse waren die Gebäude purifiziert, restauriert, überarbeitet, rekonstruiert und korrigiert worden. An diesem Ziel orientiert hatte man bis dahin die Diskussionen geführt und theoretische Grundprinzipien und Regeln entwickelt. Eine Umorientierung denkmalpflegerischer Zielsetzung benötigte somit, wenn sie sich als eine grundlegende Haltung und Position verstanden wissen möchte, eine neue, allgemein gültige theoretische Begründung als Legitimation. Hier ist neben Georg Dehio vor allem Alois Riegl zu nennen, dessen Aufsatz „Über den modernen Denkmalkultus" Überlegungen zu den einer Denkmaleignung zu Grunde liegenden Werten enthält. Riegl schrieb, dass im 19. Jahrhundert vor allem der Kunst- und der Erinnerungswert für die Denkmalqualität bedeutsam waren, dass aber nun im 20. Jahrhundert der Alters- und der Dokumentwert bestimmend würden.

Der Alterswert bestimmt sich durch die Eigenschaft eines Denkmals, an ihm den Alterungsprozess und somit den Verlauf der Zeit, der Geschichte erfahren zu können. Nach Riegl sucht und benötigt der moderne Mensch solche Erfahrungsmöglichkeiten, die ihn aus dem täglichen, chaotischen und hektischen Lebenskampf herauslösen und an einem übergeordneten, vielleicht sogar göttlichen Prinzip oder Ordnungssystem teilhaben lassen. Der Dokumentwert eines Denkmals ergibt sich aus der Eigenschaft, als originaler Beleg der Geschichte, als authentisches Dokument befragt, untersucht und erforscht werden zu können. Diese genannten Werte aber bleiben in ihrer Qualität nur erhalten, wenn die Objekte möglichst wenig verändert werden. Im Idealfall darf es an ihnen gar keine Interventionen geben.

Unterstützung bekamen die Protagonisten der reformorientierten Denkmalpflege von den Vertretern der sich entwickelnden Moderne wie zum Beispiel Hermann Muthesius oder Theodor Fischer. Diese äußerten, gestärkt durch das Selbstvertrauen, endlich eine der eigenen Zeit entsprechende Architektursprache finden zu können oder bereits gefunden zu haben und somit die historischen Stile und Stilübungen verlassen zu können, dass man nun nicht mehr versuchen müsse, die Denkmäler in ihren alten Stilen zu ergänzen oder zu überarbeiten, sondern dass man sie nun so lassen könne wie sie seien, da man ja eine eigenständige, sich selbst behauptende Sprache gefunden habe und diese im Umgang mit historischer Substanz auch anwenden könne. Vielmehr verbiete sich sogar das Prinzip der Nachahmung, da sie den Wert des Originals nur schmälere, indem Original und Nachahmung nur noch schwer von einander zu unterscheiden seien. Der Mensch aber wünscht das Original einer Sache zu sehen, nicht dessen Kopie oder Imitat. Und er hat ein Anrecht darauf zu wissen, ob es sich jeweils tatsächlich um authentisches Material oder nur um einen Nachbau handelt.

Eine derart ausgeprägte Wesensverwandtschaft hat es zwischen Architekten und Denkmalpflegern seitdem nicht mehr gegeben – die Architekten der Avantgarde unterstützten die Argumentation der Reformbewegung in der Denkmalpflege, gleichzeitig standen deren Vertreter den Strömungen der modernen Kunst sehr positiv und aufgeschlossen gegenüber.

1911 führten die Denkmalpflege und der Bund Heimatschutz eine gemeinsame Tagung durch und verbanden sich für einen Zeitraum von sieben Jahren. Diese

Völklingen: Alterungsspuren an einem Objekt der Industriekultur. Auch wenn die Ästhetik des Verrosten-Lassens die Gefahr des Selbstzweckes beinhalten mag – wichtig ist, dass das Objekt stehen geblieben ist, dass man es nicht abgerissen hat. Die Art des Belassens entwickelt eine eigene, sehr ausdrucksstarke Qualität. Das Gebäude wirkt in seiner ungeschminkten Art weiterhin echt, authentisch. Es bleiben viele Spuren und Hinweise, die an seine erfolgreiche Vergangenheit erinnern, es vermittelt seinen Stand in der heutigen Zeit, die Phase des Vergehens oder des Wartens auf bessere Zeiten

Kurze Entwicklungsgeschichte der Denkmalpflege

Hamburg nach dem Ende des II. Weltkriegs

kurze Zeit des Zusammenseins war für die Denkmalpflege insofern befruchtend, als dass durch das breite Spektrum der Themen, die im Heimatschutz behandelt wurden, der Denkmalbegriff über die bedeutenden Kulturobjekte und Monumente hinaus ausgedehnt wurde und nun auch auf einfachere Gebäudetypen wie ländliche Gebäude bezogen werden konnte. Insbesondere wurde der Begriff des Ensembles, das Zusammenspiel von Einzelobjekt, Umfeld und gegebenenfalls Landschaft eine wichtige neue Errungenschaft für das Denkmalverständnis. Andererseits beklagte man schon sehr früh den sich mehr und mehr abzeichnenden Kulturkonservatismus sowie die zunehmende politische Radikalisierung im Heimatschutz.

Letztlich hatte man aber zu dieser Zeit die wesentlichen theoretischen Positionen, die für Diskussionen um denkmalpflegerische Zielsetzungen und Anliegen eingenommen werden können, erarbeitet und formuliert.

Der Nationalsozialismus hatte keine dauerhaft wirksamen neuen Positionen oder Konzepte entwickeln können. Selbstverständlich gab es Versuche, die Denkmalpflege wie auch die Denkmäler für das eigene System nutzbar zu machen, es blieb aber bei Einzelaktionen. In der eingeschränkten Zeit des Bestehens dieses Systems lagen die thematischen Schwerpunkte und die Mobilisierung der Kräfte auf anderen Gebieten.

Das Ende des II. Weltkriegs bedeutete für die Denkmalpflege das Bilanzieren einer Katastrophe mit einem Resultat von vorher nie geahntem Ausmaß. Der Verlust oder die Zerstörung der alten Bausubstanz, der Denkmäler, der historischen Städte in einer derartigen Qualität und flächendeckenden Quantität war vormals nicht denkbar gewesen und so gab es für eine solche Situation auch keine vorbereiteten Denkmodelle oder Strategien, wie man damit umgehen sollte. Die Diskussionen über Konservieren oder Restaurieren, über die Bedeutung und Gewichtung der verschiedenen Wertansätze waren auf die Lösung von Einzelproblemen und Einzelobjekten bezogen worden, nicht aber als Diskussionsgrundlage für das Vorgehen nach einem globalen Zusammenbruch geeignet. Die Aktivitäten der Denkmalpflege blieben in der Zeit der Nachkriegsjahre im Wesentlichen auf Einzelobjekte beschränkt, die aber in dieser Phase der grundsätzlichen Neuorientierung gesellschaftlich nicht sehr relevant und bedeutend sein konnten. Die Fragen, die Gespräche und Entscheidungen über die Zukunft der Städte tätigten andere und die Bandbreite der vorgeschlagenen Konzepte ging von Ruinenlandschaften, durchgängigen Agrarzonen ohne größere Städte über Rekonstruktion der alten Stadtbilder bis zum totalen Abräumen und anschließenden modernen Überbauen der historischen Stätten. Die Grundlagen waren aber in den unterschiedlichen architektonischen und stadtplanerischen Haltungen und Überzeugungen zu sehen, sicherlich auch in einem Bemühen, die Erinnerung an die historischen Bilder nicht ganz zu verlieren, aber eine Diskussion denkmalpflegerischer Ansätze oder Ziele unter dem Aspekt der Substanzsicherung der Reste konnte nicht geführt werden. Die Denkmalpflege blieb bei der Suche nach Antworten auf die Frage, wie der Wiederaufbau Deutschlands stattfinden sollte, im Wesentlichen außen vor.

Die so genannte Stunde Null nach dem Zusammenbruch des Dritten Reiches war für viele der willkommene Anlass, prinzipiell über die Gestalt der Städte nachzudenken und zu diskutieren. Sollte man an den historischen Stadtstrukturen und Bildern fest halten, wo sich doch gerade diese Strukturen als störrisch und hinderlich für die Ansprüche einer modernen, sich rasch entwickelnden und verändernden Welt herausgestellt hatten, oder sollte man nicht besser jetzt die Chance ergreifen, wo die alten Städte zerstört am Boden lagen, neue Städte aufzubauen, die den modernen Vorstellungen besser entsprachen? Planungen waren hierfür bereits während der letzten Jahre des Dritten Reiches erstellt worden. Die Diskussionen wurden sehr kontrovers und intensiv geführt, wahrscheinlich waren es letztlich vor allem pragmatische Gründe, die eine gänzliche Neukonzeptionierung in vielen Fällen verhinderte. Die noch intakten Versorgungseinrichtungen, die entsprechend den alten Stadtgrundrissen noch in der Erde lagen, bedeuteten ein wirtschaftliches Kapital, auf das man in dem Nachkriegsdeutschland nicht so ohne weiteres verzichten konnte. Zudem wurde in den westlichen Zonen Deutschlands durch die Sicherung des Privatbesitzes der Zustand der alten Parzellenstrukturen in vielen Fällen fest geschrieben. Erste, privat initiierte Bautätigkeiten auf den alten Grundstücken manifestierten in einem nächsten Schritt die historischen Strukturen.

Historische Gebäude als Zeugen der eigenen Geschichte waren in dieser Funktion in ihrem Wert vermindert, da in einem Deutschland, das einen Weltkrieg angezettelt und verloren hatte, ein positives Geschichtsbewusstsein erst einmal nicht möglich war. Auf der anderen Seite hatte die rasch fortschreitende wirtschaftliche Entwicklung des neuen, westlichen Deutschlands einen optimistischen Blick nach vorn, in die Zukunft eröffnet und diese Chance wurde gerne angenommen. Warum sollte man sich zu sehr mit der schwierigen, problematischen Vergangenheit beschäftigen, wenn sich die Zukunft doch so positiv entwickelte?

Die zunehmend wachsende Bautätigkeit hatte die Stufe der notwendigen Baumaßnahmen zur Beseitigung von Wohnraumnot und Mangel an Infrastrukturen bald verlassen, nun wurde Neues gebaut, um den Ansprüchen einer Gesellschaft nach Leben im Wohlstand gerecht zu werden. Die Leitbilder waren ein Leben in einer neuen Wohnung, in einem neuen Haus, in einem neuen Wohnviertel, man wollte Einkaufen im neuen Kaufhaus, Arbeiten in einem neuen Behördengebäude, Fahren auf der neuen Hauptverkehrsstraße. Das Alte war schlecht, unmodern, unzeitgemäß geworden und wurde dementsprechend als störend und hinderlich angesehen. Diejenigen, die es sich leisten konnten, verließen die alten Gebäude und Stadtviertel und zogen in die Einfamilienhäuser, Bungalows oder Eigentumswohnungen in den neuen, durchgrünten Vierteln am Rande der Stadt. In den alten Vierteln blieben die Schwachen und die Alten, die Armen und die Ausländer. In der Konsequenz entwickelten sich diese Viertel zu sozialen Problemgebieten mit den damit verbundenen Randerscheinungen wie fehlender Bauunterhaltung und mangelnder wirtschaftlicher Prosperität. Es folgte die Zeit der Flächensanierungen, des großflächigen Abbruchs von alter, inzwischen heruntergekommener Bausubstanz, um Platz zu schaffen für die neuen Großstrukturen der Geschäftshäuser, der Verwaltungs- und Dienstleistungsgebäude, für Parkhäuser und breite, neue Verkehrsadern.

Eine Gesellschaft, die eine Zeit der großen technischen Entwicklungen erlebte, die begeistert bestaunte, dass der uralte Wunsch des Menschen in Erfüllung ging, auf dem Mond zu landen, die Visionen von neuen Städten im All oder auf dem Meer dachte, lebte wahrscheinlich in einer Atmosphäre unermesslicher Neugier und Vertrauens auf das, was die Zukunft ermöglichen würde. Warum sollte sie also einen Sinn darin sehen, sich in verstärktem Maße mit der Vergangenheit auseinander zu setzen, mit dem, was mal war bzw. was von der Geschichte als Rest noch existierte?

Die Ernüchterung folgte Anfang der 70er-Jahre. Die Erfahrungen der Erdölkrisen, die ersten größeren Katastrophen in der Raumfahrt, die zunehmend spürbar werdenden Folgen der Umweltverschmutzung ließen grundlegende Zweifel an der Richtigkeit und Legitimität der industriellen Welt entstehen. Zudem konnten die Ergebnisse der modernen Städtebauideologien, die in Massen produzierten Epigonen der modernen Architekturleitbilder nicht das Versprechen einer besseren Welt einlösen. Die großen Dimensionen der Gebäude, die damit verbundene Maßstabslosigkeit, der Verlust des öffentlichen Raumes als lebenswerter Bereich für den fußläufigen Menschen, der Verlust von Fassaden als indi-

Am 21. Juli 1969 betritt zum ersten Mal ein Mensch den Mond

„Hier entsteht ein Verkaufsgebäude mit 5000 qm Ausstellungsfläche" (Stuttgart), entnommen aus dem Katalog der Ausstellung „Eine Zukunft für unsere Vergangenheit" zum Europäischen Denkmalschutzjahr 1975

Kurze Entwicklungsgeschichte der Denkmalpflege

Das Märkische Viertel in Berlin

Eine historische Altstadt

vidueller Gestaltungsausdruck, die Anonymisierung des Einzelnen in den vielgeschossigen Wohnvorstädten, die Identitätslosigkeit der neuen Gebiete, die sehr einschichtig gedachte Befolgung der Kriterien einer verkehrsgerechten, dabei vor allem autogerechten Stadt hatten zu Ergebnissen geführt, die nun von großen Teilen der Bevölkerung abgelehnt wurden. Es entstanden Protestbewegungen, unter anderem viele sich bildende Bürgerinitiativen, die eine andere Sicht der Dinge, andere Leitbilder forderten.

In diesem Zusammenhang erfuhren die Altstadt und die alte Bausubstanz eine neue Bewertung. Sie schienen auf fast ideale Weise dem zu entsprechen, wonach man sich sehnte und was man vermisst hatte. Sie besaßen einen dem Menschen gewohnten Maßstab, sie hatten ausdrucksstarke, individuelle Fassaden, sie boten Plätze, Straßen, Wege als erlebnisreiche öffentliche Räume mit hohen Aufenthaltsqualitäten, sie hatten eine vielseitige Funktionsmischung mit kleinen Nutzungseinheiten, kleinen Läden und kleinen Betrieben zu bieten – alles Kriterien, die die anonymen, monofunktionalen Großstrukturen nicht in gleichwertiger Form leisten konnten.

Zehn Jahre zuvor waren 1964 in Venedig auf einem internationalen Kongress der Architekten und Techniker der Denkmalpflege die Anliegen und Ziele der Denkmalpflege in Reflexion der älteren Charta von Athen aus dem Jahr 1931 neu diskutiert und formuliert worden. Die dabei verabschiedete Charta von Venedig hat im Prinzip bis heute ihre Gültigkeit nicht verloren.

Fast ein Jahrzehnt später nach Verabschiedung der Charta von Venedig erfuhr die historische Bausubstanz in Deutschland eine breite öffentliche Unterstützung, verbunden mit einer Welle der Sympathie. Die Denkmalpflege, lange Zeit ein unbeachtetes Kind im Nachkriegsgeschehen, sah auf einmal die Objekte ihrer Anliegen im Mittelpunkt des öffentlichen Interesses. Die damit verbundene Medientätigkeit gipfelte in dem Europäischen Denkmalschutzjahr 1975, einer europaweiten Kampagne, die in jedem Staat durch eigene Nationalkomitees organisiert wurde. Sie stand in Deutschland unter dem Slogan: „Eine Zukunft für unsere Vergangenheit". In die Arbeit des Nationalkomitees waren eine Vielzahl von Personen und Institutionen eingebunden, so der Bundestag, der Bundesrat, die Bundesländer, die Fernseh- und Radioanstalten, allgemein die Presse, die Architektenverbände, Gewerkschaften und Parteien, die Industrie, die Kirchen und viele mehr. Gegenstand der Bemühungen waren die historischen Stadträume und Stadtbilder, thematisiert wurde die stadträumliche Bedeutung historischer Erscheinungsbilder. Dabei wurden die Wiederaufbaukonzepte und -leistungen in den historischen Stadtkernen in Trier, Alsfeld, Berlin, Xanten, Rothenburg und später noch Bamberg, Lübeck und Regensburg als vorbildliche nationale Beispiele hervorgehoben.

Es trat eine entscheidende Bewusstseinsänderung in der Akzeptanz der Altbausubstanz ein. Historische Gebäude waren wieder etwas wert und die Qualitäten alter Stadtviertel wurden neu entdeckt und formuliert. Die Architektur der Gründerzeit und des Historismus, für einen im Geist der Moderne ausgebildeten Architekten oder Kunstinteressierten das Feindbild par exellence, erfuhren gerade wegen ihres Zierrates und ihrer Verschnörkelungen eine große Sympathie und Beliebtheit, vermutlich als Reaktion auf die Architektur des „International Styles" beziehungsweise der Massen überwiegend kommerziell orientierter Gebäude, die den International Style weniger als baukünstlerische Ambition und Auffassung nachahmten, sondern vielmehr die Chance einer preisgünstigen Nutzflächenherstellung sahen.

Im Laufe der 70er-Jahre erlebte die Denkmalpflege eine große, in der Zeit nach dem II. Weltkrieg einmalige Welle der Akzeptanz, der Aufmerksamkeit und des öffentlichen Interesses. Überall nahm man sich der Altbauten wieder an, baute und arbeitete in ihnen und nutzte sie weiter. Und doch mussten die Vertreter der Denkmal-

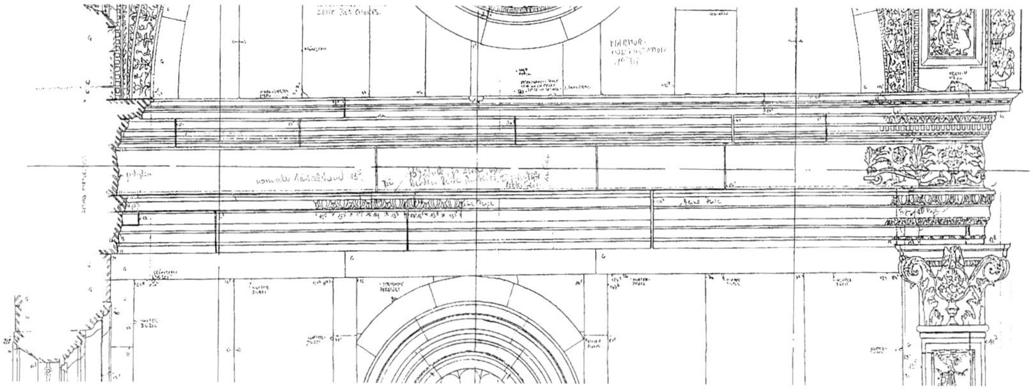

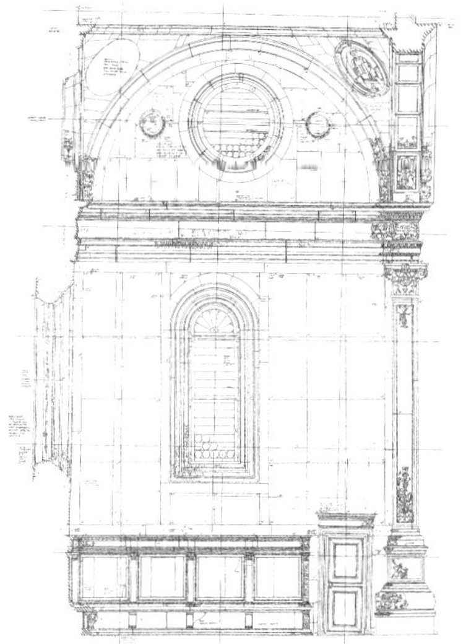

Bauforschung an der Santa Maria dei Miracoli in Venedig, gezeichnet und untersucht von Maren Lüpnitz im Juni 1993; Süd-Ost-Chorwand.
Gesamtansicht,
Ausschnitt aus der Gesamtansicht mit dem Hauptgesims,
Fotografie einer Befundstelle
Erst durch das steingerechte Bauaufmaß wurde der Bauablauf und die Versatztechnik sowie der Grad der Vorfertigung der Kalksteine und deren Anpassung vor Ort bei der Herstellung der Kirche deutlich. Der schlechte Baugrund bedingte unterschiedliche Setzungen schon während des Versetzens der Steine, die Korrekturmaßnahmen an den vorgefertigten Gesimssteinen notwendig machten. So erkennt man zum Beispiel, dass von dem Rapport der Eierstabornamente zugunsten der notwendigen Anpassung an die veränderten Gesimslängen abgewichen wurde

pflege zu Beginn der 80er-Jahre resümieren, dass diese Welle der Begeisterung in vielen Fällen mehr Schaden angerichtet hatte, als wenn man die Altbauten weiterhin nicht oder nur wenig beachtet hätte. Es reicht eben nicht aus, wenn man ein altes Haus nur mag, aber nichts darüber weiß; wenn man es benutzen möchte, aber nicht weiß, wie man es reparieren kann; wenn man den optimistischen Versprechungen neuer Mittel und Methoden leichtgläubig vertraut, die zwar im Labor oder in der Experimentierhalle einwandfrei funktionieren, in der Praxis aber in vielen Fällen stärkere Folgeschäden produzieren, als dass sie die Mängel dauerhaft beheben können. Oftmals war das Interesse an einem historischen Haus nur sehr oberflächlich vorhanden und nur auf ein historisch erscheinendes Äußeres ausgerichtet, unabhängig davon, ob das Gebäude hinter der Fassade tatsächlich noch alt war oder nicht. Und so wurde entkernt, abgetragen und Neues wie alt aussehend wieder aufgetragen oder aufgebaut, wurden Putze abgeschlagen, um Fachwerk freizulegen und Gefache ausgeschlagen, um das Fachwerk dann entsprechend der neuesten Wärmeschutzverordnung „richtig" dämmen zu können, das heißt mit den Methoden und Materialien, die für Neubauprojekte konzipiert waren, bei den historischen Konstruktionen aber sich im Nachhinein in vielen Fällen als ungeeignet und schädigend herausstellten.

Die Begeisterung für ein historisches Ambiente bewahrte viele Objekte vor dem langsamen, sicheren Ruin. Andererseits war die Bilanzierung bei vielen Sanierungsergebnissen erschreckend: Man musste feststellen, dass durch die Sanierungsmaßnahmen nun das vorzeitige Ende, der Totalverlust an authentischer Bausubstanz bereits stattgefunden hatte. Die Operation schien gelungen, aber der Patient war unbemerkt verstorben.

Die Bilanz der Denkmalpflege in den 80er-Jahren war demnach nicht zufrieden stellend. Zwar hatte sich das Interesse der Öffentlichkeit an den Denkmälern stark zum Positiven hin verbessert, hatte sich die administrative Lage durch Einführung von Denkmalschutzgesetzen in den einzelnen Bundesländern ebenfalls deutlich verbessert, gab es zudem nun größere Möglichkeiten finanzieller Förderungen oder Unterstützung durch den Staat, aber insgesamt war doch durch Unwissenheit und Oberflächlichkeit eine Unmenge an historischem Material unwiderruflich verloren gegangen.

Die konsequente Forderung der Denkmalpflege lautete: Mehr Bauforschung, mehr Untersuchungen vor dem eigentlichen Planungsbeginn und der Bauausführung, um so zu mehr Gewissheit und Klarheit über den Bestand zu gelangen und auf diesem Wege weitere unnötige Substanzverluste zu verhindern. Angesichts des oberflächlichen Umgangs mit den Denkmälern, der ungebremsten Tendenz zum Erneuern und Austauschen von Bauteilen, entwickelte sich wieder eine verstärkte Diskussion um die Wertigkeit von Authentizität, von Patina und Alterungsspuren, von Reparaturmöglichkeiten – Diskussionen, die in ihrem wesentlichen Kern schon zu Beginn dieses Jahrhunderts geführt und beantwortet worden waren, wo es aber wieder an der Zeit zu sein schien, sie neu beleben zu müssen.

Die Darstellung der Entwicklung der Denkmalpflege im östlichen Teil Deutschlands nach dem Ende des II. Weltkriegs wäre ein eigenes Kapitel für sich wert, soll aber an dieser Stelle und in diesem Buch nicht geleistet werden. Es scheint aber, dass nach dem Fortfall der Mauer in den neuen Bundesländern die Chance gesehen wird und der Wunsch besteht, das bisher in den vergangenen fast fünfzig Jahren nicht Mögliche nun nachzuholen. Vielerorts wird dem Anliegen nachgegangen, einst hochrangige Kulturbauwerke, die nun seit fast einem halben Jahrhundert als Trümmer oder Ruine oder sogar nur noch in der Erinnerung existieren, als Monumente der eigenen Kulturgeschichte bis auf das letzte Detail wieder aufzubauen. Angesichts der Vielzahl der noch existierenden authentischen, aber stark bedrohten historischen Bauwerke scheint dieser enorme Einsatz von Material,

Kurze Entwicklungsgeschichte der Denkmalpflege

Minster Stein in Dortmund, einst gerühmt als die modernste Zeche Europas, und das ehemalige Kasernengelände Castelforte in Trier: In beiden Fällen standen auf diesem nun kahlen Gelände Gebäude und Industrieanlagen. Mit Sicherheit war nicht alles, was abgerissen wurde, unbrauchbar, sondern hätte, wenn ein entsprechender Wille vorhanden gewesen wäre, weiter genutzt werden können

Geist und Geld für solche Projekte ein Engagement am falschen Ort zur falschen Zeit zu sein. Andererseits ist der Wunsch verständlich, nach über vierzig Jahren des Wartens nun endlich das durchführen zu können, was im Westen längst geschehen ist, nämlich die Bilder einer verloren gegangenen, aber stark vermissten historischen Identität wieder zu erzeugen. Rekonstruierenden Wiederaufbau hat es im Westen nach dem Krieg in großer Zahl und in allen Facetten gegeben. Ob es sich dabei aber damals wie heute um Denkmalpflege im strengeren Sinne des Wortes handelt, darüber ist zu streiten und an späterer Stelle noch zu sprechen.

Neben einer wieder verstärkt feststellbaren Tendenz zum Rekonstruieren entwickelt sich in den 90er-Jahren eine andere Diskussionsstrategie, die die bisherigen Grenzen denkmalpflegerischer Argumentationsführung verlässt bzw. erweitert. Sie bilanziert, dass seit dem Ende des II. Weltkrieges eine derart große Menge an Bausubstanz entstanden ist, dass mit dem heute existierenden Gebäudebestand unser Bedarf an Nutzfläche leidlich gedeckt werden kann. Dem größten Anteil dieses Gebäudebestandes wird trotz erlittener Abnutzung und Gebrauchs ein hohes Potenzial an zukünftiger Benutzbarkeit zugesprochen, also ein hoher Restwert. Diesen Restwert der einst bei der Erstellung eingebrachten Rohstoffe, Energien, Arbeits- und Maschinenkraft, Transporte usw. nicht durch frühzeitigen Abbruch zu verlieren, um andererseits nun für ein neu zu errichtendes Ersatzgebäude neue Rohstoffe, Energien, Maschinen- und Arbeitskräfte verbrauchen zu müssen, ist ökologisch im Prinzip nicht mehr vertretbar, produziert sehr viel Müll und ist in Hinblick auf die Beschränktheit der zur Verfügung stehenden Ressourcen nicht sinnvoll und vermutlich in absehbarer Zeit wirtschaftlich auch nicht mehr leistbar.

Das Konzept der Restwerterhaltung versucht, eine grundlegende Veränderung der allgemeinen Verhaltensweise weg von dem Verbrauchen hin zu dem Gebrauchen und Weiterbenutzen zu erreichen. Es ist der Wunsch nach einer Reparaturgesellschaft, die mit einem derart gestalteten Verständnis gegenüber bestehenden, gebrauchten und auch alten Dingen natürlich auch viel behutsamer mit der Denkmalsubstanz umgehen würde, weil das Erhalten und Pflegen eine normale, allgemein übliche Verhaltensweise geworden wäre.

Seit dem Ende des II. Weltkrieges sind Unmengen an Gebäuden erstellt worden, sodass unser Bedarf an Bausubstanz, an Nutzflächeneinheiten gedeckt sein dürfte. Die Forderung für die Zukunft könnte lauten, das Arbeiten mit dem Bestand als vollwertige Aufgabe zu akzeptieren und zu etablieren, dabei aber nicht auf das Niveau eines „Bauen in alter Umgebung" zurückzufallen, sondern in sorgfältiger professionell erarbeiteter Kenntnis des Bestehenden – und dementsprechend auch in entsprechender Verantwortungsfähigkeit ihm gegenüber – intelligente und qualitätvolle Konzepte zu entwickeln, die der Schonung und Würdigung des Bestehenden genauso gerecht werden wie den Ansprüchen und Anforderungen unserer Zeit und ihrem notwendigen Streben, Fortschreibung auch im künstlerischen Ausdruck zu suchen.

Denkmalpflegerische Strategien, die einen stärkeren Schwerpunkt auf eine ganzheitliche und nachhaltige Verantwortlichkeit gegenüber dem Gebäudebestand legen, könnten neben dem bisher Erreichten einen neuen Ansatz formulieren, der über das bereits zu Beginn des 20. Jahrhunderts Gesagte hinaus geht.

Bekannte Leitbilder

In dem vorausgegangenen Kapitel ist die Entwicklungsgeschichte der Denkmalpflege, die Herkunft, die Ansätze und Ziele wie auch die geschichtlichen Zusammenhänge der verschiedenen Strategien, Vorstellungen und Zielsetzungen denkmalpflegerischer Intentionen kurz dargestellt worden. Auch die in der derzeitigen Denkmalpflege diskutierten Ansätze und Forderungen sind keine Neuerfindungen, sondern basieren auf gewissen Entwicklungen und Erfahrungen der Vergangenheit, wenngleich die daraus gezogenen Konsequenzen und Bewertungen von Person zu Person unterschiedlich sein mögen. Aber es hat gewisse Vorteile, wenn man bestimmte Denkmodelle einer gewissen Zeit zuordnen kann. So mag die Beschränkung einer denkmalpflegerischen Argumentation auf eine „hübsche historische" Fassade oder äußere Gestaltung in Zusammenhang mit der großen Begeisterungswelle für historische Stadträume Mitte der 70er-Jahre stehen, hat aber mit den Erkenntnissen der 80er-Jahre nichts zu tun, sondern ist eben bei einer rein äußerlichen Sichtweise und Argumentationsstrategie stehen geblieben. Natürlich sollte man in der Einschätzung seines Gesprächspartners nicht pauschalieren, aber es kann hilfreich sein, wenn man Hintergründe einer Argumentationsbasis kennt und darauf eingehen kann.

Man könnte vorsichtig formulieren, dass die Denkmalpflege in den letzten Jahrzehnten an Klarheit und Eindeutigkeit bezüglich ihrer Ziele gewonnen haben müsste. Die Erkenntnis, die bereits zu Beginn des 20. Jahrhunderts formuliert worden war, dass Denkmalpflege an die Existenz von authentischem Denkmalmaterial gebunden ist, wird allgemein akzeptiert, unterstützt durch die Forderung nach mehr Forschung und wissenschaftlicher Aufarbeitung.

Gleichwohl sei noch einmal darauf hingewiesen, dass die Denkmalpflege sehr personenabhängig ist und im Einzelfall große Unterschiede in Sichtweise und Wertung auftreten können.

Auch jede Architektur basiert auf einer Auseinandersetzung mit vorangegangenen Entwicklungen. Oftmals wird dabei nach Vorbildern oder Leitbildern gesucht, die eine erste Hilfestellung geben können. Bei der Suche nach Lösungen von Problemen, auch für die Entwicklung der Planung von Bauaufgaben, ist das Hinzuziehen oder Befragen von Leitbildern oftmals hilfreich, weil durch sie prinzipielle Möglichkeiten und Vorgehensweisen aufgezeigt und studiert werden können. In ihrer Vorbildfunktion können sie einen großen Einfluss auf das Architekturgeschehen ausüben, wenn sie als idealisierte Vorbilder akzeptiert und gehandelt werden. Die Art der Einflussnahme kann von einer Anregung zur prinzipiellen, konzeptionellen Auseinandersetzung mit dem Thema bis zur direkten Übernahme von Gestaltungsprinzipien, bis zur konkreten formalen Kopie oder Nachahmung gehen.

Zwei der Vorbilder für Architekten, wenn es um den Umgang mit bestehender, historischer Substanz geht, sind oder waren Carlo Scarpa und Hans Döllgast. Sie werden auf den nächsten Seiten mit ihrem Werk nur kurz dargestellt, da über beide inzwischen ausreichende Literatur vorhanden ist.

Ob sie heute noch in gleicher Form und Umfang als Vorbilder gelten, mag und muss jeder Einzelne für sich und seine Zeit selber entscheiden. Es erscheint aber nötig und sinnvoll, den konzeptionellen Ansatz dieser beiden Architekten an dieser Stelle kurz darzustellen, da beide sich besonders durch ihren Umgang mit historischer Substanz als Architekten nach dem II. Weltkrieg profiliert haben und zum Verständnis wie auch als Diskussionsgrundlage für eine eigene Positionierung nach wie vor hilfreich sind. Auf andere Architekten wie zum Beispiel Rudolf Schwarz oder Otto Bartning, die sich ebenfalls ausführlich zu der Problematik des Wiederaufbaus nach dem II. Weltkrieg und bezüglich des Umgangs mit dem historischen Erbe geäußert haben, sei an dieser Stelle ausdrücklich verwiesen, auch wenn sie nicht gesondert besprochen werden.

Carlo Scarpa

1906 – 1978

Carlo Scarpa gilt ab der zweiten Hälfte des 20. Jahrhunderts als das große Vorbild im Umgang mit historischer Substanz. Seine Bedeutung und Vorbildfunktion reicht weit über die Grenzen Italiens hinaus, seine Restaurierung des Castelvecchio 1956-64 in Verona war Pilgerstätte und Lehrbuch für viele Architekten, die sich mit einer ähnlichen Aufgabenstellung konfrontiert sahen. Weitere bekannte Beispiele von ihm, bei denen er sich mit historischer Bausubstanz auseinander setzen musste, sind die Restaurierungsarbeiten der Nationalgalerie im Palazzo Abatellis in Palermo 1953-54, die Erweiterung der Gipsoteca Canoviana in Possagno 1956-57 und der Umbau der Fondazione Querini Stampalia in Venedig 1961-63; viele andere Projekte könnten noch zusätzlich genannt und aufgeführt werden.

Bereits zu Lebzeiten war Carlo Scarpa als Architekt hoch geschätzt, wenn auch nicht ganz unumstritten. 1956 musste er sich auf Anklage der Architektenkammer Venedig vor Gericht gegen den Vorwurf verteidigen, er arbeite ohne entsprechende Ausbildung und Zulassung als Architekt. Er wurde freigesprochen – und erhielt im gleichen Jahr den Olivetti-Architekturpreis.

Scarpa war ein venezianischer Architekt; der Einfluss dieser Stadt auf seine Arbeit ist deutlich feststellbar. Venedig wie auch Scarpa haben eine Eigenschaft, Oberflächen so zu gestalten, zu schichten und zu gliedern, dass sie ihrer ursprünglichen Funktion entfremdet, transformiert und entmaterialisiert werden. So kann eine eigentlich schwere und massive Wand, deren hauptsächliche Aufgabe das Tragen und Weiterführen von Lasten ist, sich zu einer künstlerisch gestalteten und gegliederten Fläche verändern und sich zu einem Bild und zu etwas Leichtem verwandeln. Scarpa hatte ein besonderes Gespür für Materialien, ihre Oberflächen sowie für die Wirkung und Ausstrahlung möglicher Oberflächenbearbeitungen. Und er besaß eine außergewöhnliche Fähigkeit der architektonischen Formulierung des Verbindens, des Verknüpfens von verschiedenen Bauteilen und Materialien, insbesondere in der Ausarbeitung des Details.

Scarpa hatte über lange Jahre für die Biennale gearbeitet und sich intensiv mit Ausstellungskonzeptionen und -gestaltungen beschäftigt. Sein Wirken fiel in eine Zeit, in der zudem neue Wege in der musealen Präsentation der Ausstellungsobjekte gesucht wurden. Die Kunstwerke sollten nun von ihrer Umgebung isoliert und zum wichtigsten Zentrum einer Ausstellung gemacht werden. Waren sie früher eher Dekoration von ebenfalls künstlerisch gestalteten Räumen, so suchte man nun nach einer ruhigen, zurückhaltenden Umgebung, die die Konzentration auf das eigentliche Werk fördern sollte.

Schon bei der Restaurierung und Einrichtung des Palazzo Abatellis zur Galeria delle Sicilia in Palermo 1953-54 ging Scarpa allerdings einen Schritt weiter: Die Ausstellungsobjekte werden zwar als Individuen von der normalen Raumhülle gelöst, darüber hinaus aber mittels Staffelagen, besonderer Podeste oder farbiger Hintergründe in einen neuen Zusammenhang gebracht, die sie in eine neue, bildhafte, räumlich wirksame Komposition eingliedern (und sie dafür benutzen).

Bei der Restaurierung des Castelvecchio musste sich Scarpa mit einer früheren Restaurierung auseinander setzen, die nach seiner Empfindung eine Lüge darstellte. Der Arsenalbereich des Castelvecchio war über Jahrhunderte eine vornehmlich militärisch bestimmte Anlage gewesen und bestand zum Anfang des 20. Jahrhunderts unter anderem aus napoleonischen Bauten. Mit der Entscheidung, dort ein städtisches Museum einzurichten, erschienen die napoleonischen Militärgebäude in ihrem äußeren Erscheinungsbild nicht mehr passend, sie wurden in den 20er-Jahren des 20. Jahrhunderts abgetragen und durch Gebäude mit historisierenden Fassaden ersetzt, die aus Resten abgebrochener Stadtpaläste erstellt wurden. Scarpa wollte diese Fälschung nicht zerstören oder abreißen, aber wohl als solche deutlich machen, indem die Fassaden wie eine Kulisse wirkend ausgearbei-

Galeria Sicilia im Palazzo Abatellis in Palermo: Die Objekte werden durch den farbigen Hintergrund hervorgehoben und unterstützt, gleichzeitig aber auch in eine neue Gesamtkomposition integriert und somit interpretiert. Die faszinierende Art der Präsentation beinhaltet somit auch eine vorgezogene künstlerische Wertung

Die Reiterfigur des Cangrande I. delle Scala unter dem Dach des teilabgebrochenen Museumgebäudes – Höhepunkt der architektonischen Inszenierung, Schnittpunkt verschiedener Wegeführungen auf verschiedenen Ebenen, Skelettierung und Aufschichtung des „falschen", historisierenden Museumgebäudes, Darstellung von archäologischen Schichten unter dem Hofniveau – es sind eine Fülle von Aspekten, die an dieser Stelle von Scarpa thematisiert werden. Aber es ist eine vornehmlich architektonisch begründete Inszenierung; historisch oder archäologisch kann diese Stelle nicht mit entsprechend gleichgewichtiger Bedeutung belegt werden. Zudem musste hierfür die noch erhaltene napoleonische Freitreppenanlage ohne Not entfernt werden

Castelvecchio in Verona: Der Innenhof vor und nach Scarpas Eingriff und Umgestaltung. Bei der Aufnahme des ursprünglichen Zustandes erkennt man die regelmäßige Anlage des Innenhofes mit der axialen Wegeführung zu dem Hauptzugang des Museums. In der Ecke schwach erkennbar noch erhalten die napoleonische Außentreppe zur Erschließung des Wehrgangs. Scarpa konterkariert die strenge Grundstruktur des Innenhofes. Er blockiert über zwei geschnittene Hecken den ursprünglichen Hauptzugang und lenkt die Verkehrsströme zu dem neuen, nun seitlich gelegenen Museumseingang

tet werden sollten. Die ursprünglich streng symmetrische Innenhofgestaltung mit axialem Zugang in das Gebäude wurde aufgehoben und durch eine neue Ordnung mit neuem Wegesystem und seitlich liegendem Zugang in das Museum ersetzt. Die Fassadenordnung in ihrer ursprünglichen Konzeption wird somit konterkariert. Der frühere Hauptzugang ist nun von Rasenflächen umgeben und wirkt wie eine Außenbühne. Hinter den falschen „historischen" Fensteröffnungen befinden sich moderne Verglasungen als neue Ebene oder weitere Schicht, deren Sprossenteilung scheinbar frei gestaltet ist und einem anderen Ordnungssystem zugehörig scheint. Dieses Thema hatte Scarpa schon früher bei dem Palazzo Abatellis eingesetzt, um Altes und Neues klar voneinander trennen zu können.

Den Schwerpunkt seiner architektonischen Inszenierung legte Scarpa in eine Hofecke, wo früher das Gebäude an die alte Stadtmauer anschloss. Dort ließ er einen Teil des Bauwerkes abreißen und die Stadtmauer sowie archäologische Befunde freilegen. Die Wundstelle des Gebäudes wurde sodann schichtweise skelettiert. Das Dach blättert sich auf in Pfette, Unterdach aus Blech und traditionelle Dachhaut aus Ziegeln. Ebenso werden die Außenwände in Putzschicht, Natursteinmauerwerk und Betonschale zerlegt und dargestellt. In dem entstandenen Freiraum entwickelte Scarpa ein dramatisch angelegtes Wegesystem auf mehreren Ebenen, die wiederum als neue Schichten zur bestehenden Substanz angelegt sind. Als Höhepunkt schiebt sich auf einem besonders formulierten Betonpodest die Figur des so genannten lächelnden Reiters, des Scaligerfürsten Cangrande I. della Scala, leicht verdreht und somit besonders wirkungsvoll auf dem Unterbau situiert, in den geschützten Außenbereich unter das Dach.

Für diese architektonisch hervorragende Inszenierung hatte Scarpa allerdings eine noch existierende Freitreppenanlage aus napoleonischer Zeit, über die der unter Napoleon auf zwei Geschosse aufgestockte Wehrgang des Castels zu erreichen war, abgerissen. Auch sind die Darstellung des Cangrande, die besondere Hervorhebung dieser Stelle wie auch die hier aufgezeigten archäologischen Grabungen reiner architektonischer Selbstzweck, ohne weitere oder tiefere Bedeutung. Gerade dieser Scaligerfürst hatte mit dem Castelvecchio nicht viel zu tun und der Aussagewert der archäologischen Befunde an dieser Stelle ist sehr gering und steht in keinem Verhältnis zu der architektonischen Gewichtung.

Scarpas Ansatz, verschiedene Zeitzustände, insbesondere Neues zu Bestehendem, durch Schichtung derselben sowohl voneinander zu trennen wie gleichzeitig auch in Bezug zu setzen, und seine außerordentliche Fähigkeit, Neues in Form, Material und Struktur eigenständig und doch den Dialog mit dem Bestehenden suchend zu gestalten, hat für die Denkmalpflege, für den Umgang mit bestehender Substanz den großen Gewinn, dass bei Anwendung dieser Prinzipien alles Alte unberührt, ungeschönt, unverbessert belassen werden kann. Altes bleibt alt, Neues ist neu, aber beide haben miteinander zu tun.

Allein dieses Prinzip als ausreichende inhaltliche Auseinandersetzung anzusehen, wäre zu einfach und zu einseitig und könnte der Bedeutung von historischer Substanz noch nicht genügend gerecht werden. Nur den architektonischen Ansatz zu verfolgen hieße, sich von anderen Ansprüchen, anderen möglichen Erfahrungsebenen, auch wissenschaftlichen Forderungen zu isolieren und dementsprechend in einer gesamtgesellschaftlichen Bewertung zunehmend bedeutungsloser zu werden. Die architektonische Formulierung des Themas „Denkmal und zeitgenössische, moderne Architektur" ist durch Scarpa vorbildhaft gemeistert worden, Architekten haben dies immer so gesehen und gewürdigt. Er zeigt auf eine meisterhafte, wenn auch in Teilen sehr individuelle und daher schwierig zu kopierende Art, wie ein qualitätvoller Dialog mit einem Baubestand aussehen kann.

Der frühere Haupteingang des Castelvecchio liegt nun wie ein Bühnenportal mit vorgeschobenem Bühnenpodest in der von Scarpa angelegten Rasenfläche. Er dient bereits als Ausstellungsfläche für ein Museumsobjekt. Die bestehende Fassadenordnung wird durch eine neue, anders strukturierte Pfostensystematik der neuen Fenster hinterlegt. Altes und Neues bilden somit verschiedene Schichten, die für sich eigenständig bleiben und trotzdem in einer beabsichtigten Beziehung zueinander gesehen werden können

Hans Döllgast

1891–1974

Hans Döllgast ist weniger bekannt als Carlo Scarpa, seine Bedeutung für die Architekturgeschichte, insbesondere seine Münchener Wiederaufbauprojekte wurden erst in den letzten Jahren wieder vermehrt diskutiert und in der Öffentlichkeit gewürdigt. In den 60er- und 70er-Jahren war er fast vergessen, in keinem renommierten Architekturlexikon erwähnt.

Döllgast war eine Leitfigur in den Wiederaufbaujahren nach dem Ende des II. Weltkriegs, insbesondere für diejenigen, die ihn als Lehrer an der Technischen Hochschule in München erleben durften. Er hatte eine besondere, bewundernswerte Art des Umgangs mit den Zerstörungen des Krieges, die er seinen Schülern vermitteln konnte. Nicht in einer möglichst nahtlosen Anknüpfung an die Ideale der Moderne der 20er-Jahre, die den Bruch mit der Geschichte propagierte wie zum Beispiel Robert Vorhoelzer, der den Abriss der Ruine der Alten Pinakothek forderte. Ebenso wenig akzeptierte er eine detailgetreu rekonstruierende Haltung. Döllgasts Meisterschaft lag darin, das Geschehen einer Zerstörung, die Wunden, die eine Katastrophe in die Gebäude geschlagen hatte, spürbar zu lassen, ohne in eine sentimentale Ruinenverherrlichung zu verfallen. Vielmehr ging es ihm um das Weiterbauen und Weiterbenutzen der Gebäude, sodass sie ihre Bedeutung für die Menschen und für den städtischen Raum wieder erhalten konnten, aber in einer Art, die Erlittenes nicht ungeschehen machen wollte. Und die verändernd eingriff, korrigierte und neu gestaltete, wo Döllgast meinte, dass dieses notwendig sei. Viel beachtete Projekte in München waren unter anderem die Wiederaufbauten der Basilika St. Bonifaz, der Aussegnungshalle im Ostfriedhof, des Alten Südfriedhofes, des Alten Nordfriedhofes. Jahrzehnte später bekam er den Auftrag für die Errichtung eines Schutzdaches über der Ruine der Allerheiligen-Hofkirche.

Sein herausragendstes und bekanntestes Werk, von dem er selbst in den 50ern sagte, dass es die schönste Aufgabe seiner Architektenlaufbahn sei, war der Wiederaufbau der Alten Pinakothek. Es sollte auch sein längstes, wahrscheinlich auch das für ihn schwierigste Werk werden.

Das von Leo von Klenze für den Kronprinz Ludwig von Bayern erstellte Gebäude war während des II. Weltkriegs stark zerstört worden. Die Zukunft des Gebäudes blieb über lange Zeit unsicher und ein Abriss war durchaus wahrscheinlich. Döllgast hatte großen Anteil an dem Erhalt des Gebäudes, da er bereits kurz nach Kriegsende aus eigenem Antrieb mit Wiederaufbauplanungen begonnen hatte und diese den Fürsprechern des Gebäudes ermöglichten, in den heftig geführten Diskussionen die Umsetzbarkeit eines Wiederaufbaus planerisch zu belegen und mit Kosten zu benennen.

Döllgast erhielt den Auftrag für den Wiederaufbau 1952, sieben Jahre nach Ende des II. Weltkriegs. Seine offizielle Tätigkeit als Architekt an diesem Gebäude endete 1957 mit der Wiedereröffnung, obwohl noch weitere Baumaßnahmen durchzuführen waren. Er hatte keineswegs völlige Entscheidungsfreiheit bei der Planung gehabt, vielmehr wurde ihm nach einer misslungenen bzw. nicht akzeptierten Bemusterung für den Ausbau der großen Gemäldesäle sogar eine Kommission zur Seite gestellt, die alle seine Planungen zu kontrollieren und zu billigen hatte. Musste er früher gegen den Abbruch des Gebäudes kämpfen, so sah er sich jetzt vermehrt einer stilgetreuen Rekonstruktionslust gegenübergestellt. „Wir sind hundert Jahre weiter und meine Profile sind besser als die von Klenze. Wir haben versucht, ein Profil von Klenze zu rekonstruieren, aber nicht übers Herz gebracht, es durchzuführen, weil es so schlecht war", soll er gesagt haben, und es ist leicht vorstellbar, welches Spannungspotenzial sich aufbaute gegenüber denjenigen, die den Geist Klenzes bewahrt wissen wollten. Döllgast hatte Klenzes Architektur bewertet – und geändert. So verlegte er die Haupterschließung von dem Seitenflügel in die Mittelachse des Gebäudes und plante eine Treppenanlage in dem Bereich der ehemaligen

Wiederaufbau- und Schutzbauprojekte in München: St. Bonifaz und die Allerheiligen-Hofkirche

Alter Südlicher Friedhof in München: Die neuen Pultdächer am Camposanto von Döllgast an Stelle der kriegszerstörten Pfeilerarkaden – das katastrophale Ereignis des II. Weltkrieges wird nicht geschönt oder vertuscht, sondern die Anlage lebt mit dieser Erinnerung weiter. Durch die Eingriffe von Döllgast entsteht nun eine neue Qualität, insbesondere durch die ungemein elegante und schlanke Pultdachkonstruktion. Das Ergebnis zeigt nicht eine perfekte Wiedergabe eines ehemaligen historischen Erscheinungsbildes, sondern den Prozess verschiedener baukünstlerischer Auseinandersetzungen bis in die jüngste Vergangenheit hinein. Damit werden die Gebäude nicht in dem Zustand einer bestimmten historischen Phase eingefroren, sondern können weiterhin als „lebendige" Zeit- und Geschichtsprozesse vermittelnde Objekte an dem Kulturgeschehen beteiligt werden

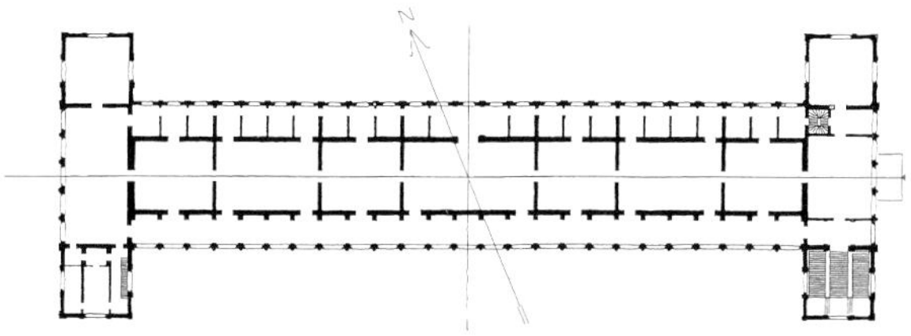

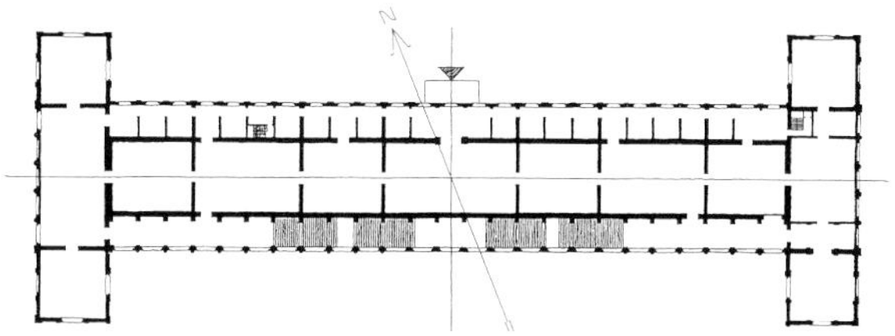

Die Alte Pinakothek in München:
Das neue Treppenhaus, die Nordfassade mit dem heutigen Haupteingang, der Originalgrundriss von Klenze links und der Grundriss entsprechend der Umplanung von Döllgast rechts, beide Zeichnungen von F. Hart

Loggia. Die ausgeführte Version ist sicherlich eine der beeindruckendsten Treppenanlagen der Nachkriegszeit. Döllgasts ursprüngliche Planung sah allerdings einen wesentlich schmaleren Treppenlauf vor, der eine Galerie entlang der großen Säle im Obergeschoss ermöglicht hätte und somit den freien Zugang zu jedem einzelnen Saal – wie schon bei Klenze. Die heute bestehende Treppenlösung musste er entgegen seiner eigenen Überzeugung umsetzen.

Döllgast musste bei vielen Detailfragen Kompromisse eingehen und wurde wahrscheinlich auch zu einigen Lösungen gezwungen. Er hat sich in späteren Jahren in vielen Punkten von dem gebauten Ergebnis distanziert. Letztlich ist aber das Grundkonzept des Wiederaufbaus der Alten Pinakothek seine Idee, zeigt seine Handschrift und Haltung. Die Schließung der großen Lücke in der Südfassade, ursprünglich aus Glas gedacht, dann mit Trümmerziegeln und den gleichmäßig angeordneten, dünnen Stahlstützen ausgeführt, die zuerst nur das Schutzdach über der noch lange Zeit offen belassenen Loggia tragen sollten, ist ein wunderschönes Beispiel dafür, wie man einen Wiederaufbau leisten kann, ohne einem Objekt die Spuren seiner jüngsten Geschichte zu stehlen. Es ist schade, dass in dem Inneren des Gebäudes dieser Dialog, dieses Erzählen von Geschichte nicht in gleicher Qualität erfahrbar gemacht wurde. Es war über lange Zeit nicht gesichert, dass man die Alte Pinakothek in der von Döllgast erstellten äußeren Form belassen würde. Es gab etliche Stimmen, die endlich eine „richtige" Restaurierung des Gebäudes forderten. Inzwischen ist der Eingriff von Döllgast ebenfalls unter Denkmalschutz gestellt worden.

Döllgasts Art wie auch ähnliche Vorgehensweisen zeitgleicher anderer Architekten werden häufig als „schöpferische Denkmalpflege" bezeichnet und als solche auch kritisiert, da sie das historische Objekt als Verfügungsmasse für einen eigenen kreativen Umgang ansehen und es somit an nötigem Respekt vor dem historischen Werk scheinbar fehlen lassen.

Ich meine, dass man Döllgast mit gleicher Berechtigung auch das Attribut einer „ungeschminkten Denkmalpflege" zusprechen könnte, einer Art des Umgangs mit Denkmalsubstanz, die rigoros nur noch das belässt, was tatsächlich auch noch existent ist, und die einem Objekt auch die Erfahrung von Leiden und Zerstörungen zugesteht. Trotzdem behalten die Objekte ihr Recht auf ein Fortbestehen – aber ohne den „Geist des Originals" zu bemühen.

Hans Döllgast

Die Schließung der großen Lücke in der Südfassade der Alten Pinakothek ist eine der schönsten Wiederaufbauleistungen nach dem Zweiten Weltkrieg. Die neue Mauer sitzt wie selbstverständlich in der alten Wand. Sehr fein und subtil antwortet sie auf die Architektur des historischen Bestandes. Aber es bleibt unzweifelhaft, dass es sich um eine Reparatur, eine neue Wand handelt, dass etwas an dieser Stelle passiert sein muss, dass nur die Nachbarflächen tatsächlich authentisches Material aus der Klenze-Zeit sein können

Die Schmalseite der Gruftarkaden am Alten Nördlichen Friedhof. Auch hier bleibt es unzweifelhaft, dass es sich um einen Wiederaufbau handelt und welcher Bereich noch erhalten werden konnte. Es ist ein wunderschönes Beispiel, wie auf sehr einfache Art und Weise, fast leise, eine Ergänzung vorgenommen wird, die nicht lauthals alt und neu gegeneinander ausspielen muss, sondern wie selbstverständlich das zu Ende bringt, was verloren gegangen war. Und mit sehr einfachen, aber sehr sensiblen Mitteln eine Fassade von hoher Qualität schafft

Zeitgenössische Positionierungen in der Denkmalpflege

Zehn Gespräche

Es ist nun bereits über ein Vierteljahrhundert her, dass Carlo Scarpa und Hans Döllgast lebten und aktiv in das Architekturgeschehen eingreifen und mitwirken konnten. Wie sehen Architekten heute die Fragestellung des Umgangs mit der bestehende Substanz, die Aufgaben der Denkmalpflege?

Neun Architekten und eine Architektin sind hierzu befragt worden. Sicherlich ist die Auswahl sehr begrenzt und es sind bis auf Uta Hassler und Nikolaus Bienefeld (wobei er über seinen Vater spricht) Architekten, die über fünfundsechzig Jahre alt sind. Alle waren an Hochschulen in der Lehre tätig, alle sind, soweit sie als Professoren berufen worden waren, inzwischen, bis auf Uta Hassler, emeritiert. Es sind somit nicht die neuesten oder vermeintlich „aktuellsten" Architekturbüros, die ausgesucht wurden. Aktualität in dem Sinne einer für den jetzigen Augenblick aktuellen, die letzte Veröffentlichung berücksichtigenden Auswahl ist auch nicht beabsichtigt. Sie wäre meines Erachtens auch nicht unproblematisch, da sie die Gefahr des modischen, nur kurzzeitig interessanten und somit nur oberflächlichen Statements beinhaltet. Die Auswahl charakterisiert sich ebenfalls nicht durch eine Berücksichtigung von Büros oder Persönlichkeiten, die sich ausschließlich durch denkmalpflegerische oder im historischen Umfeld angesiedelte Tätigkeiten ausgezeichnet oder profiliert hätten, wiederum mit Ausnahme von Uta Hassler, mit Einschränkungen bei Karljosef Schattner und Alois Peitz. Es sind Personen, die durch ihre langjährige Tätigkeit und ihre Bauwerke sich als Architekten einen Namen erarbeitet und verdient haben und die als qualitätvolle Architekten akzeptiert und anerkannt sind. Sie zeichnen sich durch eine ausgeprägte, selbstständige architektonische Haltung bis hin zur eigenen Architekturtheorie aus.

Solchen Architektenpersönlichkeiten gilt das Interesse dieses Buches. Es wird gefragt, wie positionieren sie sich zum Umgang mit bestehender Substanz, welches sind ihre Gedanken, ihre Prinzipien, ihre Vorgehensweisen.

Gereifte Architekturpersönlichkeiten haben den Vorteil einer langjährigen und somit großen Erfahrung im Bauen, durch die ihre Architektur über die Vielzahl der Projekte entwickelt und geformt worden ist, die ihre Haltung belegt und bestätigt hat. Die Gefahr des Modischen und nur kurzzeitig Aktuellen ist nicht gegeben, ihre Ansätze sind zeitloser, grundlegender und somit auch dauerhafter bedeutsam.

Gerade in der jüngeren Zeit gibt es eine Vielzahl junger Büros, die sich mit der Thematik des Bauens im Bestand beschäftigen. Die Zahl derartiger Bauaufgaben hat und wird zunehmen, dementsprechend auch die Menge an guten, interessanten Beispielen. Viele interessante Projekte werden in diesem Buch nicht gezeigt; die Existenz solcher Arbeiten soll aber hiermit ausdrücklich vermerkt werden. Die getroffene Beschränkung auf die zehn Personen zeigt für das Anliegen dieses Buches aber eine genügende Bandbreite, um die Verschiedenartigkeit der Positionen und Haltungen zu verdeutlichen.

Dabei liegt bei Uta Hassler ein deutlicher Schwerpunkt auf einer Thematisierung denkmalpflegerischer und substanzschonender Konzepte. Karljosef Schattner ist als Architekt und Diözesanbaumeister dafür bekannt, dass er nicht ausschließlich, aber im Schwerpunkt sich mit der Geschichte und den historischen Gebäuden auseinander setzen und Antworten finden musste. Alois Peitz war ebenfalls wie Schattner Diözesanarchitekt und betreute Bauaufgaben des Trierer Bistums.

Die Architekten wurden besucht und mit ihnen Gespräche geführt, die aufgezeichnet wurden. Diese wurden anschließend in einen kurzen Text umgesetzt und den Architekten wiederum zur Korrektur vorgelegt. Die Gespräche begannen fast alle mit der gleichen Frage, ob es eine prinzipielle Haltung, eine prinzipielle Positionierung im Umgang mit historischer Substanz gibt. Diese Frage haben fast alle in einer ersten Reaktion verneint und darauf hingewiesen, dass jede Aufgabe eine individuell zu erarbeitende Vorgehensweise und Lösung erfordert hätte und somit im Einzelfall auch unterschiedlich reagiert worden wäre. Der weitere Verlauf des Gespräches wurde dann nicht anhand eines festen Fragen- oder Thesenkatalogs geführt, vielmehr sollte sich das Gespräch frei entwickeln, um auf jede Person und ihre Aussagen und Ansichten individuell reagieren zu können. Ziel des Befragenden war, vorurteilslos zuzuhören und den Anderen versuchen zu verstehen. In den Texten sollen die Positionen und Meinungen der jeweiligen Architekten wiedergegeben werden, nicht die Meinung des Verfassers.

Bei einzelnen Architekten wurde zusätzlich auf bereits schriftlich fixierte Statements oder Veröffentlichungen über die Person zurückgegriffen, bei Uta Hassler stammt die Auswertung des Gespräches von ihr selbst.

Jedem Text werden Bilder eines ausgesuchten Projektes des jeweiligen Architekten zugeordnet, die visuell die Haltung des Architekten verdeutlichen sollen, aber nicht im direkten Zusammenhang zu dem Text stehen müssen. Im Anschluss an die Zusammenfassung des Gespräches wird dann das jeweilige Projekt in einem kurzen Text erläutert, der sowohl die historische Entwicklung des Objektes darstellt wie auch die architektonische Konzeption und Zielsetzung erläutert.

Hans Busso von Busse

„Ich möchte, dass mein Tempel die Menschen bewege. Und willst Du es mir gleich tun, Lucianos, dann studiere die Räume Deiner schönen Stadt; erkenne ihren Wert für die Menschen und suche das Geheimnis ihrer Wirkung zu ergründen. Viele Häuser bleiben stumm; einige werden dich ansprechen und wenige werden singen ..."

(Paul Valery, „Über Kunst", Dialog zwischen Eupalinos, Baumeister von Megara und seinem Schüler Lucianos)

Gibt es eine persönliche Grundhaltung im Umgang mit bestehender Substanz? Liegt der Schwerpunkt mehr auf dem Bewahren des historischen Objekts in dem Sinne des Bewahrens eines Dokumentes der Geschichte oder ist das Ziel eher die möglichst vollständige Präsentation einer ursprünglichen Idee?

Die Antwort von Hans Busso von Busse lautet, dass es für ihn keine prinzipielle Position gibt, kein Dogma. Jede Entscheidung ist projektabhängig, abhängig von der dokumentarischen Qualität, die ein Gebäude besitzen kann, wie auch von der architektonischen Qualität. Die Entscheidung für die weitere Vorgehensweise hängt im Wesentlichen ab von dem Eindruck, den man sich von einem Gebäude erarbeitet. Grundsätzlich von Bedeutung ist die Beantwortung der Frage, ob bei dem bestehenden Gebäude ein Konzept, eine Idee erkennbar ist, ob das Gebäude eine architektonische Aussage leisten kann.

Was Qualität oder das Wesen von Architektur für Hans Busso von Busse bedeutet, erläutert er in seinem Buch „Gedanken zum Raum, Wege zur Form" sinngemäß wie folgt: Architektur ist Baukunst und als solche ist sie der Sprache sehr ähnlich, da sie die Fähigkeit hat, etwas mitteilen zu können. Diese Aussagen beschränken sich nicht nur auf das Erscheinungsbild, Material, Struktur und Technik, vielmehr ist es der geistige Inhalt der erbrachten Lösung einer Bauaufgabe, der sich hinter dem rein Materiellen finden und spüren lässt. Um diese Wirkungen, die über das rein Bautechnische hinaus Baukunst und Architektur erst ausmachen, erzeugen und empfinden zu können, bedarf es bei dem Architekten wie auch bei dem Rezipienten, dem Bauherrn oder Benutzer, einen entsprechenden geistigen oder philosophischen Hintergrund.

Von Busse benennt unter anderem Schopenhauer, Schiller und Schelling.

Die Bedeutung und Qualität von Architektur liegt im Besonderen in ihrer Wirkung, in der so schlecht objektivierbaren und messbaren Eigenschaft, den Betrachter zu bewegen. Diese Fähigkeit ist unmittelbar mit den geistigen Voraussetzungen des einzelnen Menschen sowie der jeweiligen Zeit verknüpft. Damit ist sie nur bedingt von einer Person auf die nächste oder von einer Zeit auf eine andere zu übertragen. Dieses hat zur Konsequenz, dass wir auch die seinerzeit beabsichtigte Wirkung einer historischen Architektur heute nicht mehr in seiner damaligen Ganzheit erfahren können; die Personen und die Zeitumstände haben sich geändert.

Im Umkehrschluss bedeutet dieses, dass wir das Wesen eines Bauwerkes auch nicht reproduzieren können. Restaurierungen oder Rekonstruktionen führen selten zu einem befriedigenden Ergebnis; und nur in den wenigsten Fällen können sie überzeugen.

„Allzu häufig ist sie (die Restaurierung) als historische Tapete Alibi für falsche oder unterlassene Entscheidungen, für kreatives Unvermögen – ist sie Lüge". (Hans Busso von Busse)

„Es kommt nicht darauf an, bei Neubauten in altertümlicher Umgebung das zu wahren, was die Leute „Stil" nennen, und was in der Regel nichts anderes ist als eine künstliche, unwahre Altertümelei: sondern allein darauf, in den Maßverhältnissen und in der künstlerischen Gesamthaltung sich dem überlieferten Bilde anzupassen, was ganz wohl auch in modernen Formen geschehen kann", zitiert von Busse in seinem Buch Georg Dehio.

Von Busse vergleicht historische Bauwerke mit Büchern: „Ihre Kapitel – ihre Mauern, ihre Räume und Formen erzählen von Menschen, die uns vorausgegangen sind. Sie erzählen von den Dingen ihres täglichen Lebens, von ihren Gewohnheiten und Ansprüchen, von Macht, Hochmut und Verfall. Glanzvolle Kapitel wechseln mit solchen des Niedergangs. Sie zeichnen und beschreiben mit der untrügerischen Spur des Gebauten Lebensform und Kultur ihrer Bewohner."

Die Bausubstanz historischer Bauwerke ist gleichsam die Niederschrift einer Geschichte, die man lesen kann, wenn man gelernt hat, ihre Sprache zu verstehen. Die

„Der architektonische Raum ist Handlung: In sein stoffliches und konstruktives Gefüge, in das historisch Gewachsene das Neue einzubringen, ablesbar als eigenständiger und zeugnisgebender Gedanke, der mit dem Anspruch an seine Ausdrucksform den Kontext zur Geschichte sucht, ist unser baukünstlerisches Prinzip."

(Hans Busso von Busse)

Bauspuren an und in den Gebäuden sind wie die Kapitel eines Buches, die eine fortlaufende Geschichte erzählen. Jede Zeit fügt ein neues Kapitel hinzu. Das Weiter-Schreiben oder Fort-Schreiben eines historischen Objektes ist neben den Aussagen über soziale, wirtschaftliche oder gesellschaftliche Verhältnisse auch das Fort-Schreiben seiner Architektur, der architektonischen Gestalt.

Der Architekt ist derjenige, der für die Gestaltfindung des baulichen Ausdruckes unserer Zeit verantwortlich und zuständig ist. Dem entsprechend steht er im Umgang mit historischer Substanz in der Verpflichtung, bei einer entsprechend gestellten Bauaufgabe in einer eigenständigen, mit den Mitteln und in der Überzeugung unserer Zeit begründeten Gestaltaussage eine Antwort zu finden. Wenn es unser Anliegen ist, dass ein Denkmal, ein historisches Gebäude nicht nur ein wissenschaftlicher Beleg der Geschichte bleibt bzw. wird, sondern auch als Architektur, im architektonischen Wirken einem Anspruch genügen und eine Zukunft haben soll, dann kann eine Gesellschaft auf eine architektonische Auseinandersetzung mit diesem Bestand nicht verzichten.

Die Basis für die Arbeit an einem historischen Gebäude ist, es erst einmal als solches zu akzeptieren und zu versuchen, es zu verstehen, seinen Charakter sowohl in architektonischer wie auch dokumentarischer Qualität zu erfassen. Dokumentarische Werte oder Belege, die eine Aussage über die Geschichte des Gebäudes geben können, werden akzeptiert und als wichtige Bestandteile der Geschichtsschreibung bewertet und belassen. Die baulichen Maßnahmen, die auf Grund heutiger Anforderungen oder Wünsche an einem Gebäude durchgeführt werden sollen, werden nicht in einer restaurierenden Haltung ausgeführt, sondern als ein neues Kapitel, als neue Schicht additiv hinzugefügt. Für den Umgang mit historischen Objekten brauchen Architekten ein gehöriges Maß an Sensibilität. Döllgast, dessen Schüler Hans Busso von Busse in München gewesen war, hatte seinen Studenten eine solche Sensibilität vorgelebt. Er ließ sie an seinen Überlegungen zu seinen Wiederaufbauprojekten in München teilhaben, so bei der Alten Pinakothek, und zeigte ihnen die Möglichkeiten und Qualitäten einer aktiven Denkmalpflege oder auch schöpferische Denkmalpflege, die nicht rekonstruierte, sondern die Spuren der erlebten Geschichte bis hin zu den Zeichen der erlittenen Zerstörungen akzeptierte. Diese konnten sogar zum Thema eines neuen architektonischen Ausdruckes werden. Andererseits scheute er sich auch nicht vor radikalen Eingriffen in den Bestand, wenn er damit eine qualitative Verbesserung zu erreichen glaubte.

Döllgast wie auch Wiedemann und der von ihm geplante und geleitete Wiederaufbau der Glyptothek sind Beispiele dafür, dass bei sensiblen Architekten ein Bauwerk weiter in die Qualität hineinwachsen kann.

In der Diskussion mit den Vertretern der Denkmalpflege bedarf es dabei natürlich eines Partners, der architektonische Qualitäten erkennen, also konzeptionell denken kann und Konzepte erkennt und erfasst. Ist ein solcher Partner vorhanden, kann und wird sich ein sensibler und qualitätvoller Architekt sehr schnell das Vertrauen auch für die Belange des Denkmals bei dem Denkmalpfleger erarbeiten können. Ist dieses nicht der Fall, werden architektonische Konzepte verhindert, kann Baukunst nicht mehr fortgeschrieben werden. In den Händen guter Architekten sollte die Sorge der Denkmalpfleger um die Zukunft der Denkmäler gering sein. Wie aber definiert sich ein guter, qualitätvoller Architekt? Hans Busso von Busse benennt drei Kriterien

1 die Frage nach Bildung bzw. philosophischem Hintergrund
2 die Fähigkeit zum konzeptionellen Denken und Denken im Detail. Das Detail ist die eigentliche Seele der Architektur
3 die Fähigkeit zu einer künstlerischen Auseinandersetzung, die Fähigkeit zum Malen und Zeichnen. Der Architekt arbeitet zwar mit dem Kopf und mit dem Bauch, vor allem aber mit der Hand.

„Solange Architektur dem bloßen Bedürfnis frönt und nur nützlich ist, ist sie auch nur dieses und kann nicht zugleich schön sein … Als freie und schöne Kunst kann Architektur nur erscheinen, inwiefern sie Ausdruck von Ideen, Bild des Universums und des Absoluten wird."

(Friedrich Schelling, „Philosophie der Kunst")

Hans Busso von Busse

Kapelle am Kloster Frenswegen

Neubau, Nordhorn
Wettbewerb 1989
Planung und Ausführung 1993–1996

Kreuzigungsgruppe mit den verbliebenen Teilen eines Epitaphes von J. M. Gröninger aus dem Jahr 1693 in der Kapelle am Kloster Frenswegen

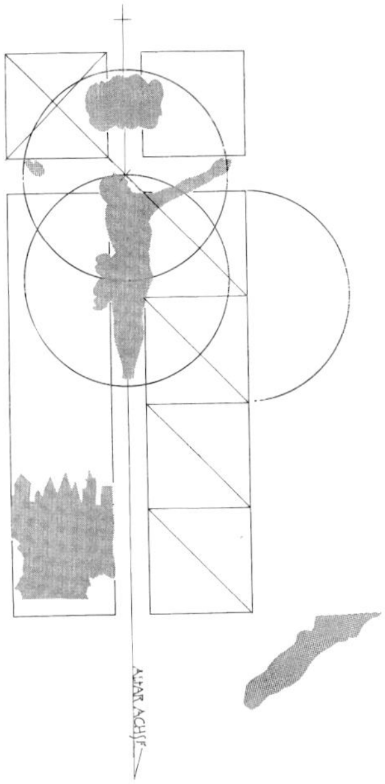

„Diese verheißungsvolle Schönheit ist es, die sich mit dem Geist und in der Andacht der Menschen zu jener Spiritualität verbinden mag, aus welcher der architektonische Raum, die baukünstlerische Gestalt letzten Endes eine über sich hinaus weisende Identität empfängt. In diesem Sinne ist mit der neu entstandenen Klosterkirche "nicht etwas Neues begonnen worden, sondern das Bewährte wurde neu getan."

(Hans Busso von Busse zu der Kapelle am Kloster Frenswegen)

Hans Busso von Busse
Kapelle am Kloster Frenswegen

Schnitt

Blick in den Innenraum Richtung Westen

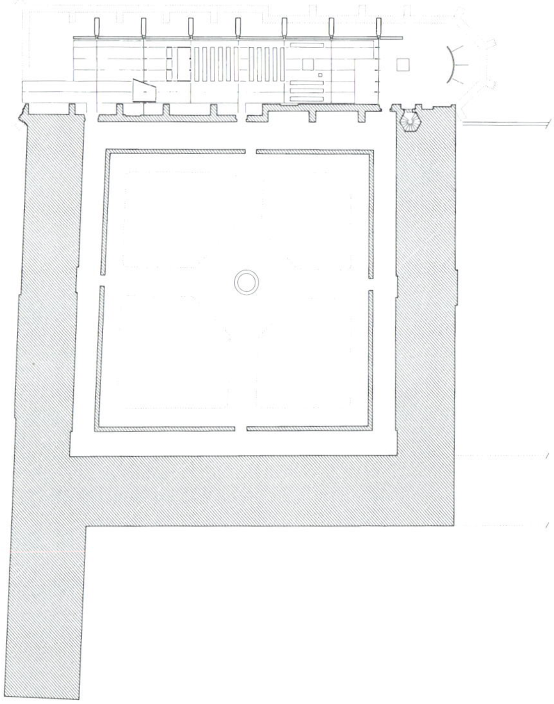

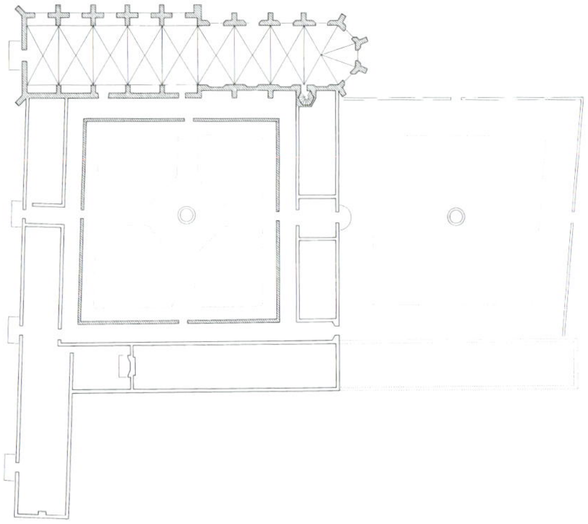

Unten: Darstellung der Klosteranlage

Oben: die heutige Situation

Die alte Klosterkirche, nach H. Prinz zu Bentheim

Der östliche Abschluss der Kapelle

Die Aufgabe bei dem Kloster Frenswegen bestand darin, in dieser ehemaligen Klosteranlage an Stelle der zerstörten und nur noch in Form einer Längswand sowie der Grundmauern erhaltenen Klosterkirche eine neue Kapelle zu planen und zu erstellen.

Das Kloster Frenswegen hat eine Tradition als ein Ort fortschrittlicher geistiger und geistlicher Kultur. Gegründet 1394 durch die Augustiner Chorherren, mit dem Gedankengut der Reformbewegung der Devotio moderna ausgestattet, hatte sie 1400 die Mitgliedschaft in der Windesheimer Kongregation bekommen. 1445 wurde eine steinerne Kirche als einschiffige spätgotische Hallenkirche von „ungewöhnlicher Schlankheit" fertig gestellt. Sie wurde 1881 durch einen Brand zerstört, ihre Ruine 1910/11 bis auf die Grundmauern abgetragen.

Das Kloster war 1809 im Zuge der Säkularisation aufgehoben worden. Die Gebäude verwahrlosten und dienten in der Folgezeit verschiedenen Nutzungen: Gefangenenlager im Deutsch-Französischen Krieg 1870/71, Zöllnerwohnungen, Zollamt, wieder Gefangenenlager im I. Weltkrieg, Landdienstlager und Heim für die Hitler-Jugend im Dritten Reich, Quartier für Besatzungstruppen, Vertriebene und Flüchtlinge nach dem II. Weltkrieg, anschließend zu Wohnzwecken.

Seit 1974 knüpft die „ökumenische Stiftung Kloster Frenswegen" an die frühere Bedeutung des Ortes und dessen reformatorischen Anspruch an. Sie wird getragen und unterstützt von Katholiken, Lutheranern und Reformierten, den drei Freikirchen der Altreformierten, der Herrnhuter Brüdergemeinde und den Baptisten. Sie soll zu einem Zentrum der Ökumene werden, mit dem Ziel der Annäherung im Abstand, im Bejahen des Eigenen ohne Ablehnung des Anderen. Daneben ist es ein Haus der Bildung und Begegnung, „das Einzelnen und Gruppen, Kommunitäten und Bruderschaften, Vereinen und Institutionen, Parteien sowie allen Fremden und Bedrängten ohne Ausnahme und Unterschied von Herkunft und Religion offen steht."

Die Kapelle ist über den Mauerresten der ehemaligen Klosterkirche erbaut worden. Hans Busso von Busse:

„...So gilt es beim Neubau einer Kirche der bewegten und bewegenden klösterlichen Geschichte ein neues Kapitel hinzuzufügen – mit aller Rücksicht auf die Bilder und Spuren des Alten. Denn sie sind die Brücken, über welche wir das Neue, das unserer Zeit Gemäße, die neue Form mit dem baulichen Erbe und der geistigen Tradition zu verknüpfen vermögen, selbstbewußt, aufrichtig und in Demut vor dem Ort, seiner Geschichte und seiner zeichenhaften Offenbarung unseres Gottesglaubens. In diesem Sinne wird für den Neubau der in der Geschichte gewachsene geistliche Mittelpunkt der Klosteranlage übernommen. Ein geweihter Ort mit dieser Tradition behält seine Ausstrahlung: So werden wichtige Aspekte seiner vorgefundenen historischen Formensprache, die Ostung, das Langschiff, die aus Ziegeln und Sandstein gefügte alte Wand mit ihren mächtigen, unversehrten Pfeilern, Teil des neuen Raumkonzeptes. In ihm verbinden sich die neuen mit den vorgefundenen Formen zu einem architektonischen Dialog, in dessen räumlicher Aussage die historische Dimension des Ortes kraftvoll mitschwingt. Dieses stehe als verheißungsvolles Zeichen für Zuversicht und Fortbestand der Botschaft, die von hier auch in Zukunft ausgehe.

Die geschichtlichen Spuren werden deshalb zu Anknüpfungspunkten bei Boden, Wand und Dach. Die baulichen Berührungen werden bewußt auf weitgehend punktförmige technische Maßnahmen beschränkt – beispielsweise die neuen Pfahlgründungen der Außenwand, die gotische Pfeilerstruktur unterstützend, das Gräberfeld vorsichtig berührend oder aber sie werden auf einfache, zurückhaltende Anschlüsse aus Glas reduziert. Die historischen Schichten bleiben erkennbar. Die Ruinenwand der alten Klosterkirche wird, wie ehedem, Innenwand der neuen Kapelle. Das nur 7,60 m breite und 26,00 m lange Kirchenschiff erinnert in seiner Proportion an die gotische Hallenkirche..."

Karljosef Schattner

Wenn die Frage nach einem deutschen Architekten gestellt würde, dessen Name und Werk in Zusammenhang mit historischen Gebäuden und Denkmälern genannt werden sollte, so würde sicherlich der Name Karljosef Schattner am häufigsten fallen. Seine Arbeit steht seit Jahrzehnten kontinuierlich, fast solitär, ohne eine vergleichbare Werkfülle, für eine Auseinandersetzung von qualitätvoller heutiger Architektur mit dem historischen Baubestand. Er hatte bereits zu einem Zeitpunkt, als es für einen modernen, engagierten Architekten noch völlig uninteressant und unzeitgemäß war, sich ernsthaft mit Altbauten auseinander zu setzen, gezeigt, dass moderne Architektur sehr wohl in dem Dialog mit denkmalgeschützter Substanz eine lohnende Bauaufgabe sehen kann und zu qualitätvollen und unserer Zeit adäquaten Lösungen kommt.

Gleichwohl war es für Karljosef Schattner nicht selbstverständlich oder von vornherein beabsichtigt gewesen, dass diese sehr spezielle Thematik ein wesentlicher Gegenstand seines Schaffens als Architekt werden würde. Es waren äußere, externe Einflüsse und Entscheidungen, die ihn dazu geführt haben. So die Tatsache, dass er, als er seine Tätigkeit 1957 in Eichstätt aufnahm, eine noch intakte, unzerstörte historische Stadt vorfand zu einer Zeit, als man in dem übrigen Deutschland noch in den Erfahrungen der Trümmer und Zerstörungen des II. Weltkrieges dachte und lebte und eine intakte historische Stadt fast schon nicht mehr kannte.

Oder die Entscheidung, eine neu zu errichtende pädagogische Hochschule nicht außerhalb der Stadt in Form der zu der damaligen Zeit üblichen Campus-Konzeptionen zu erstellen, sondern mit diesen Institutionen in die Stadt in direkter Nachbarschaft zur Sommerresidenz zu ziehen. Diese Entscheidung des Bauherrn zwang Schattner zu einer Auseinandersetzung mit dem historischen Erbe der Stadt. In der Folge entstanden und vertieften sich Überlegungen, für die notwendigen Erweiterungen der Hochschule, die sich von einer kleinen Hochschule für 250 Studenten inzwischen zu einer Universität für viertausend Studenten entwickelt hatte, an Stelle von Neubauten wo möglich leer stehende alte Gebäude zu suchen und zu nutzen.

Auf diese Weise sind viele Objekte, die als nicht mehr nutzungsfähig eingestuft und zum Teil schon zum Abriss vorgesehen waren, gerettet worden und für das Stadtbild erhalten geblieben. Dem Besucher von Eichstätt bietet sich heute noch ein sehr homogenes und intaktes Stadtbild dar, dass sowohl die Geschichte der Stadt wie auch die neuen Umstände unserer Zeit erstaunlich qualitätvoll präsentiert und an dem die Arbeit von Schattner mit den bewahrten alten Gebäuden und den Neubauten und Ergänzungsgebäuden sicherlich ausschlaggebend mitgewirkt hat.

Die Bindung an einen Ort, die konstante und glückliche Zusammenarbeit mit nur einem Bauherren, der zudem intellektuellen Begründungen zugänglich war und sich nicht wie andere politisch Verantwortliche um die Wiederwählbarkeit seiner eigenen Person sorgen musste, die Möglichkeit einer kontinuierlichen Weiterentwicklung und Fortführung einer architektonischen Haltung und Idee sowie die damit verbundene kontinuierliche Verfeinerung der handwerklichen Ausführung haben dazu geführt, dass in Eichstätt ein für unsere Zeit wohl schwerlich wiederholbares geschlossenes architektonisches Werk entstehen konnte.

Die gezwungenermaßen notwendige Beschäftigung mit der historischen Stadt und den historischen Gebäuden führte bei Schattner zu der Feststellung, dass man in früheren Zeiten den Baubestand, die bestehende Architektur als Rohstoff, als Baumaterial benutzt hatte. So ist über der zerstörten mittelalterlichen Stadt zwar eine neue barocke Stadt entstanden, aber im Wesentlichen auf dem mittelalterlichen Stadtgrundriss, unter teilweiser Weiterverwendung mittelalterlicher Bausubstanz. Diese Vorgehensweise führte zu einem Prinzip der Überlagerung, der Schichtung und damit zu sehr interessanten Spannungsverhältnissen und Kombinationen. Dieses Prinzip des Wieder- und Weiterverwendens und Weiterentwickelns basierte wahrscheinlich nicht auf einer bewusst angelegten Theorie, sondern gehorchte im Wesentlichen ökonomischen Gesichtspunkten. Der Einsatz von Planierraupen war nicht möglich und ein vollständiger Abbruch und eine Entsorgung des Abbruchmaterials sehr kostspielig. So musste man in dieser vergleichsweise kleinen Residenzstadt schon aus Gründen der Bezahlbarkeit versuchen, mit dem noch verwendungsfähigen Bestand möglichst wertschonend umzugehen.

Dieses Prinzip, das während der Beschäftigung mit der Stadt und ihrer Architektur mehr und mehr deutlich wurde, hat Schattner auch auf die eigene Arbeit übertragen und kontinuierlich weiterentwickelt. Unterstützt und gefördert, wenn nicht sogar gefordert wurde diese Denkweise von der Eichstätter Bevölkerung, die keine Erfahrungen mit kriegszerstörten Stadtbildern erlitten hatte und somit selbstverständlich an den tradierten Seherwartungen und Sehgewohnheiten festhielt. Einem ausschließlich auf die tradititonsfeindliche Moderne eingeschworenen Architekten musste von der Bevölkerung ein kräftiger Gegenwind entgegenblasen. Dieses war sicherlich für die Pflege der historischen Stadtgestalt hilfreich, gleichwohl durfte man als verantwortlicher Architekt seine eigenen Vorstellungen und Hoffnungen nicht gänzlich hintenan stellen. Vorbildhaft war für Schattner die Haltung seines Lehrers Döllgast, der beispielhaft seinen Schülern die Propyläen am Münchener Königsplatz zeigte. Dort war ein Pfeiler zerstört und anschließend provisorisch mit Ziegeln ersetzt worden. Döllgast sprach sich dafür aus, diesen Pfeiler so zu belassen, vergleichbar mit dem Forum Romanum, wo man ebenfalls Verwundungen sichtbar belässt und der Versuchung widersteht, sie zu kaschieren. Döllgast konnte seinen Schülern ein Gefühl für die ambivalente Problematik, die in den nicht mehr perfekt sich darstellenden Baudenkmälern steckt, vermitteln.

Für Schattner ist der direkte Kontakt zum Bauherren und eine sehr frühe Beteiligung bei der Entscheidungsfindung wichtig. Nur ein Architekt vermag in dem erforderlichen frühen Stadium einer Projektentwicklung abzuschätzen, ob eine neue Nutzung, eine neue gewünschte Ordnung mit einer bestehenden Ordnung sinnvoll und wirtschaftlich vertretbar in Einklang gebracht werden kann. Alten Gebäuden, die ihre ursprüngliche Funktion verloren haben, eine neue sinnvolle Nutzung zukommen zu lassen, ist notwendig, wenn man nicht eine Vielzahl von museal erscheinenden Bauwerken erzeugen möchte. Eine solche Vorstellung kann nicht wünschenswert sein und wäre zudem auch nicht finanzierbar.

Mit einer neuen Nutzung kommt aber eine Vielzahl von fundamentalen Veränderungen auf ein Gebäude zu – Beleuchtung, Beheizung, Brandauflagen und andere öffentliche Anforderungen usw. – die insgesamt sehr früh bedacht werden müssen und für die man eine Strategie zu entwickeln hat. Das setzt aber voraus, dass der verantwortliche Architekt ein Verhältnis zur historischen Architektur haben muss wie auch zu seiner eigenen Sprache, zu seiner eigenen Handschrift. Die Schwierigkeit, die Schattner heute sieht, ist, dass der Denkmalpfleger oftmals kein Verhältnis zur modernen Architektur und der Architekt sehr häufig kein Verhältnis zur historischen Architektur hat.

Die Distanz zwischen Architekten und Denkmalpflegern wird immer größer und die Zusammenarbeit schwieriger. In den 50er- und 60er-Jahren standen dem Architekten noch andere Architekten, Bildhauer oder Maler als Vertreter der Denkmalpflege gegenüber. Mit der Verwissenschaftlichung der Denkmalpflege ist eine Verkopfung entstanden, die jede Sinnlichkeit verloren hat und jede architektonische Qualität vermissen lässt. Dadurch entwickelt sich zunehmend ein Hang zum Rekonstruieren, Baumaßnahmen an Denkmälern werden immer teurer und private, engagierte Bauherren scheuen sich davor, solche Projekte in Angriff zu nehmen. Es wächst die Gefahr, dass sich Investoren der Objekte annehmen und mit der ihnen zur Verfügung stehen wirtschaftlichen Macht Konzepte durchsetzen, die denkmalpflegerische Anliegen viel weniger berücksichtigen als eine kulturell interessierte und engagierte Privatperson.

Kulturelles Engagement und ein entsprechend vorhandenes, geschultes Urteilsvermögen ist unverzichtbar, wenn noch bestehende architektonische und stadträumliche Qualitäten erhalten bleiben sollen. Es ist unbegreiflich, wie unbekümmert bei Renovierungen mit noch intakten Details umgegangen wird. Hier scheinen nur Architekten die Fähigkeit zu besitzen, diese Qualitäten zu begreifen und mit ihnen richtig umgehen zu können.

Bauwerk und Architekturdetail stehen in einer engen Wechselbeziehung zueinander. Die Qualität der Detailausarbeitung hat eine entscheidende Bedeutung für die Ausstrahlung einer Architektur, für ihre Atmosphäre – gleichgültig, ob es sich um historische oder neue Architektur handelt. Zerstörungen der historisch tradierten Details können in einer Straße ein architektonisches Umkippen herbeiführen, ähnlich dem Umkippen eines verschmutzten Gewässers. Beispielhaft seien hierfür die Fenstersprossen historischer Fenster genannt. Das Detail als Zeichen und Ausdruck der Kultur einer Zeit, das sich beim historischen Fenster oft in der Form sehr filigraner und leichter Sprossen darstellt, kann eben nicht durch heutige Standardlösungen gleichwertig ersetzt werden. Durch den Verlust der originalen Fenster wird ein Straßenbild in vielen Fällen entscheidend gestört.

Das Handwerk hat sich zwar vom Formalen her von seinem früheren Standard entfernt und verschlechtert, es ist uns Architekten aber überlegen im Umgang mit den technischen Möglichkeiten, die es heute gibt. Die Aufgabe der Architekten ist es, gemeinsam mit dem Know-How der Handwerksbetriebe neue bezahlbare Details zu erarbeiten, mit neuen Materialkombinationen, mit Halbfertigprodukten der Industrie, und daraus neue Reize und Qualitäten zu entwickeln.

Das Gleiche gilt für die Verwendung von Materialien. Detail und Material müssen unter Veränderungen bestehen können, müssen leiden können, müssen patinieren können, das heißt ein Alterungsprozess muss möglich sein. Auch dieser Aspekt wird bei der heute praktizierten Denkmalpflege oftmals nicht entsprechend gewürdigt. Viele Objekte sind nach einem denkmalpflegerischen Eingriff viel zu schön hergerichtet, sie sehen aus wie auf Teenager geschminkte alte Damen.

Karljosef Schattner hat in seiner Zeit als Diözesanbaumeister in Eichstätt alle Variationen im Umgang mit historischer Substanz durchgespielt – er hat umgebaut, renoviert, Teile neu angebaut oder Neubauten in die historische Stadt eingefügt, in seltenen Fällen auch rekonstruiert. Das architektonische Thema war dabei immer die Überlagerung verschiedener Ordnungen, die Schichtung, die Formulierung der Fuge oder Nahtstelle von Alt und Neu. Diese Thematik des „trennenden Verbindens", wie Wolfgang Pehnt es in seinem Buch über Karljosef Schattner beschreibt, wurde in einem konstanten Lernprozess immer weiter entwickelt und verfeinert. Dass Altes auch alt aussehen kann, den Charakter des Morbiden behält, dass deutlich wird, das ist halt alt, wäre für Schattner in der Zukunft eine weitere wichtige Komponente, die es zu berücksichtigen gelte.

Ulmer Hof in Eichstätt
Der neue Zugang an der Hofseite des Gebäudes. Bei Bauarbeiten an einem anderen Gebäude wurde ein eingemauertes Renaissance-Portal frei gelegt und anschließend freistehend, durch eine Stahlkonstruktion gehalten und vor Witterung geschützt, vor dem neuen Zugang aufgestellt;
Lesesaal im ehemaligen Innenhof

Karljosef Schattner

Ulmer Hof

Neu- und Umbau zum Fachbereich katholische Theologie, Eichstätt
1978-1980

Der Ulmer Hof im stadträumlichen Kontext

Ausschnitt des Lesesaals mit Buchausgabe und dem Zugang im ersten Arkadenbogen. Die anschließenden Arkadenbögen werden mittels einer frei davor gestellten Stahlkonstruktion von dem Gewicht der darüber liegenden Wände entlastet. Auf Grund der teilweise erheblichen Schiefstellung der historischen Säulen war diese Maßnahme notwendig, um die Arkadenbögen geöffnet zu erhalten. Zuvor waren die Bogenöffnungen vermauert, um durch das Mauerwerk die Säulen zu entlasten

Der Ulmer Hof entstand Ende des 17. Jahrhunderts unter dem Architekt Jakob Engel, einem der drei wichtigen barocken Baumeister in Eichstätt. Bauherr war ein Domherr aus dem Geschlecht der Ulm, wodurch sich der Name des Gebäudes erklärt. Nach verschiedenen Besitzerwechseln diente es seit der Mitte des 19. Jahrhunderts als Gymnasium. 1977 wurde das Gebäude von der Universität erworben.

Schattner hat bei diesem Projekt sämtliche Möglichkeiten des Umgangs mit historischer Substanz durchspielt: Entkernung, Umbau, Restaurierung, Rekonstruktion und Neubau. Vier wesentliche Merkmale sind bei diesem Konzept hervorzuheben:

- der Neubau eines Bibliothekbauwerkes als vierten Flügel, der den Innenhof abschließt
- die Überdachung des Innenhofes, die eine Transformation des Außenraumes zum Innenraum/Lesesaal und der Außenfassaden zu Innenwänden herbeiführt
- die Öffnung der Erdgeschossarkaden, die durch eine sichtbar belassene Stahlkonstruktion statisch unterstützt werden
- der Umgang mit den nun zu Innenwänden gewordenen ehemaligen Außenfassaden. Hier wurde in Abwägung zu einer Rekonstruktion des Engelschen Fassadensystems von Fensterreihen mit wechselnden Segment- und Dreiecksverdachungen eine ironische wie auch dokumentierende Beschreibung von Konstruktion, einstiger Gestaltung und heutiger Befunderhebung aufgetragen und aufgemalt.

Das „Lesen" dieser Wände sollte allerdings mit einer gewissen Lockerheit geschehen – ein bierernstes Rezipieren könnte sonst bei sich betroffen Fühlenden zu Verärgerungen führen.

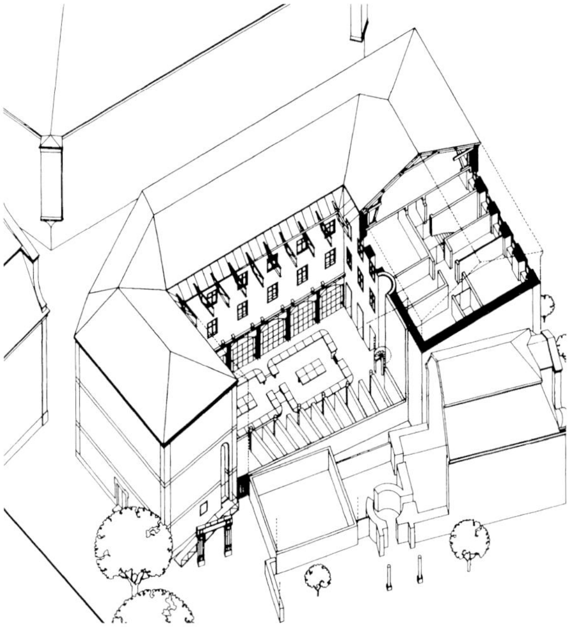

Isometrie

Detail der ehemaligen Außenfassade mit den aufgemalten „Befunderhebungen, Rekonstruktion" usw.

Alois Peitz

Alois Peitz war über lange Jahre der verantwortliche Diözesanarchitekt im Bistum Trier und in dieser Funktion mit einer Vielzahl von Bauaufgaben betraut, bei denen er sich mit Denkmalsubstanz und alten Gebäuden auseinander setzen musste. Für ihn ist bei derartigen Aufgabenstellungen das Gesamterscheinungsbild, wie es sich dem Menschen darstellt und für ihn erlebbar wird, das erste entscheidende Kriterium bezüglich der weiteren Vorgehensweise. Das Gesamterscheinungsbild bezieht sich sowohl auf das Äußere eines Gebäudes, auf das Stadtbild, die Umgebung wie auch auf den Innenraum – eben auf das Gebäude als Ganzes, nicht so vordergründig auf seine Details. Als Beispiel für die Bedeutung des harmonischen Gesamterscheinungsbildes benennt Alois Peitz die ehemalige Reichsabtei St. Maximin in Trier. Der Innenraum und das äußere Erscheinungsbild von St. Maximin hatten sich durch verschiedene Veränderungen, die sie erfahren mussten, zuletzt sehr heterogen, unter anderem mit verschiedenen Dachformen und Belichtungsverhältnissen, dargestellt. Das Gebäude ist in Hinblick auf sein Gesamterscheinungsbild korrigiert worden, dies allerdings nur in seiner Grobstruktur. Die einzelnen Baudetails und Bauteile wie Fenster und Türen wurden belassen, wo sie das Gesamterscheinungsbild nicht entscheidend stören. Hierbei handelte es sich natürlich um eine Gratwanderung, bei der an jedem Punkt immer wieder neu entschieden werden musste. So sind die Apsisfenster beispielsweise neogotisch, aber hinsichtlich Öffnungsmaß, Lichtführung und Lichtfülle für das Barockgebäude nicht störend. Also blieben sie in ihrer überlieferten Erscheinungsform erhalten. Gleiches galt für die neuen, großen Zugänge in der Nord- und Südwand aus der zweiten Hälfte des 19. Jahrhunderts. Diese vermeintlichen Unstimmigkeiten bezüglich eines stilreinen Erscheinungsbildes bezeichnet Alois Peitz als Spuren der Geschichte, die im Rahmen einer einheitlichen Großstruktur sehr wohl erkennbar bleiben sollen.

Welche Rolle bezieht in diesem Zusammenhang die Denkmalpflege? Alois Peitz wünscht sich die Denkmalpflege in der Funktion eines Sachwalters. Der Sachwalter soll, zum Beispiel über die Möglichkeiten der Bauforschung, die Informationen erarbeiten, zusammentragen und sammeln, die als Grundlage für den weiteren Umgang mit den Objekten gebraucht werden und diese „Unterlagen" dann den anderen Beteiligten wie Architekten und Bauherren zur Verfügung stellen. Er ist in dieser Funktion vergleichbar mit einem Buchhalter, der für den Inhalt einer Akte zuständig ist und anderen bei Bedarf Auskunft darüber geben kann, was in der Akte steht. Es sollten dabei nicht nur Informationen aus kunsthistorischer Forschung abrufbar sein, sondern auch praxisbezogene Angaben für die Arbeiten vor Ort. Zum Beispiel: Welche Putze waren zu welcher Zeit in der jeweiligen Region üblich; oder wie hat Schinkel Fenstergewände ausgebildet, wie hat er sie zum Beispiel mit Putz überzogen und anschließend geritzt? Diese Daten sollte der Denkmalpfleger dem Architekten liefern können, damit dieser für den weiteren Umgang mit dem Denkmal gerüstet ist. In dieser Form würde die Denkmalpflege eine sehr wichtige Aufgabe übernehmen, die die Architekten selbst in den meisten Fällen nicht leisten können. Zudem wären die Kompetenzen zwischen Denkmalpflegern und Architekten eindeutig und klar geregelt; es gäbe nicht mehr das Dilemma der Inkompetenz der Kompetenten und der Kompetenz der Inkompetenten.

Bei einer solch klaren Rollenverteilung übergibt die Denkmalpflege wieder sehr viel Verantwortung an die Architekten. Was aber ist, wenn der Architekt nicht fähig oder talentiert genug ist, diese Verantwortung zu übernehmen? Hier ist Alois Peitz der Auffassung, dass dieses Problem nur die Architekten selbst lösen können und lösen müssen. Kommt ein schwacher Architekt an einem Denkmal zum Zuge, kann ein solcher Umstand nicht eine Begründung dafür sein, einen Teil der Kompetenz im Planen und Entwerfen an die Denkmalämter abzugeben.

Planerische Leistungen sind nicht deren Aufgabe; wenn sie solche Kompetenzen für sich einfordern wollten, würden sie damit gleichzeitig in einer gefährlichen Selbsteinschätzung leben, dass in ihren Ämtern die besseren Architekten sitzen würden. Es ist wichtig, die Grenzlinie zu wahren – Trennungen erhalten die Freundschaft. Auf der Architektenseite müssen Strukturen entwickelt werden, welche Architekten an welchen Aufgaben und Objekten arbeiten dürfen, aber die Architekten müssen diesen Bereich ihrer Verantwortung selbst regeln.

Die Denkmalpflege sollte einen guten Teil der Bauforschung übernehmen oder, wenn sie dieses nicht leisten kann, beauftragen. Das ist ihre Aufgabe im Sinne eines Sachwalters. Mit einem solchen Verständnis verbindet sich vielleicht auch eine stärkere Tendenz zum Reparieren im Gegensatz zu dem heute noch sehr häufig anzutreffenden Ersetzen und Austauschen.

Die Bereitschaft zur Reparatur ist in unserer heutigen Gesellschaft noch nicht sehr ausgeprägt. Es wird nötig werden, bei der Diskussion über Werte im Umgang mit Altbauten Formulierungen zu verwenden, für die eine Öffentlichkeit empfänglich ist. Diese können in dem Bereich der Energiebilanz und Ökologie liegen.

Ein mögliches Beispiel: In einem Dachstuhl ist eine bestimmte Menge an Energie, Material und Arbeit enthalten. Wenn er abgerissen werden soll, muss ein weiteres Paket Energie hinzugefügt werden für den Einsatz von Fahrzeugen, Maschinen, Arbeitskraft usw. Die Errichtung eines neuen Dachstuhls, um wieder den Vorzustand zu erreichen, ist ein drittes Paket Energie, das benötigt wird. Im Vergleich zu einer Reparatur ist die Energiebilanz beim Erneuern sicherlich sehr schlecht. Diese Bilanzierungen müssen mehr erforscht und mit ihren Ergebnissen in der Öffentlichkeit diskutiert werden. Die Gesellschaft ist für diese Aspekte und Wertmaßstäbe sicherlich zu sensibilisieren.

Die Fragen bezüglich des Umganges mit alter Substanz müssen sich von emotional verankerten Argumentationen lösen, die Antworten müssen messbar, das Thema versachlicht werden.

Ein weiterer Punkt ist Alois Peitz sehr wichtig: Bei vielen Maßnahmen an Denkmälern werden diese abschließend mit einer neuen Hülle, einem neuen Kleid, einem neuen Anstrich versehen, sodass man ihr Alter nicht mehr sieht oder spürt. Alois Peitz spricht sich dafür aus, die Geschichte spürbar und sichtbar zu belassen, um die Bilder zu wahren, die Geschichte erzählen und Bedeutung geben können. Nicht immer soll wie selbstverständlich ein neuer Anstrich aufgebracht werden, schon gar nicht die angebliche Fassung von „1689 nach Befund", auch wenn sie „nachgewiesen" wäre. Denn der neue Anstrich wird eine Fassung von heute, ein Stück Neubau sein. Deshalb sollte man wenn möglich auf einen neuen Anstrich verzichten und eher nur reinigen – zumindest im Inneren. Dann ist es möglich, viele Narben, Übergänge und Ungereimtheiten zu belassen. Alois Peitz: „Wenn ich neu fasse, muss ich vorher alles korrekt in Ordnung bringen, denn ich kann ja nicht einfach über Löcher hinweg streichen. Ich muss das Loch vorher zumachen. Wenn ich nicht streiche, kann ich das Loch lassen." Ein neuer Anstrich als „Schutzschicht" ist in den meisten Fällen fragwürdig, oftmals mehr eine Schutzbehauptung, um eine neue Fassung zu bekommen. Schützen kann man ein Gebäude durch partielle Maßnahmen, zum Beispiel indem man einzelne Fugen repariert und Überdeckungen anbringt, wo es notwendig ist. Dabei sollte alles, was getan wird, so geschehen, wie es den handwerklichen Methoden der Entstehungszeit, den Mischungsverhältnissen der Putze usw. entspricht.

Bei Ergänzungen und neuen Hinzufügungen ist der Architekt in seiner Funktion als für die Gestalt und Form verantwortlicher Planer gefordert und dieses hat er als seine Zutat erkennbar auszuführen. Dabei müssen sich Alt und Neu geschwisterlich vertragen. Wobei Geschwister sehr unterschiedlich sein können.

Alois Peitz

Der Drang, sein neuzeitliches Architektenkönnen unter Beweis und in das Licht zu stellen, darf nicht zu einer Ideologie werden. Wenn zum Beispiel in einer im Ganzen noch intakten Reihe alter Häuser ein Gebäude fehlt, kann es durchaus richtig sein, es in der gleichen einfachen Art zu ersetzen, wie es vorher dort gestanden hatte.

Ergänzend zu dem Vorgenannten benennt Alois Peitz folgende ihm wichtige Regeln. Es gilt:

- den Duktus, den ein bestehendes Gebäude hat, durch die eigenen Interventionen und Ergänzungen nicht zu zerstören, sondern beizubehalten
- Respekt gegenüber dem Bestehenden haben, zum Beispiel mit der Erweiterung immer unter der Traufe bleiben, mit dem Neubau Abstand halten, zwischen Alt und Neu eine Zäsur, einen Schnitt machen. Dadurch wird die Bedeutung von Alt und Neu stärker erlebbar für den Betrachter oder Besucher oder Benutzer
- für den Städtebau, dass man eine Grundfiguration einer gewachsenen historischen Stadtstruktur beibehalten sollte, diese Figuration dann aber zeitgenössisch zu bearbeiten oder zu ergänzen hat
- die Notwendigkeit der Vermittlung von Bildern der Geschichte als Aufgabe gegenüber der Gesellschaft und dem modernen Staatsbürger zu erkennen und daran zu arbeiten, diese Bilder in heutiger Sprachform lesbar zu machen.

Dem Gespräch fügte Alois Peitz vierzehn weitere Thesen hinzu: „Umgang mit historischer Bausubstanz, Schlaglichter aus Erfahrung"

1 Die Gesellschaft lebt mit historischer Bausubstanz.
2 Jedes Bauwerk lebt und wirkt aus seiner Geschichte und seiner Nutzung.
3 Die Geschichtlichkeit eines Bauwerks aus den Faktoren Zeit, Form, Material, Konstruktionsmethoden und Konstruktion wird mit dem Bauwerk ständig unverändert aus der Vergangenheit in die Gegenwart und Zukunft tradiert – unabhängig von seiner Nutzung.
4 Jedes Bauwerk kann mit seiner Geschichtlichkeit verschiedenen Nutzungen dienen.
5 Die Nutzung eines Bauwerks kann sich ändern. Die meisten Bauwerke erfahren im Laufe ihres Bestandes ganz unterschiedliche Nutzungen.
6 Zwischen Geschichtlichkeit und Nutzung eines Bauwerks besteht auf Dauer kein zwingender Zusammenhang.
7 Durch Veränderung (Verlust oder Umnutzung) von historischer Bausubstanz entstehen Veränderungen auch in der Gesellschaft.
8 In den vergangenen Epochen – bis zur Aufklärung – wurde bei der Planung und dem Bau zumindest aller Kultur- und Gemeinschaftsbauten auf die Geschichtlichkeit, auf den Standort in der Geschichte dieser Bauwerke größerer Wert gelegt als auf ihren Nutzen. Sie sind offen für Nutzungen. Das macht Umnutzung möglich.
9 In der Neuzeit wird größerer Wert auf den Nutzen eines Bauwerkes gelegt. Das engt die Möglichkeiten zu Nutzungsveränderungen für die Zukunft ein.
10 Für Umnutzung und Umwidmung eines Bauwerkes gibt es zwei Anlässe: die Verwendung der Reste (Recycling) und der Eingriff, die Veränderung des Bauwerkes mit der Absicht einer Veränderung der Geschichtlichkeit des Bauwerks im Sinne einer neuen Schicht (Revitalisierung).
11 Die Weiter-/Wiederverwendung bestehender Gebäude durch Umnutzung oder Umwidmung ermöglicht in stärkerem Maße die Einbeziehung der Nutzer und Bauherren in den Planungsprozess.
12 Umnutzung/Umwidmung gibt Innovation für neue Architektur.
13 Das Gesagte gilt sinngemäß auch für Neues Bauen in alter Umgebung (Ensemble) und für Einrichtungen.
14 Es geht darum, Geschichtlichkeit zu wahren und Geschichte fortzusetzen!"

St. Maximin in Trier, Zustand 4. Juni 1973

Links: Der grüne Kunstrasen und die Accessoires einer Sportstätte mögen als Umfeld für eine Kirche ungewöhnlich sein – ohne diese Nutzung würde das Gebäude vielleicht gar nicht mehr existieren

Arbeitsgemeinschaft Baumewerd, Böhm, Peitz

St. Maximin

Umnutzung einer Kirche zu einer Sport- und Veranstaltungsstätte, Trier
1989–1995

Ansichten aus der Wettbewerbsarbeit

Innenraumperspektive aus der Wettbewerbsarbeit

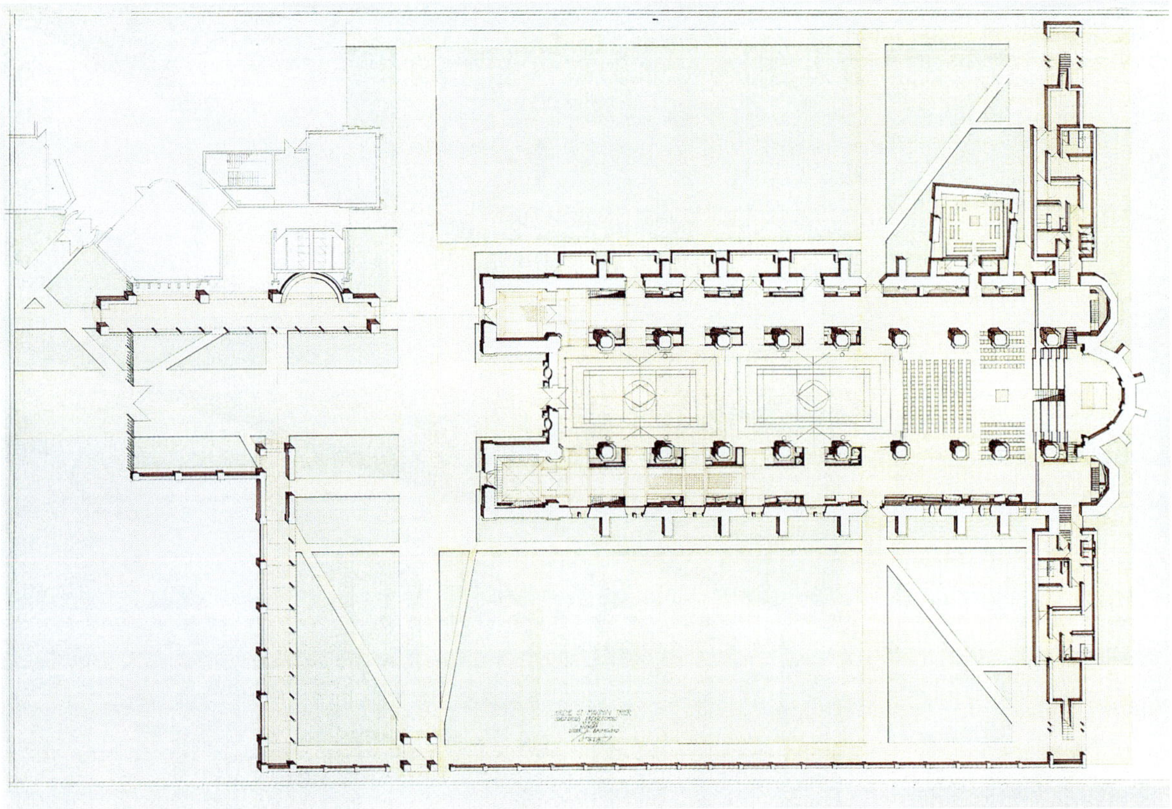

Wettbewerbspläne von Dieter G. Baumewerd. Nicht verwirklicht wurde die offene Verbindung des Kirchenraumes zu dem Untergeschoss mit den Sarkophagen, da diese aus konservatorischen Gründen klimatisch von dem Kirchenraum abgeschottet werden müssen

Die ehemalige Benediktinerabtei St. Maximin war im Mittelalter das bedeutendste Trierer Benediktinerkloster und konnte Reichsunmittelbarkeit beanspruchen. Sie entstand an der Stelle einer Vorgängerkirche aus dem ersten Drittel des 4. Jahrhunderts, diese war wiederum auf dem Gelände einer ehemaligen spätrömischen Villa errichtet worden. 853 wird das Kloster erstmals erwähnt. Im Laufe der Geschichte wurde es mehrfach zerstört und wiederaufgebaut; die Baugestalt der heutigen Kirche stammt aus dem Ende des 17. Jahrhunderts, Architekt war der Trierer Baumeister Hans N. Kuckeisen. 1802 wurde das Kloster aufgehoben, profaniert und zu einer Kaserne umgebaut, mit Zwischenwänden und Geschossdecken. Nach 1871 bis 1876 erfolgte der Rückbau eines Teilbereiches im neogotischen Stil für eine Nutzung als katholische Garnisonskirche, in dem übrigen Bereich blieben die Einbauten bestehen. 1932 übernahm das Bistum die Anlage und nutzte sie bis 1976 als Schule, bis statische Probleme die weitere Nutzung verhinderten. Man beschloss, die Kirche für die Bedürfnisse einer benachbarten neuen Schule an größeren Versammlungsräumen herzurichten, die Ausführung erfolgte unter der Leitung des Diözesanbauamtes. Bei Maßnahmen der Gründungssicherung legte man dabei ein antikes Gräberfeld unter

Durch die Bodenöffnungen sollte der Bezug der Kirche zu den unter dem Kirchenboden versteckt liegenden älteren Schichten verdeutlicht werden. Im Wettbewerb war die Kranbahn für die variable Platzierung der Stoffvorhänge bereits detailliert und funktionstüchtig durchgeplant

der Kirche mit fast tausend Sarkophagen frei; dieses wurde erforscht und im Anschluss konservatorisch gesichert. Die Kaserneneinbauten wurden entfernt und der ursprüngliche Kirchenraum wiederhergestellt, statische Sicherungsmaßnahmen an der Dachkonstruktion und den aufgehenden Wänden durchgeführt und die barocken Fensteröffnungen zurückgebaut oder rekonstruiert. Nach einem Architektenwettbewerb erhielt die Arbeitsgemeinschaft Baumewerd, Böhm und Peitz den Auftrag für die Ausführung des Innenausbaus für Sportveranstaltungen der Schule, für Konzerte wie auch kirchliche Veranstaltungen. Derart verschiedene Nutzungen in einem ehemaligen Kirchenraum zu installieren, ist nicht unproblematisch, da vom Wesen und somit auch vom architektonischen Ausdruck eine Kirche und eine Sporthalle zwei grundverschiedene Dinge sind. Bei Maximin ist die Belegung mit wechselnden Sport- und Konzertnutzungen notwendig, um das Gebäude erhalten zu können. Bei der fast 1700-jährigen Geschichte der Kirche stellt diese Nutzung sich wie eine flüchtige Fremdbelegung dar. Entsprechend dieser These sollten die hierfür notwendigen Einrichtungen auch provisorisch wirkend installiert werden. Daraus entwickelte sich die Idee des Einbaus einer Kranbahn, von der Tücher oder Vorhänge abgehängt werden und provisorisch den Raum für die jeweilige Nutzung herrichten. Im Detail wurde bei der Ausführung versucht, Alterungs-, Gebrauchs- und Geschichtsspuren möglichst spürbar zu belassen.

Arbeitsgemeinschaft Baumewerd, Böhm, Peitz
St. Maximin

Die Westfassade mit dem Hauptportal. Die historische Tür war nicht mehr vorhanden und sollte auch nicht rekonstruiert werden. Die heutige Tür besteht aus sichtbar belassenem Stahlblech, das bis zu einem gewissen Grad rosten darf, dann wird es mit Kriechöl konserviert. Die neue Tür ist legitimer Ausdruck der neuen Nutzungen, die dahinter stattfinden

Die ehemalige Reichsabtei kann und muss heute verschiedenen Zwecken dienen: Einmal als festlicher Rahmen für Konzertveranstaltungen...

.... zum anderen als großzügige Halle für den Sportunterricht der nahe gelegenen Schule. Mobile Trennwände aus Netzen, die an einer Kranbahn in dem Kirchenschiff jeweils zu der benötigten Stelle gefahren werden können, sowie einfache, aber zweckdienliche Maßnahmen wie Matten an den Kirchenpfeilern als Prallschutz helfen, diesem für die Stadtgeschichte bedeutsamen Gebäude auf eine undogmatische Weise eine sinnvolle, nützliche Lebensberechtigung zu geben

Sportunterricht im Kirchenraum

Gottfried Böhm

„Neu zu errichtende Projekte sollten sich mit Selbstverständlichkeit in das bauliche und geschichtliche Umfeld einordnen, ohne dabei unsere heutige Zeit zu verleugnen oder gar zu verniedlichen. Geschichte kann man nicht einfach zitieren wollen, schon gar nicht spaßig verfremden. Sie will schon anders weitergetragen werden, eben so, dass es achtend selbstverständlich erscheint", zitiert Ulrich Weisner Gottfried Böhm in dem Buch „Neue Architektur im Detail – Heinz Bienefeld, Gottfried Böhm, Karljosef Schattner".

Gottfried Böhm ist nicht durch das Verfassen und Proklamieren einer besonderen Architekturtheorie bekannt geworden. „Ich bin schon der Meinung, daß es auch zur Zeit Architekturtheorie gibt, nur ich habe keine ausgesprochene, es sei denn die, möglichst gut und schön zu bauen", wird er in dem oben genannten Buch an einer anderen Stelle zitiert. Und so scheint es schwer zu sein, einen prinzipiellen theoretischen Überbau für den Umgang mit historischer Substanz über das oben Gesagte hinaus festzumachen. Jede Aufgabe entwickelt Böhm aus ihren besonderen, ihr eigenen Bedingungen; es ergibt sich weniger ein Befolgen von Regeln als vielmehr das Streben, jedes Projekt individuell künstlerisch und architektonisch zu bearbeiten und zu lösen.

Und doch gibt es bestimmte Themen oder Eigenschaften, die das Werk Gottfried Böhms auszeichnen und von anderen Architekten unterscheiden – auch in Bezug auf den Umgang mit historischer Substanz – und die von Ulrich Weisner, Wolfgang Pehnt oder Manfred Sack in ihren Texten über Gottfried Böhm benannt werden. Es ist die Suche nach Zusammenhängen zu der Geschichte, der Tradition eines Ortes, der räumlichen Verknüpfungen zu dem Bestand und zum Umfeld, der Versuch der Kontinuität in der Entwicklung und Fortschreibung von Bestehendem.

Gottfried Böhm hatte bei seinem architektonischen Werdegang nicht bei Null anfangen müssen, sondern im väterlichen Büro arbeiten und dieses später auch übernehmen können. Bei dem zwangsweise stattfindenden Generationswechsel kam es nicht zu einem Bruch mit den Werten und Idealen des Vaters, sondern sein Werk wurde aufgegriffen und fortgeführt. Fortführung aber nicht in einer Form des bloßen Weitermachens, sondern als Weiterentwicklung des Bestehenden und bisher Erreichten unter dem Einfluss neuer Möglichkeiten, zum Beispiel durch neue Materialien, durch neue Konstruktionsmethoden wie auch geänderte Wirtschaftlichkeit, natürlich auch unter dem Aspekt der eigenen künstlerischen Entwicklung. Diese Kontinuität, die ausgehend von dem Werk Dominikus Böhms bei Gottfried Böhm und nun wiederum bei seinen Söhnen festzustellen ist, zeigt sich als Prinzip auch bei dem Umgang mit historischen Bauten. „Die Tradition ist der Boden, aus dem das Neue entwickelt wird", schreibt Manfred Sack. Nicht radikal modern oder gewollt bis zwanghaft artifiziell andersartig ist seine Architektur, sie steht eher in einem bewusst geführten Dialog mit der Geschichte, in einer schöpferischen Auseinandersetzung, die, wie Wolfgang Pehnt schreibt, „von schüchterner Denkmalpflege ebenso weit entfernt (ist) wie von blutloser Zitatenhäufung." Ihr liegt eine Auffassung zu Grunde, dass eine qualitätvolle Auseinandersetzung und Fortschreibung die Geschichte ernster nimmt als ein Kunstverständnis, welches die Wertigkeit der Geschichte durch restaurierendes Bauverhalten gewürdigt sehen will.

Bei seinen Wiederaufbauprojekten zerstörter Kirchen hat Dominikus Böhm nichts nachgebaut, sondern Neues auf der Basis des Vorherigen entwickelt. „Eine Kunst, die Leben in sich hat, restauriert die Werke der Vergangenheit nicht, sondern setzt sie fort." hat Auguste Rodin gesagt und wird im Zusammenhang mit Böhm gern zitiert. In diesem Sinne führt Gottfried Böhm die Arbeit eines Architekten in der Tradition des Vaters fort.

Das Saarbrücker Schloss

Gottfried Böhm

Das Saarbrücker Schloss

Restaurierung und Ergänzung, Saarbrücken
1982–1989

Hofansicht – Gemälde um 1760

Das Saarbrücker Schloss um 1925

Hofansicht 1978. Der Ehrenhof wie auch der ganze Schlossplatz genügen nur noch als Parkplätze. Die Freitreppenanlage aus den 30er-Jahren wurde in ihrem Wert als Geschichtszeugnis als weniger bedeutend eingestuft und zugunsten eines kontinuierlich ansteigenden Geländeverlaufs aufgegeben

Das Saarbrücker Schloss wurde 1739-1748 für den Fürsten Wilhelm Heinrich von Nassau-Saarbrücken nach einem Entwurf des Barockbaumeisters Friedrich Joachim Stengel als Nachfolgebau eines Renaissance-Schlosses in Form einer Dreiflügelanlage neu errichtet. Etwa ein halbes Jahrhundert später im Zuge der Französischen Revolution durch Brand zerstört, erfolgte 1810 ein Wiederauf- und umbau der Ruine als Wohnhausanlage für acht Saarbrücker Bürgerfamilien. Dabei wurde das oberste Geschoss der ursprünglich dreigeschossigen Schlossanlage nicht wiederhergestellt, die verbleibenden zwei hohen Geschosse wurden dreigeschossig unterteilt. An der Stelle des Mittelpavillons im einstigen Corps de logis verblieb ein freier Durchgang. Baumeister dieses Wiederaufbaus war Johann Adam Knipper. 1872 ließ ein Eisenhüttenbesitzer an der Stelle des Mittelpavillons einen repräsentativen Saalbau von dem Architekten Hugo Dihm errichten, der in seinen Dimensionen unter den Abmessungen des barocken Pavillons blieb. Ab 1908 übernahm die Kreisverwaltung des Landkreises Saarbrücken stufenweise die Nutzung der Gebäude.

Seit dem Jahr 1911 gab es verschiedene Planungsversuche, das Erscheinungsbild des Gebäudes wieder der Gestalt des barocken Schlosses anzunähern, insbesondere galten die Bemühungen einer Gestaltung oder Rekonstruktion des Mittelpavillons. Verwirklicht wurde von diesen Intentionen in den 30er-Jahren lediglich eine Freitreppenanlage vor dem Ehrenhof. Im II. Weltkrieg musste das Schloss wiederum schwere Zerstörungen erleiden, die aber bereits 1947/48 behoben wurden. Zwei Jahrzehnte später hatte sich der bauliche Zustand derart verschlechtert, dass der Südflügel baupolizeilich gesperrt werden musste.

Mit der Erkenntnis, dass bauliche Maßnahmen zum Erhalt der Gebäudesubstanz unumgänglich waren, entstand gleichzeitig eine heftige und langjährige Diskussion um eine Komplettierung der Baugestalt, wobei von Rekonstruktionen bis zum totalen Abriss und Ersatz durch einen Neubau alle Möglichkeiten angeboten wurden. In einer ersten Phase setzten sich die Befürworter einer Rekonstruktion der äußeren Hülle entsprechend der Stengelschen Konzeption durch. „Nicht an die Tristesse des Knipperbaus wollen die Bürger dieser Stadt erinnert werden, nicht an Revolution, Krieg, Besetzung, an Not und Elend, sondern an ihre glückliche, stolze Vergangenheit, als das Stengelsche Schloss Symbol für die politische, wirtschaftliche, kulturelle und sogar europäische Bedeutung dieser Stadt und dieses Landes war", beschrieb Dr. Franz May, ehemaliger Intendant des Saarländischen Rundfunks, die damalige Erwartungshaltung. Demnach war es eine gesellschaftlich-politische Entscheidung, die für eine Rekonstruktion sprach.

Gottfried Böhm hatte im Rahmen eines städtebaulichen Gutachtens für das Umfeld des Schlosses unaufgefordert eine Skizze für eine Neuinterpretation des Mittelpavillons erstellt. Diese wie auch gleichartige Vorschläge anderer Gutachter unterstützten eine gegen Ende der 70er-Jahre neu geführte Diskussion um das Schloss. Aus Kreisen der Denkmalpflege verstärkte sich die Zahl der Kritiker, die eine Rekonstruktion ablehnten. Georg Mörsch schrieb: „Das vielleicht zwingendste Argument gegen einen Neubau nach Stengel (bleibt) die Tatsache, daß Saarbrücken an dieser Stelle kein Schloß bauen darf, weil es hier bereits eines besitzt, das man erst zerstören müßte: das Schloß in den Formen des Knipperschen Wiederaufbaus." Und Goerd Peschken schrieb: „...daß der Bestand des Schlosses ein schönes und denkmallistenwürdiges Ensemble bürgerlicher Baukunst vom Anfang des 19. Jahrhunderts ist, der denkmallistenwürdig auch dann schon sein würde, wenn er nicht in die prominente Ruine eingebaut worden wäre. Daß diese Häuser in das einstige Schloß eingebaut sind, verdoppelt den Denkmalwert des Komplexes, indem zu den allgemein kulturhistorischen Aspekten die Erinnerung an das Ende des ancien regime und die französische Revolution in Saarbrücken kommt".

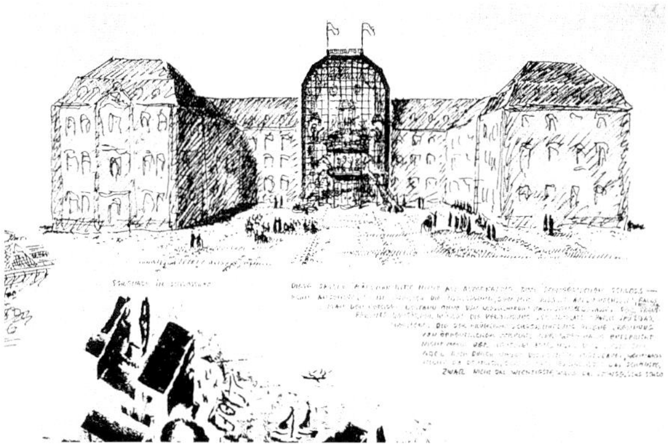

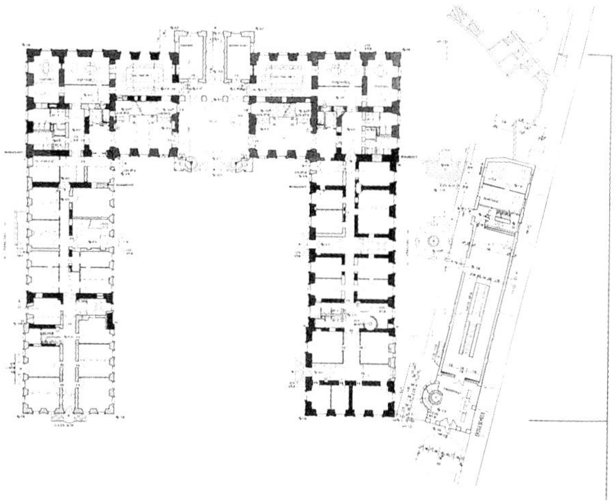

Oben: Skizze von Gottfried Böhm 1976

Links: Grundriss Erdgeschoss nach Durchführung der Maßnahme

Unten: Grundriss Erdgeschoss vor 1981

Nach langen Diskussionen wurde als Ziel formuliert und politisch festgelegt, das Schloss als historisches Baudenkmal in seiner ganzen Geschichtlichkeit zu erhalten. Das neue Programm lautete Sanierung des Bestandes und Ergänzung um einen neuen Mittelpavillon. Mit der Planung beauftragt wurde ein Architektenteam, das federführend von Gottfried Böhm geleitet wurde. Das durchgeführte und von den Kosten günstiger geschätzte Konzept erlaubte eine wesentlich weitergehende Substanzerhaltung als bei einer Rekonstruktion denkbar gewesen wäre, auch wenn sich die Bausubstanz in Teilen als sehr marode darstellte.

Die Mitwirkung der Denkmalpflege bei dem anstehenden Entwurfsprozess bestand nach einem Statement des Staatlichen Konservatoramtes darin, „den Architekten, der hier schöpferisch wirken musste, auf den historischen Kontext hinzuweisen, mit ihm die Gesetzlichkeit dieses Kontextes zu erörtern. Dann aber musste dem Architekt das Feld allein überlassen bleiben."

Das Ergebnis beschreibt Reinhard Schneider wie folgt: „So viel aber dürfen wir in einer Bilanz aus denkmalpflegerischer Sicht wohl festhalten: Gestellt war die doppelte Aufgabe einer Bewahrung des geschichtlich Gewordenen und eines Weiterbaus, in dem sich die gegenwärtige Nutzung angemessen darstellen kann. Das Architektenteam um Gottfried Böhm hat sich dieser schwierigen Aufgabe, die nicht ohne Gratwanderungen, Kompromisse und auch Brüche zu bewältigen war, mit ungewöhnlich großer Dialogbereitschaft angenommen. Das Ergebnis, das inzwischen breite Zustimmung und Anerkennung auch in Fachkreisen gefunden hat, bleibt – auf hohem Niveau – ambivalent. Einerseits ist es gelungen, die Geschichte des Baus in ihren wesentlichen Zügen ablesbar zu halten, andererseits wurde sie zugleich auch Bestandteil eines architektonischen Konzeptes, das auf eine neue funktionale Einheit abzielt, mit hohem gestalterischen Anspruch auftritt und Geschichte fortschreibt."

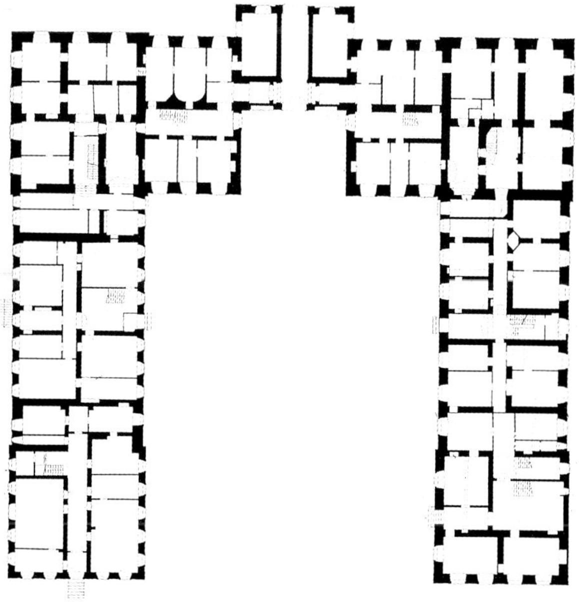

Gottfried Böhm
Das Saarbrücker Schloss

Der Festsaal mit einer künstlerischen Gestaltung der Wände und der Decke von Gottfried Böhm – im Sinne einer Tradition der Überfassung von Oberflächen mit der Zielsetzung einer vertiefenden architektonischen Gestaltung

Instand gesetzte historische Fassaden im Anschluss an den neuen Mittelpavillon

Nikolaus Bienefeld zu Heinz Bienefeld

Nikolaus Bienefeld spricht für sich und über die Arbeit seines Vaters Heinz Bienefeld, bei dem er einige Jahre mitgearbeitet hatte und dessen Büro er nach dem Tod des Vaters weiterführt. Die Werte, die Heinz Bienefeld sich erarbeitet hatte und die die Grundlage für seine architektonische Arbeit darstellten, gelten mit gleicher Bedeutung auch für Nikolaus Bienefeld. Inwieweit man auf Dauer von einer „Fortführung" des Werkes des Vaters wird sprechen können oder sich eine eigene Architektur entwickeln wird, kann erst die Zukunft zeigen.

Es scheint aber Parallelen zu der Architektenfamilie Böhm zu geben, der Heinz Bienefeld neben Emil Steffann sehr nahe stand. Es ist ein Vater-Sohn-Verhältnis, das nicht durch Rebellion oder Opposition gegen die Vätergeneration gekennzeichnet ist, sondern durch das Bemühen, von dem Vater, den Nikolaus Bienefeld als seinen eigentlichen Lehrmeister bezeichnet, möglichst viel zu lernen. Aufbauend auf diesen Erfahrungen und diesem Wissen kann sich dann die eigene Arbeit entwickeln.

Ähnlich ist auch das Verhältnis zur Moderne und zur Geschichte. Die bekannten, großen Vorbilder der Moderne wie Le Corbusier oder Mies van der Rohe wurden studiert, auch bewundert, aber auch in ihrem Absolutheitsanspruch hinterfragt. Einen Bruch mit der Baugeschichte hatte es aber nicht gegeben. Die historische Baukunst der Geschichte wird in gleicher Weise nach architektonischen Qualitäten wie die Moderne untersucht, analysiert, aufgenommen und verarbeitet. Es ist eine fortschrittsorientierte Auffassung von Tradition, die sich nicht in der bloßen Wiederholung oder Nachahmung von schon immer Gewesenem darstellt, sondern sich als eine Fortschreibung des von anderen bereits Erreichten versteht.

Dabei steht das Büro Bienefeld einer historisch tradierten Art des handwerklich geprägten Bauens näher als der heutigen industriell bestimmten Bauweise mit ihren Verbundbaustoffen und aggregatähnlichen Bauelementen, die als vorfabrizierte fertige Teilbauelemente an der Baustelle nur noch montiert werden müssen. Diese Bauweise mag zwar auf den ersten Blick schneller und ökonomischer sein, die Gebäude altern aber sehr schlecht, sind nur sehr aufwändig zu reparieren und auf die ganze Lebenszeit eines Gebäudes bilanziert eher kostenintensiver als ein traditionell erstelltes Bauwerk. Bienefeld strebt eine Bauweise an, die Räume mit haptischen Qualitäten erzeugt und deren Oberflächen altern können, wie Kalkputze und Kalkanstriche, unversiegelte Holzböden – Oberflächen, die die Natürlichkeit der Materialien behalten. Diese Auffassung ist konform mit vielen historischen Bauweisen, wo häufig mit massiven, monolithischen Wänden gearbeitet wurde und deren Gebäude hervorragend erweitert, erneuert und repariert werden können. Die heutige Baukultur hat sich dazu im Gegensatz zu einer Verkleidungsarchitektur entwickelt, die einerseits ein Riesenpotenzial an Sondermüll enthält, weshalb ein jedes solches Gebäude eigentlich schon als Sondermülldeponie betrachtet und behandelt werden müsste, andererseits für die Denkmalpfleger der Zukunft noch ungeahnte Probleme bereithält, wenn es um Reparatur- und Konservierungsfragen bei diesen Gebäuden gehen wird.

Heinz Bienefeld hat einmal gesagt, in Deutschland leben die Tiere besser als die Menschen.

Bei Umbauten war es sein Ziel, die Häuser möglichst großzügig werden zu lassen bezogen auf das Raumerlebnis und die Lichtwirkung in den Räumen. Zu diesem Zweck wurde in die Substanz eingegriffen und diese verändert. Entscheidungskriterium war und ist die architektonische Qualität, die es im größtmöglichen Maße zu erreichen gilt.

Mit einer gewissen Art von Denkmalschutz hatten Vater und Sohn ihre Schwierigkeiten. Nikolaus Bienefeld beklagt die Borniertheit, die ihm teilweise von Denkmalpflegern entgegenschlägt. Einige halten sich an Kleinigkeiten fest, ohne aber die Qualität eines Konzeptes im

Ganzen zu sehen und zu würdigen. Einzelfragen bekommen dadurch eine unverhältnismäßig starke Gewichtung im Vergleich zu der Qualität eines gesamten Projektes. So sollte bei dem Umbau einer kleinen Schmiede, die durch die geplante Wohnnutzung erhalten werden konnte, eine Esse unbedingt erhalten bleiben, obwohl sie in dem sehr kleinen Haus die neue Nutzung extrem gestört hätte. Im gleichen Haus sollte ein Rundbalken, den ein Schmied irgendwann lapidar mit einem Hufeisen an der Wand befestigt hatte, um dort mittels zahlreicher eingeschlagener Nägel sein Werkzeug aufzuhängen, ebenfalls erhalten bleiben – für eine Wohnnutzung unsinnig und hinderlich.

Bei einem anderen Projekt, einer Hofanlage, musste ein großes Fenster erhalten bleiben, welches mit der zeitweiligen Nutzung des Gebäudes als Haushaltswarenladen eingebaut worden war. Heute befindet sich dort gemäß der neuen Wohnnutzung ein Badezimmer, welches sich allerdings eher ein kleineres, dezenteres Fenster wünschen würde. Bei solchen Beispielen sollte sich die Denkmalpflege von Detailfragen lösen können und aus einer gesamtheitlichen Beurteilung eines Konzeptes heraus entscheiden.

Es ist vielmehr häufig zu beklagen, dass unter der Bezeichnung einer denkmalpflegerischen Maßnahme qualitätvolle, noch gut funktionierende und zu reparierende Kalkanstriche mit industriell erzeugten Beschichtungen, und seien sie noch so „denkmalgeeignet", überstrichen und dadurch zerstört werden. Bei anderen Beispielen werden handwerklich ordentlich erstellte und funktionierende Kalkfugen im Mauerwerk, wenn sie renovierungsbedürftig sind, nicht in gleicher Weise repariert, sondern im schlimmsten Fall durch Zementmörtel ersetzt, die hässlich aussehen und das Gebäude entstellen. Zudem produzieren sie Folgeschäden.

Historische Gebäude haben oft Grundstrukturen, die sich erhalten haben und die sie noch heute charakterisieren, aber im Laufe der Jahre haben sie dabei immer

Das Verbindungshaus Macaria

Veränderungen erfahren. Warum sollen heute keine Veränderungen mehr erlaubt sein? In zunehmendem Maße ist ein Drang zum Restaurieren, zum Festhalten oder Rückgreifen auf historische Erscheinungsformen festzustellen, selbst bei Gebäuden, die schon zigmal verändert worden sind. Dabei kommt es nicht mehr zu der notwendigen künstlerischen Auseinandersetzung mit einer Bauaufgabe. Viele Kirchenräume werden zum Beispiel heute wieder in einer historisierenden Art ausgemalt. Aber die Maler, die diese Arbeit ausführen, sind häufig nur drittklassig und der sensible Beobachter fühlt sich nach kurzer Zeit in solchen Räumen unsicher und unwohl. Früher waren die Kirchen die Objekte, in denen man nur die besten Künstler der jeweiligen Zeit arbeiten ließ.

Die Aufgabe und Arbeit bei einem historischen Objekt muss verknüpft sein mit der Forderung nach einer architektonischen Auseinandersetzung. Für Bienefeld ist die Denkmalpflege bei diesem Prozess überflüssig, solange sie sich nicht eine ganzheitliche Sichtweise zu Eigen macht.

Heinz Bienefeld mit Nikolaus Bienefeld

Verbindungshaus Macaria
Umbau, Köln
1990

Innenräume im Erdgeschoss

Vorraum im Erdgeschoss

Das Haus der studentischen Verbindung Macaria steht in einer vornehmen Villengegend in Köln. Eine Nutzung durch eine Verbindung scheint für ein derartiges Gebäude für gewöhnlich nicht besonders förderlich zu sein, da normalerweise eher mit einer gaststätten-ähnlichen Beanspruchung der raueren Art als mit einer gehobenen Wohn- und Lebenskultur zu rechnen wäre. Nikolaus und Heinz Bienefeld haben das Haus für die anstehende Nutzung umgebaut und seinen Charakter entsprechend transformiert, ohne auf eine gewisse Noblesse verzichten zu müssen. Das Gebäude ist in verschiedene Charaktere geschichtet. Das Kellergeschoss mit den Fecht- und Trinkräumen ist eher robust mit Gipsputz, Sichtbeton und Betonplatten ausgestattet, das Erdgeschoss wesentlich edler mit Marmorstreifen und Terrazzo bei den Böden sowie einem italienischen Fertigputz auf Kalkbasis. Im Dachgeschoss bestimmen Spanplatten als vorwiegendes Material die klösterliche Atmosphäre der Übernachtungsräume. Durch die Eingriffe wird das Haus verändert, aber nicht gestört. Es ist bezüglich seiner architektonischen Qualitäten gewachsen.

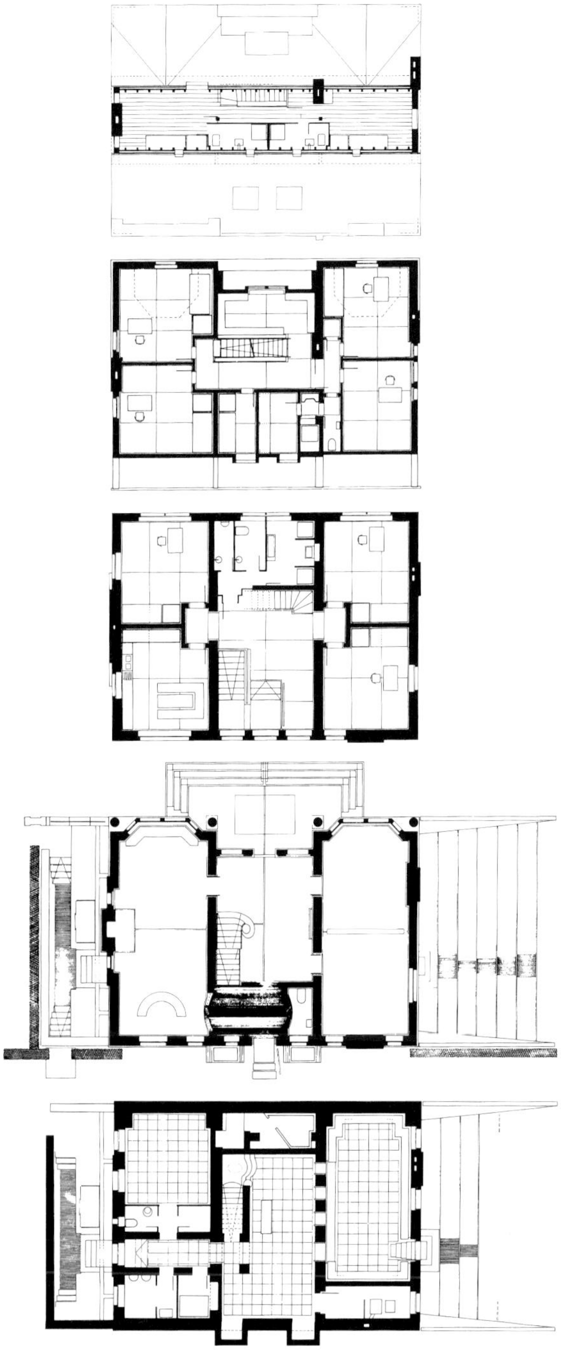

Grundrisse

Der Fechtraum im Keller des Gebäudes

Treppe im Fechtraum zum Garten

Dieter Georg Baumewerd

Dieter Georg Baumewerd hat anlässlich eines Vortrages vor den Amtsleitern der Staatshochbauämter einen prinzipiellen Text zur Denkmalpflege erarbeitet, den er als seine „Theorie" für den Umgang mit Denkmälern bezeichnet; die konkrete Umsetzung einer Bauaufgabe hängt neben den Erkenntnissen aus der theoretischen Beschäftigung natürlich von den örtlichen Gegebenheiten eines Projektes ab. Nachfolgendes ist aus dem oben genannten Text „Das Baudenkmal – ein Zeugnis der Geschichte" entnommen oder zitiert.

Baumewerd bemerkt eine zunehmende Tendenz, vergangene Bauwerke und Bauteile zu rekonstruieren und bedeutungslose und schlechte Architektur zu konservieren. Er beschreibt, was für ihn ein Baudenkmal ist, in welchem Verhältnis es zur Geschichte steht und wie mit ihm umzugehen ist. Das heutige Bauen spiegelt unser Verhältnis zur Geschichte, auch zu der Tradition des Bauens wider. Die gegenwärtige Architektur lebt in der Spannung einer tradierenden Baukunst und einer traditionsarmen, Fortschritt suchenden Technik. Während die Baukunst auf eine gültige, bleibende Gestaltung ausgerichtet ist, wird in der Technik die jeweils neueste wissenschaftliche Errungenschaft angewandt und ausprobiert. Die Technik hat aber im Verhältnis zur Baukunst einen dienenden Charakter, das gerade neueste technisch Machbare sollte somit nicht zum ausschlaggebenden Qualitätsmerkmal oder Thema zeitgenössischer Architektur werden. Soll das Bauen zur Baukunst werden, so muss es die Erfüllung von Zweck und Funktion zur Bedeutung und zum Sinn hin erhöhen. Ist eine solche Qualität erreicht, ist das entstandene Bauwerk Ausdruck der Größe, der Würde, der Freiheit menschlichen Geistes, hat es Anspruch auf Gültigkeit über das kurzfristig modisch Geltende hinaus. Bauwerke, die eine solche Gültigkeit erreicht haben, besitzen die Qualität eines Denkmals, sie haben die Eigenschaft der Autorität, sie haben die Fähigkeit, maßgeblichen Einfluss zu nehmen auf unser Denken und Handeln.

Diese Qualität entsteht durch das Talent des Baumeisters, aber auch durch eine gute handwerkliche Ausführung und ein gutes Material. Es muss allerdings eine gesellschaftliche Übereinkunft geben, dass man solche Werte fordert.

Nicht alles, was in der Vergangenheit gebaut wurde, war und ist von Qualität. Manche Bauwerke haben auch nur in Teilen die geforderte Qualität erreicht, sind aber in anderen Teilen verbesserungswürdig und fordern eine Überarbeitung, beispielsweise in der handwerklichen Ausführung. Ebenso fordert der Geist, aus dem ein Bauwerk entstanden ist und der in ihm weiter wirkt, die stete Auseinandersetzung mit dem schöpferischen Geist der nachfolgenden Zeiten, soll das Bauwerk an der geistigen Auseinandersetzung dauerhaft und lebendig teilnehmen können und somit über das Zeitdokument hinaus ein Bild der Geschichte sein.

Geschichte stellt sich den Menschen dar als ein Bild des Bleibenden und des Wandelnden. Beides: Das Bleibende und das sich Wandelnde bedingen sich gegenseitig. Verliert das eine sein Maß, gerät das andere in Gefahr. So sichern beide im dauernden Ausgleich dem Menschen das Bewusstsein, eingebunden zu sein in eine sich aufbauende Zeit.

Der Mensch kann auf Geschichte verschieden reagieren, im Extremfall protestierend verdrängend oder in andeutender Erinnerung neu hervorhebend. Beide Weisen ausschließlich gedacht sind in ihrer Einseitigkeit arm und oberflächlich. Die eine, weil sie nur aus der dünnen Schicht der Gegenwart die Zukunft sieht. Die andere, weil sie aus der Gegenwart zurück in eine andere Schicht der Vergangenheit flieht.

Soll ein Bauwerk für uns und zukünftige Zeiten Bedeutung behalten, so muss sein Wert, geschichtliche Zusammenhänge deutlich machen zu können, stetig neu erarbeitet und gesehen werden. Das Klare, Durchsichtige und Wahrhaftige der Geschichtlichkeit setzt notwendig und unabdingbar voraus, dass man Geschehenes nicht ungeschehen machen kann. Genau so wenig lässt Geschichtlichkeit eine Rekonstruktion zu. Rekonstruktion als Weise des Denkens einer zu gewinnenden Gewissheit über Vergangenes, hat seine Berechtigung in der Arbeit des Historikers, aber wenig zu tun mit dem Werk des Architekten. Vielmehr vollzieht sich wahrhaft geschichtsbewusstes Handeln in immer neuer Reflexion des Vorausgegangenen.

Bauen und Denken ist eine kritische Auseinandersetzung mit den geschichtlichen Zeugnissen und mit den historischen Ursachen. Wenn uns durch ein Bauwerk in seinen Raum- und Bauformen etwas überliefert wird, werden wir gefordert, die Anwendung und die Entwicklungsfähigkeit einer Form unter den geänderten gegenwärtigen Bedingungen zu untersuchen und sie eventuell weiterzuentwickeln, anstatt sie zu kopieren oder nachzuempfinden.

Sowohl das geschichtliche Denkmal als auch das heute zu Bauende muss authentisch, dass heißt, „echt, zuverlässig und glaubwürdig" sein. Hat sich ein Bauwerk durch die Zeit erhalten, weil es geliebt wurde, so wird es gepflegt und unterhalten. Der Mensch räumt sich in ihm ein und es dient ihm in lebendigem Gebrauch und zur Erinnerung.

Wird ein Bauwerk nicht mehr gebraucht, so dient es nur noch der Erinnerung und sein Schicksal ist Warten auf eine andere Zeit.

Fällt das Gebaute dem natürlichen Prozess des Vergehens zum Opfer oder sieht der Mensch in ihm nicht mehr den Sinn – baulich und geschichtlich, so bleibt Verfall sein Schicksal und Ruin. Manche Ruine sagt ja mehr aus über ein Bauwerk und seine große Zeit als ein überpflegtes Denkmal.

Die größte Gefahr, die der Architektur als Baukunst droht, ist die Tendenz, sie nur als Technik, als Mittel zur Erreichung von Zwecken zu verstehen. Ihr droht das Absinken in die Harmlosigkeit einer bloßen Bedürfnisbefriedigung. Architektur wird bedeutungslos und kann keinen Beitrag für die kulturelle Entwicklung einer Gesellschaft mehr leisten.

Für den Umgang mit Denkmälern gibt es keine Rezepte, wohl die Verpflichtung zu einer lebendigen, sowohl die technischen Aspekte wie auch die geistigen Ansprüche berücksichtigenden Auseinandersetzung.

Für den Erhalt, die bauliche Ergänzung und den Umbau von Denkmälern unterscheidet Baumewerd:
- die originalgetreue Rekonstruktion auf Grund genauer Kenntnis eines geschichtlichen Zustandes
- die nachempfundene Stimulation auf Grund nicht gesicherter oder sich widersprechender Kenntnisse über einen oder mehrere Zustände
- die zurückhaltende Ergänzung, die dem geschichtlichen Zeugnis den Vorrang einräumt und das Neue dem Vorhandenen unterordnet
- die selbstbewusste Darstellung des Neuen, dieses aus dem Wissen, dass alles Neue auf dem Fundament der Geschichte gründet.

Die Rekonstruktion und die Stimulation sind der unlebendige Umgang mit dem Denkmal, bei dem etwas als Original dargestellt wird, was keines ist. In ihnen kann immer nur das Wissen der Zeit des Denkmalpflegers eingebaut sein und das macht das rekonstruierte Denkmal zu einem Zeugnis des jeweiligen historischen Forschungsstandes, der morgen schon ein anderer sein kann.

Das Leben, welches sich in diesen Bauten entfalten soll, steht unter der Vorherrschaft des jeweils erkannten Zustandes eines bestimmten Zeitpunktes der Geschichte. Das Bauwerk bleibt dem Menschen fremd, weil er nicht in einem Objekt der Wissenschaft, sondern in einem lebendigen Raum wohnen will.

Lebendiger Umgang hingegen mit Denkmälern ist die dritte und vierte beschriebene Weise. Sie streben die individuelle Gestaltung eines Gebäudes an unter Würdigung der geschichtlichen Zeugnisse.

Dieter Georg Baumewerd

Castelforte, Trier
Oben: Luftaufnahmen der damaligen Göben-Kaserne vom 7. Mai 1945

Rechts: Ehemalige Kasernenanlage Castelforte, vormals Göben-Kaserne, in Trier, heute in Teilbereichen als Sitz der Industrie- und Handelskammer genutzt, Zugang vom Parkgelände mit der neuen, großzügigen Foyerverglasung, die als neues Entree die geänderte Nutzung des Gebäudes darstellen soll

Dieses setzt voraus, dass das Bauwerk der Art der Nutzung entspricht, also auch der veränderten neuen Nutzung; dem Ort entspricht, also auch alle vorhandenen Bezüge, im Besonderen die der örtlichen Geschichte, aufnimmt und weiterführt; der jetzigen Zeit entspricht, also aktuell ist, was besagt, dass es das enthält, was eine Zeit braucht und benötigt.

Nicht durch die Festschreibung als Dokument des Vergangenen, sondern durch die stetige Aufforderung zur Auseinandersetzung bleibt das Denkmal das, was es ist – ein lebendiges Zeugnis der Geschichte.

Oben: Der neue Saalbau als zeitgenössischer neuer Baukörper komplettiert das Gebäudeensemble

Links: Erweiterung eines bestehenden Gebäudes für Seminarräume und Kantinennutzung in einer deutlich eigenständigen, modernen Architektursprache, auf der Grundfigur eines Kreises und eines Rechtecks

Dieter Georg Baumewerd

Castelforte
Umbau und Erweiterung einer ehemaligen Kasernenanlage, Trier
Wettbewerb 1997, Ausführung 1997-2000

Der Hauptzugang an der Straßenseite wird durch das Anfügen einer Treppen- und Rampenanlage sowie eines Portikus aus Sichtbeton neu formuliert und gestaltet

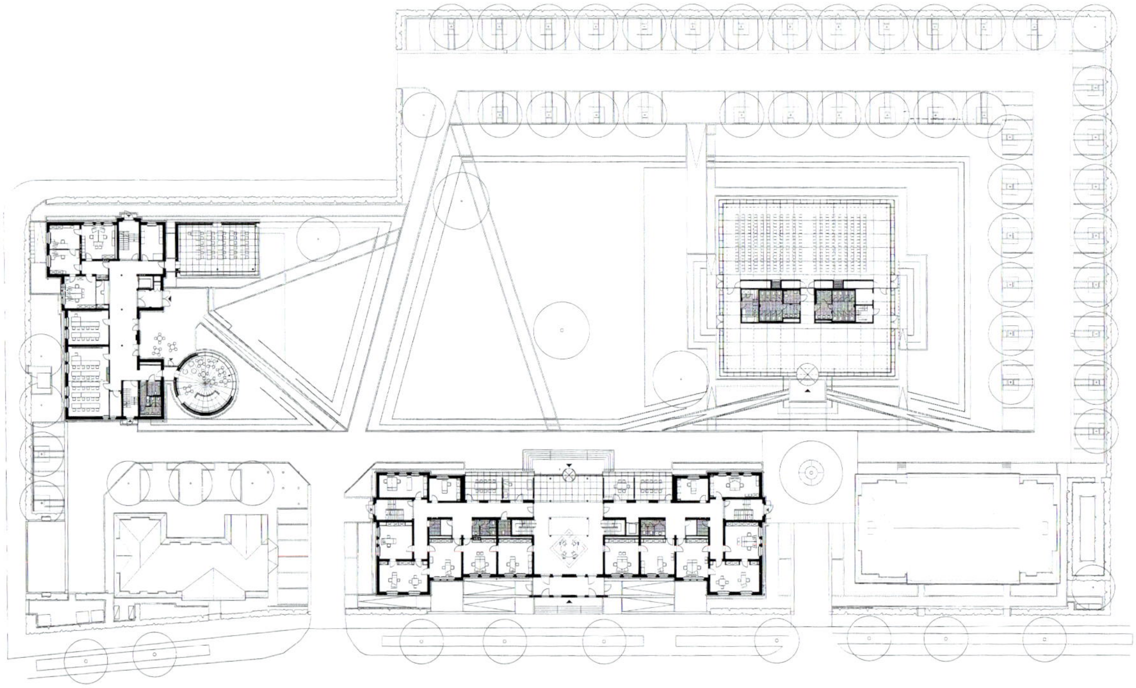

Grundriss Erdgeschoss

1913 vor dem Ausbruch des I. Weltkriegs von den Preußen als Stützpunkt gegen den verfeindeten Nachbarn Frankreich erbaut, dienten die Gebäude nach dem Ende des II. Weltkrieges pikanter Weise gerade diesem Nachbarn über fünfzig Jahre als militärischer Stützpunkt. 1993 wurden die Gebäude von den Franzosen freigezogen, 1996 erwarb die Industrie- und Handelskammer Trier einen Teilbereich des Geländes zur Eigennutzung. Das Konzept des Entwurfes basiert auf der Idee, die städtebauliche Figur einer Baugruppenbildung aus freistehenden Einzelgebäuden beizubehalten und wo nötig neu zu interpretieren. Die bestehenden Altbauten werden in ihrem äußeren Erscheinungsbild im Prinzip bewahrt, ihr ursprünglicher Charakter und ihre Nutzung als Kasernengebäude bleiben nachvollziehbar. Andererseits bestand der Wunsch, die neue, inhaltlich gänzlich anders geartete Nutzung adäquat zum Ausdruck zu bringen. So sind sämtliche Oberflächen im Inneren neu. Die Struktur der Altbauten erwies sich als gut geeignet für eine Vielzahl der gewünschten Nutzungen und wurde entsprechend beibehalten. Nur an den signifikanten Stellen der Haupterschließung wird die historische Hülle aufgebrochen und mit einer neuen Architektur überlagert. Großflächigere Nutzungseinheiten wie beispielsweise ein Sitzungssaal sind in eigenständigen neuen Baukörpern untergebracht, die sich in der Formensprache, Konstruktion und Material klar und deutlich als neue Architektur darstellen, gleichwohl aber das Spiel der freistehenden, sich gruppierenden Baukörper aufnehmen. Das neue Zentrum der Industrie- und Handelskammer Trier zeigt beispielhaft, wie man eine noch gebrauchsfähige Bausubstanz, die man von ihrem ursprünglichen Charakter her eigentlich nicht mag und ihr eher ablehnend gegenübersteht, trotzdem fortschreiben kann. Unter quantitativen Aspekten könnte man bei einer Bilanzierung sicherlich feststellen, dass sehr viel historische Substanz verloren gegangen ist. Der Ort der Kaserne ist aber erhalten geblieben, die IHK gewinnt neben den Aspekten neuer, übrigens größerer Räume, als bei einem Neubau möglich gewesen wäre, und neuer technischer Ausstattung usw. die Qualität einer Identitätsbildung durch die Geschichtlichkeit des Ortes. Fast alle anderen Gebäude außerhalb des IHK-Geländes sind inzwischen abgerissen worden, das Ergebnis ist eine planierte Brachfläche. Hier muss die Besonderheit des Ortes erst wieder errungen werden. Da an vielen anderen Orten in vielen Städten gleiche Situationen zeitgleich bewältigt werden müssen, ist es unwahrscheinlich, dass eine individuelle, speziell Trier charakterisierende Lösung gefunden wird. In der Geschichtlichkeit des Ortes bestand ein Angebot, sich von anderen Situationen zu unterscheiden und hervorzuheben.

Die neuen Fenster sind mittels einer Fuge, die über ein Aluminiumprofil hergestellt wird, an die historischen Sandsteingewände angeschlagen. In ihrer Farbigkeit, Materialität wie auch formalen Gestaltung nehmen sie Bezug zu den Stahl-Glas-Konstruktionen der Neubauten und versuchen so, eine formale Verbindung zwischen Altem und Neuem zu knüpfen

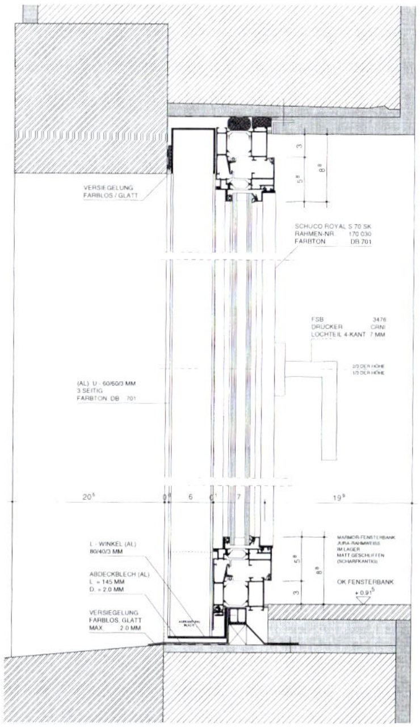

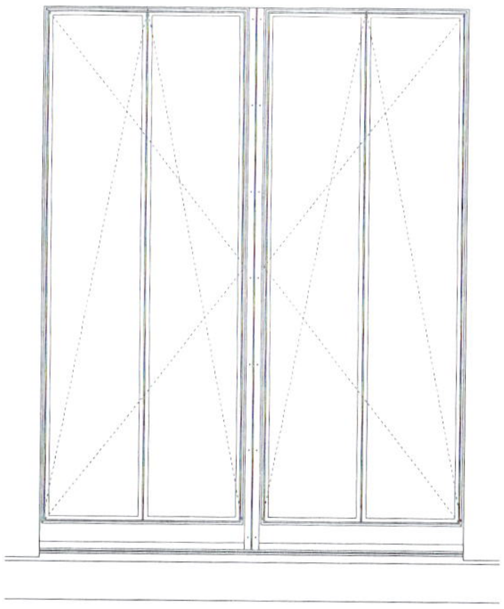

Die alten Fenster in den Gebäuden waren nicht mehr zu halten. Bei der Frage, wie die neuen Fenster auszusehen haben, fiel die Entscheidung nach langen Diskussionen zugunsten einer neuen Gestaltung. Die Fenster verdeutlichen jetzt, dass sie
- keine historischen Fenster sind,
- neuen Ansprüchen wie zum Beispiel erhöhten Wärmeschutzanforderungen dienen müssen,
- eine neue Nutzung in den Räumen hinter ihnen stattfindet.
Voraussetzung für eine moderne Gestaltung aber war, dass die historischen Fenster unzweifelhaft als nicht mehr gebrauchsfähig eingestuft wurden

Herbert Pfeiffer

Professor Herbert Pfeiffer ist Gründer des Büros Pfeiffer, Ellermann, Preckel, Lüdinghausen/Berlin. In dem Text vertritt er die Haltung des gesamten Büros

Das Büro geht im Umgang mit historischen Objekten im Prinzip davon aus, dass die Dinge möglichst so belassen werden, wie sie sind. Eine Voraussetzung für ein Belassen und Akzeptieren von historischen Zuständen, Bauteilen und Oberflächen ist allerdings, dass die Qualität des Bestandes dies rechtfertigt.

Qualitätsmaßstab ist dabei für das Büro – im Gegensatz zu vielen Denkmalpflegern – neben der physischen und funktionalen Qualität die gestalterische. Dafür gilt jedoch nicht mehr die Tradition des 19. Jahrhunderts, wo stilreine Ergänzungen und Interventionen angestrebt wurden. Das Büro vertritt den Anspruch und die Forderung, dass Maßnahmen, die wir heute durchführen, sich eindeutig als Maßnahmen unserer Zeit zu erkennen geben.

Dementsprechend hat sich das Büro zum Beispiel in seinem Wettbewerbsbeitrag für das Zeughaus in Berlin dagegen verwehrt, die Treppenhäuser, die zu DDR-Zeiten in einer barocken Sprache eingebaut worden waren, zu belassen. Es hat vorgeschlagen, sie zu demontieren, weil sie für den unkundigen Besucher nicht als neuere Zutat zu erkennen sind, sondern sich als vermeintlich echte barocke Ausstattungsstücke präsentieren und somit den Betrachter bezüglich ihrer Herkunft belügen. Die Vertreter der Denkmalpflege wollen sie dagegen als Beleg der Denkmalpflege zur Zeit der DDR bewahren.

Ist ein sich heute als historisch präsentierendes Gebäude tatsächlich echt? Oder sind wir noch zu sehr den Idealen des 19. Jahrhunderts verhaftet, das intakte historische Erscheinungsbilder forderte und nötigenfalls auch erzeugte?

Bei einem anderen Projekt, der Burg Lüdinghausen im Münsterland, sollen die wenigen farblichen Reste der ursprünglichen Ausmalung als solche belassen werden, mit allen Alterungs- und Abnutzungsspuren – keine Rekonstruktion der übrigen Wandflächen, keine Nachahmungen, sondern lediglich ein Nachzeichnen der ehemaligen Gliederungsstrukturen der Wandoberflächen mit Rötelkreide, um die Rhythmisierung der Wände nachvollziehbar zu machen – aber als abstrakte, heutige Nachempfindung, und nicht als Imitation einer vermeintlich authentisch historischen Situation.

Aus dieser Haltung spricht ein gehöriges Maß an Respekt gegenüber dem tatsächlich Geschichtlichen und eine entsprechend starke Abneigung gegen die Imitation. Hierin drückt sich auch eine sehr differenzierte Auffassung und Einstellung zu kulturellen Werten, zur Geschichte und zu dem Umgang mit Geschichte aus, die Erfahrbarkeit von kulturellen Werten mit der Authentizität der Objekte verknüpft, die ein Original nicht durch Kopien ersetzen lässt.

Das Büro sieht sich in einer baumeisterlichen Tradition, wo der Umgang mit den überkommenen Bauwerken auch geprägt war von wirtschaftlichen Aspekten, die dazu führten, dass man den Bestand weiter nutzte und somit beibehielt und ergänzte, natürlich auch umnutzte und modernisierte.

Diese Konstanz eines „normalen" Umgangs wurde im 19. Jahrhundert beendet, im Zuge der historisierend tätigen Architekten, aber auch im Zuge einer beginnenden wissenschaftlichen Denkmalbetrachtung und -bewertung. Diese führte zu Diskussionen darüber, was für das Denkmal das „Richtige" sei, was denkmalgerecht wäre, mit zum Teil zweifelhaften Ergebnissen, bei denen man seinem Auge nicht mehr ohne weiteres vertrauen darf, was „echt alt" und was „wissenschaftlich richtig" ist. In diesem Sinne hat sich die Denkmalpflege, bezogen auf eine Pflege des Bestandes, nicht nur positiv ausgewirkt. Verloren gegangen ist der normale Umgang mit dem Bestand, der nach einfachen Kriterien des Sinnvollen alte Bausubstanz weiter benutzt und gebraucht.

Hierzu haben die Architekten dieses Jahrhunderts allerdings ebenfalls kräftig beigetragen, da sie im Zuge des Gedankengutes und der Philosophie der Moderne den Bruch mit der Geschichte verlangten und sich ausschließlich auf die Zukunft und die neuen Möglichkeiten der eigenen Zeit wie neue Materialien, neue

Konstruktionsmethoden sowie neue künstlerische Leitbilder und soziale Utopien ausrichteten. Auch die modernen Architekten haben den historischen Faden der Tradition gekappt und einen normalen Umgang mit dem Gebäudebestand verwehrt.

Das Büro propagiert eine Rückkehr zu einem normalen Umgang mit der bestehenden Bausubstanz, anknüpfend an die Zeit vor dem 19. Jahrhundert. Die Fortschreibung historischer Gebäude ist ökonomisch und ökologisch zu fordern, aber die Entscheidungen dürfen nicht allein nach kunstwissenschaftlichen Kriterien getroffen werden. Die wirtschaftliche Zukunftsfähigkeit eines Konzeptes ist mit entscheidend, zumal viele Projekte mit hohem Anteil öffentlicher Mittel durchgeführt werden. Diese Mittel fehlen im Falle eines Versagens der neuen Nutzung eines Gebäudes bei anderen Projekten. Bei vielen Industriebauprojekten, bei denen mit hohem Aufwand Gebäude für eine wirtschaftlich nicht gesicherte neue Nutzung hergerichtet wurden, scheint diese Gefahr bald einzutreten. Bei diesen Objekten bedeuten denkmalpflegerische Anforderungen, die sich in erschreckender Weise nicht primär auf die Pflege der noch vorhandenen Originalsubstanz, sondern vielmehr auf ein denkmalverträgliches Erscheinungsbild beziehen, häufig eine erhebliche Verteuerung der Maßnahmen.

Das Büro hat bei einigen, auch bei nicht unter Denkmalschutz stehenden Gebäuden, die Erfahrung gemacht, dass die Instandsetzung und Umnutzung historischer Bauten häufig die ökonomische und ökologische Alternative zu Neubauten ist. So verursachte z.B. die Instandsetzung und Umnutzung der Ziethenkaserne in Frankfurt/Oder aus den 30er-Jahren ca. 1/3 weniger Kosten als ein vergleichbarer Neubau. Für die Instandsetzung und Umnutzung eines Wasserturmes aus den 20er-Jahren, der unter Denkmalschutz steht, in vier Klassenräume als Ergänzung des Raumangebotes einer benachbarten Realschule, wurden die Richtsatzkosten wie für einen Neubau eingehalten.

Das Prinzip der Umnutzung ist unter den Prämissen denkmalpflegerischer Auflagen nicht unproblematisch. Man vertritt eine Haltung, dass man möglichst wenig machen sollte an den Gebäuden und somit den Bestand dokumentiert und ihn in der Form weiter nutzt, wie er existiert. Hierbei bleibt aber die Frage der Wirtschaftlichkeit nicht selten außen vor. Ein verhärtetes Vertreten von solchen konventionellen denkmalpflegerischen Positionen führt dazu, dass Nutzungen erfunden werden, die auf Dauer nicht funktionieren und somit letztlich ein Scheitern des historischen Objektes herbeiführen.

Allerdings ist eine möglichst hohe Qualität im Umgang mit den Denkmälern unerlässlich. Die Angst vor schlechten Ergebnissen, wie viele Beispiele in der Vergangenheit auch zeigen, rechtfertigt eine staatliche Kontrolle. Gleichwohl führen die Ergebnisse staatlicher Einflussnahme auch nicht automatisch zu befriedigenden Ergebnissen.

Es bleibt die Frage nach dem Bewertungsmaßstab. Dieser entwickelt sich nach Auffassung des Büros jeweils aus einem „normalen" Umgang und heutigen ästhetischen Vorstellungen. Häufig sind jedoch die Vorstellungen noch sehr dem Historismus verbunden, im Sinne einer korrekten Wiedergabe eines historischen Bildes und weniger im Sinne einer Authentizität der präsentierten Ergebnisse.

Diskussionen über Denkmäler sind immer auch Diskussionen über ästhetische Qualitäten. Diese sind jedoch schlecht messbar und die Qualität der Diskussion und der getroffenen Entscheidungen hängt unmittelbar von der Einstellung der Diskussionspartner ab. Werden historische Objekte „schlechten" Architekten anvertraut, ist die Gefahr für das Gebäude groß. Wacht ein „schlechter" Denkmalpfleger über das Objekt, ist die Gefahr für die historische Glaubwürdigkeit mindestens genauso groß. Es wäre zu überlegen, ein Auswahlverfahren oder eine Ausbildungsvoraussetzung einzurichten, die nur den besonders sensibilisierten Architekten erlaubt, mit entsprechend hochwertigen Objekten umzugehen.

Kloster/Schoss Bentlage, Westflügel, vor 1989

Herbert Pfeiffer
Pfeiffer, Ellermann, Preckel

Kloster/Schloss Bentlage

Restaurierung und Umnutzung, Rheine
Gutachten 1989, Ausführung seit 1990

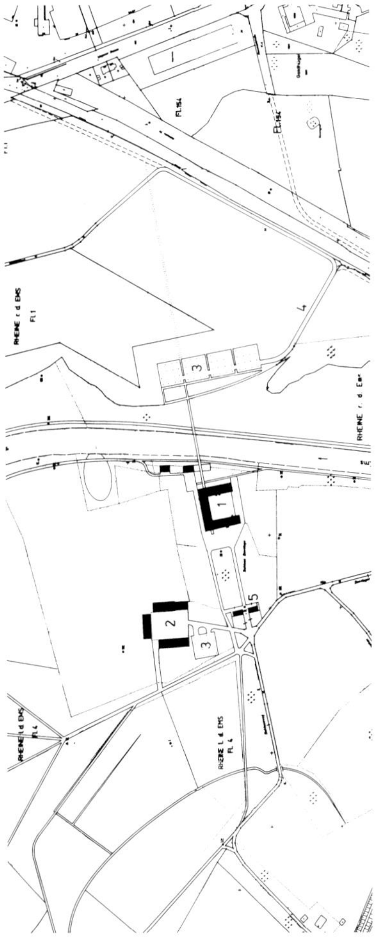

Lageplan

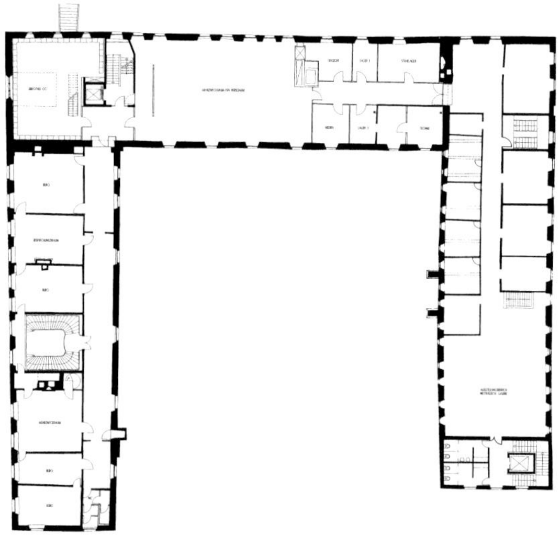

Der Innenhof des Klosters vor der Durchführung der Baumaßnahmen. Es fehlt das den Innenhof ursprünglich nach Süden abschließende Kirchengebäude, das im 19. Jahrhundert abgetragen wurde

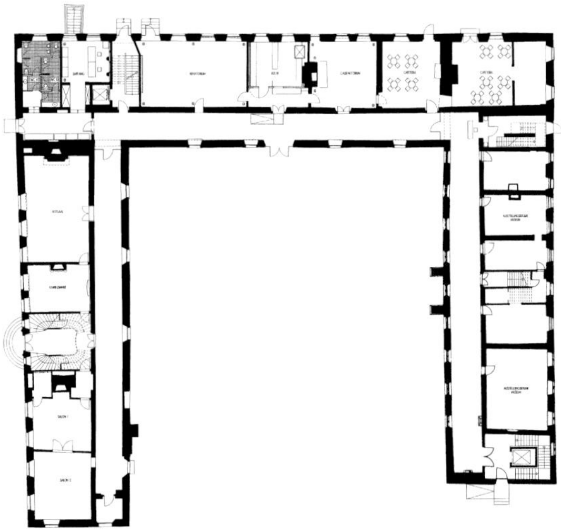

Rechts: Grundriss Obergeschoss; Grundriss Erdgeschoss

Mit dem Bau des Kreuzherrenklosters wurde in der zweiten Hälfte des 15. Jahrhunderts begonnen, der Komplex war vermutlich im zweiten Jahrzehnt des 16. Jahrhunderts fertig gestellt. Mitte des 17. Jahrhunderts brannten die Gebäude bis auf die massiven Wände ab, wurden wieder aufgebaut und erfuhren Mitte des 18. Jahrhunderts in Teilen eine barocke Überformung. 1803 wurde das Kloster aufgelöst, war für eine sehr kurze Zeit Residenz und befand sich dann bis zur Übernahme durch die Stadt Rheine 1978 im Privatbesitz. Der Pflegezustand des Gebäudes war unbefriedigend; schon im 19. Jahrhundert war die baufällig gewordene Kirche abgetragen worden. Die Stadt als neuer Eigentümer tat sich anfänglich schwer mit dem alten Gebäude, letztlich durch Einflussnahme einer Bürgerinitiative und äußeren Druck durch das Westfälische Denkmalamt wurde ein Gutachten über die weitere Nutzung des Klosters beauftragt, das dann auch umgesetzt wurde.

Kennzeichnend für Bentlage ist der Befund einer Geschichtscollage. Es dominiert nicht ein bestimmter Zeitabschnitt der langjährigen Geschichte, vielmehr bietet sich ein vielschichtiges Bild der Überlagerung verschiedener Phasen und Veränderungen der Nutzungen und baulichen Veränderungen, die den Charakter des Gebäudes bestimmen. Die Lage im Bentlager Wald in direkter Nähe zur Ems sowie die würdevolle Ausstrahlung des Gebäudes erzeugen eine Qualität, die keiner weiteren Einflussnahme bedarf. Das Konzept beruht daher auf folgenden grundsätzlichen Festlegungen:

1 Eingriffe in das Äußere der Gebäude soweit wie möglich zu vermeiden
2 keine Neubauten in direkter Nähe zu dem Baudenkmal
3 keine Störungen oder Eingriffe in die großen, ruhigen Dachflächen
4 Entwicklung von Nutzungskonzepten auf der Basis der bestehenden Raumstruktur
5 Respekt vor den Befunden der verschiedenen Geschichtsphasen des Gebäudes, keine Korrekturen an dem historischen Erscheinungsbild
6 keine Schlitze, Durchbrüche o. Ä. an Stellen, wo noch historische Befunde zu erwarten sind.

Eine monofunktionale, sich wirtschaftlich selbst tragende Nutzung war unter dem Anspruch der größtmöglichen Substanzschonung in diesem Fall nicht möglich, eine rein kulturelle öffentliche Nutzung aber dauerhaft nicht finanzierbar. Daher ist eine Nutzungsmischung erarbeitet worden, die die Betriebs- und Folgekosten auf verschiedene Träger verteilt. Das Gebäude wird als Museum für Relikte aus der Klosterzeit sowie für Malerei des Westfälischen Landesmuseums, für Gastronomie, Tagungsräume, als Ausstellungssaal und Bibliothek für die Europäische Märchengesellschaft genutzt; weitere Seminar- und Büroräume werden derzeit fertig gestellt.

Das Ergebnis ist eine Fortschreibung und neue Nutzung des alten Klosters und Schlosses, die sich nicht aufdringlich in den Vordergrund schiebt und auf sich aufmerksam machen muss, sondern sehr zurückhaltend die Qualität des Bestehenden versucht zu wahren, nicht zu zerstören. Die Eingriffe, die neue Belegung des historischen Bestandes wird im Detail, im sensiblen Dialog zwischen Alt und Neu sehr wohl spürbar.

Oben: Der Kreuzgang im Ostflügel, dem ältesten Teil der Klosteranlage. Er gehört heute mit zu dem Museum. Die Kreuzgangfenster wurden mit eigenständigen Vorsatzfenstern versehen, die sowohl bauphysikalische Aufgaben übernehmen wie auch als Einbruchsschutz dienen. Sie sitzen in den Laibungen, um den Raumeindruck des Kreuzganges möglichst wenig zu stören. Der neue Bodenbelag ist über eine Fuge aus einem Gitter aus Flachstählen von der Wand getrennt.
In der Fuge verlaufen die technischen Installationsleitungen sowie die Temperierungsheizung, die die Wand- und Bodenflächen erwärmt

Links: Die zweigeschossige Bibliothek am wieder geöffneten Maßwerkfenster im Westgiebel des Nordflügels. Dieser über lange Zeit vernachlässigte, leer stehende Raum erhält durch das Öffnen des zugemauerten Fensters sowie additive Zutaten wie Stahlträger, Galerie und Bibliotheksmöbel eine neue, hohe Qualität, die aus der Nutzung der räumlichen Gegebenheiten entwickelt wurde und so nicht aufgesetzt oder fremdartig wirkt

Herbert Pfeiffer
Pfeiffer, Ellermann, Preckel
Kloster/Schloss Bentlage

„Lieber eine Krücke, als ein verlorengegangenes Glied"

John Ruskin

Bereits im 19. Jahrhundert musste der Ostflügel im Innenhof durch zwei Natursteinpfeiler abgestützt werden. Diese erwiesen sich aber als nicht mehr ausreichend, um die Schrägstellung der Außenwände zu stabilisieren. Eine Aussteifung im Inneren des Flügels hätte einen großen Verlust an historischer Substanz wie Stuckdecken, Wandputze mit Farbfassungen usw. bedeutet. Die Lösung mit den außen liegenden, aber bewusst unhistorisch gestalteten Betonpfeilern ist eine extreme, aber konsequente Lösung, die ein Maximum an Schonung des Bestandes erreicht und eindeutig aussagt, dass es sich um die Stützung eines alten, „gebrechlichen" Bauwerkes handelt

Oben: Ein Raum aus einer Umbauphase des 19. Jahrhunderts im Obergeschoss des Ostflügels. Die Holzfenster aus den 70er-Jahren des 20. Jahrhunderts wurden belassen, obwohl sie stilistisch falsch sind, da sie noch gebrauchstüchtig waren. Sie wurden mittels auf den Flügelrahmen aufgesetzten Vorsatzscheiben bauphysikalisch ertüchtigt. Stahlklappläden erlauben eine Abdunklung des Raumes und gewährleisten einen Einbruchsschutz. Der Fußboden ist eine Zweitverwendung von Eichenholzdielen aus dem Gebäude, die für die Reparaturmaßnahmen an den Holzbalkendecken aufgenommen und zwischengelagert werden mussten

Links: Die ältesten Räume im Kloster und die einzigen erhaltenen authentischen Mönchszellen in Westfalen aus dieser Zeit. Hier wurden die Oberflächen nur gereinigt, nichts neu gestrichen oder überfasst, die Fenster blieben ohne Verglasung und sind nun außen liegend geschlossen und gedämmt. Die Räume werden genutzt für Grafiken, die nur bei einer sehr reduzierten Lichtstärke präsentiert werden dürfen

Oswald Mathias Ungers

Oswald Mathias Ungers Haltung zur Denkmalpflege und zum Umgang mit bestehender Gebäudesubstanz ist nicht zu trennen von seiner prinzipiellen Haltung gegenüber der Architektur und der Stadt. In dem Buch „Die dialektische Stadt" aus dem Gesamtwerk „Was ich schon immer sagen wollte über die Stadt, wie man sich seine eigenen Häuser baut, und was andere über mich denken" begründet er, warum Stadtplanungskonzepte, die sich noch an der Idee eines vereinheitlichenden Idealbildes einer Stadt orientieren, heute nicht mehr verwirklichbar und damit auch nicht mehr sinnvoll denkbar sind. Gegen diese tradierten Denkstrukturen setzt Ungers zwei Vorschläge für Stadtstrategien, denen der philosophische Ansatz von Nikolaus von Kues zu Grunde liegt, der das Zusammentreffen der Gegensätze „coincidentia oppositorum" in seiner Docta de ignorantia thematisierte. Diese Strategien sind:

- die Strategie der Stadt der komplementären Orte
- die Strategie der Stadt als Folie.

Die heutige Stadt, ihre Orte und ihre Architekturen sind fragmentarisch, widersprüchlich, dialektisch, fordern auf die These die Antithese. Diese Feststellung hat prinzipiellen Einfluss auf die Formulierung der eigenen Architektur.

Direkt befragt nach dem Umgang mit historischer Substanz ist Ungers Ansatz der grundsätzliche Versuch, den historischen Anteil, den vorgefundenen Anteil für ein neues architektonisches Konzept zu benutzen, das nicht nur Geschichte fortschreibt, sondern auch dem entspricht, was er als Hypothese oder als Konzept aus der vorgegebenen Situation glaubt machen zu können.

Ungers sieht sich als Architekt und nicht als Konservator, dem nur daran gelegen ist, das zu konservieren, was noch da ist, und auch nicht als Restaurator, dem nur daran gelegen ist, das zu restaurieren, was mal vollständig gewesen war, sondern als Architekt, der eigene Vorstellungen realisieren will, aber durchaus in einem historischen und baulichen Kontext. Dabei ist für ihn das Maß kulturhistorischer Wertigkeit nicht uneingeschränkt bedeutsam, vielmehr können auch nur lokale Gegebenheiten, vielleicht sogar triviale oder banale Dinge, Alltagsarchitekturen mit in ein neues architektonisches Konzept integriert werden.

So zum Beispiel bei seinem eigenen Haus, 1958 erbaut, das nicht auf der freien Wiese entstand, sondern für das ein Ort gesucht wurde, der mit einer normalen Alltagsarchitektur belastet war. Diese Situation mit ihren vorhandenen banalen Teilen in eine neue Architektur zu integrieren, sie dadurch neu zu interpretieren und ihr damit eine gewisse Eleganz, Nobilität und Bedeutung zu geben, war hier die selbst gestellte Aufgabe, ohne dass ein kulturhistorisch besonders formulierter Anspruch vorgelegen hätte.

Anders bei der Kirche St. Peter in Köln, ein Bauwerk des frühen Mittelalters, das über die ganze Geschichte vom frühen Mittelalter bis in die Neuzeit immer wieder Veränderungen erfahren hat und somit kein reines Produkt mehr ist, sondern ein fragmentarisches. Bei diesem Projekt ging es um die Fragen der Sicherung der Bausubstanz, um technische, praktische Fragen, die aber nicht das Hauptthema einer heutigen Auseinandersetzung mit dem Objekt allein formulieren dürfen. Es muss immer nach einer architektonischen Interpretation oder Auseinandersetzung mit der Aufgabe gefragt und diese gefordert werden. Der Vorschlag war, in das bestehende, verschiedene Zeitphasen fragmentarisch belegende Gebilde eine reine Stahlkonstruktion hineinzustellen, die die Proportionen, Dimensionen, Breiten usw. innen auf die reinste, minimalistischste Form zurückführt, aus der auch alles hätte entstehen können und somit einen Bogen spannt von einer über tausendjährigen Geschichte bis zur fragmentarischen Realität heute. An diesem hinein gestellten Stahlkern hätte man dann alle Veränderungen, Abweichungen, leichten historischen Verzerrungen ablesen können.

Bei dem Thermenmuseum in Trier am Viehmarkt ist das Objekt, die historische römische Bausubstanz, selbst das

Museumsgut. Die Idee des Museums hat etwas mit der Bruchstückhaftigkeit des Ortes, mit den Schichten der Stadt zu tun. Das Museum dient der Sichtbarmachung des Konzeptes, der These, dass ein Ort, insbesondere Trier mit einer sehr langen Geschichte, aus vielen einzelnen Schichten, Ablagerungen besteht, die miteinander im Konflikt stehen und widersprüchlich sind. Trier besteht aus einer keltischen Schicht, darüber liegt die römische Stadt, darüber die mittelalterliche Stadt, bis zur letzten Schicht der Moderne aus unserer Zeit. Jede dieser Schichten steht im Widerspruch zu der darunterliegenden. Sein Ziel war es, diese Komplexität der Widersprüchlichkeit, die in einer Stadt enthalten ist, sichtbar zu machen. Hierzu wurde ein Fenster in die Stadt, in den Stadtboden geschnitten, das die sich gegenseitig widersprechenden Ablagerungen im Schnittbild freilegt, das zeigt, dass das jetzige Stadtbild, die jetzt sichtbare Stadtsubstanz nicht irgendwie entstanden ist, sondern sich allmählich herausgebildet hat, und dass die Stadtidee an sich nicht die Idee eines Idealen, sondern eines Fragmentarischen, eines Bruchstückhaften ist. Die Forderung, das Ziel eines idealen Stadtkonzeptes zu verlassen zu Gunsten einer Strategie der Antithese, konnte mit dem Bau des Thermenmuseums in Trier in der Realität verwirklicht werden. Die Grundlage dieses Projektes bildete nicht die Suche nach ästhetischen Lösungen, sondern die Suche nach Antworten auf fundamentale, existenzielle Fragen in Bezug auf Architektur, Stadt und Form und die sich daraus ergebenden Antworten, nicht im Sinne einer Philosophie der Moderne, sondern im Sinne einer Philosophie der Widersprüchlichkeit, der Gegensätze, der Thesen und Antithesen, der Auflösung, der Antagonismen.

Die Widersprüchlichkeit der Stützenordnung bei dem Thermenmuseum zu dem Bestand an römischen Gebäuderesten ist der gewollte, gesuchte Konflikt der letzten Überlagerung der modernen Schicht. Es wurde nichts angeglichen, wie auch das Mittelalter über die römische Schicht eine neue, andere Schicht gelegt hatte, ohne anzugleichen oder anzupassen.

Das Prinzip des Schichtens vergleicht Ungers mit einem Palimpsest, einem Pergament, auf das man einen Text schreibt, diesen dann wieder ausradiert, weil man das Pergament noch weiter benötigt, beim Radieren aber Spuren hinterlässt, darüber dann einen neuen Text schreibt, vielleicht sogar in einer ganz anderen Richtung, diesen dann auch wieder ausradiert für wiederum einen anderen neuen Text und so weiter. Die Vorgehensweise in Trier ist vergleichbar mit diesem Prinzip. Dabei wird der alte Text nicht nachgeschrieben, sondern überschrieben in einer neuen, eigenen, minimalistischen Sprache.

Diese Haltung ist natürlich grundsätzlich gegensätzlich zu einer ausschließlich bautechnisch orientierten Verhaltensweise, bei der historische Mauern aufgespickt werden, um in ihnen neuzeitliche technische Trag- und Hilfskonstruktionen zu verbergen und abschließend die hierzu geschlagenen Wunden im Stil alter Bausubstanz geschminkt wieder zu schließen. Eine solche Vorgehens- und Denkweise wird von Ungers als prinzipiell nicht statthaft und dümmlich bewertet und abgelehnt.

In Trier geht es Ungers nicht allein um die römischen Bauwerksreste, sondern die Stadt in ihrer ganzen historischen Entwicklung wird Ausstellungsobjekt. Der Einblick in die Stadt, in zweitausend Jahre ist der Versuch, ein Bewusstsein zu schaffen, dass der Boden, auf dem man geht, eigentlich eine Art Ablagerung ist, eine historische Ablagerung, die sich auch fortsetzen wird. Durch diese Wahrnehmung entsteht gegenüber der sichtbaren und der nicht mehr sichtbaren Substanz der Stadt ein anderes Bewusstsein, ein anderes Verhältnis. In der freigelegten Schichtung in Trier ist zudem die interessante Entwicklung abzulesen von der erhabenen und sublimen römischen Phase mehr und mehr ärmer und banaler werdend bis hin zu unserer heutigen kleinbürgerlichen und kommerziell orientierten Zeit.

Oswald Mathias Ungers

Thermenmuseum

Überbauung antiker Ruinenfunde zu einem archäologischen Museum, Trier
1988-1996

Die historischen Wände und die neuen Stützen gehören zu unterschiedlichen Zeitschichten und gehorchen somit verschiedenen Ordnungssystemen

Bei Ausschachtungsarbeiten für eine Tiefgarage wurden in Trier an prominenter Stelle keltische und römische Ruinen gefunden, die man an dieser Stelle wie im gesamten Trierer Kernbereich hätte auch erwarten dürfen. Die Befunde stellten sich als derart bedeutend heraus, dass das Konzept der Tiefgarage in einem Teilbereich aufgegeben wurde und ein Wettbewerb zur Sicherung und öffentlichen Erschließung der Funde ausgeschrieben wurde.

Bei dem ausgeführten Konzept von Oswald Mathias Ungers entwickelt sich der größte Teil des neuen archäologischen Museums unterhalb der neu gestalteten und angelegten Platzfläche. Aus dieser Platzfläche wird ein Teilbereich herausgeschnitten und in die Höhe gehoben, sodass ein Einblick und Einstieg in die verborgenen Schichten der Stadtgeschichte möglich wird. Das Ordnungssystem und Raster der neuen Platzgestaltung, dem auch die Stützenstellung des abgehobenen „Deckels" des Museums folgt, orientiert sich an einer Platzraumkante und wird, im Belag sichtbar angelegt, durch das römische System des Cardo und Decumanus überlagert. Diese Überlagerung verdeutlicht das Thema der Schichtung verschiedener historischer Ordnungssysteme in dieser Stadt, wie auch in dem Museum selbst die Reste einer mittelalterlichen Klosteranlage die römischen Ruinen der Thermen überlagern.

Dieses Thema wird in dem Museumsgebäude weiter fortgeführt. Der oberirdische Teil orientiert sich nach dem neu definierten Raster des Platzes, während die Einschnitte in dem Kubus, durch die man ihn vom Platz aus durchqueren kann bzw. ihn an einer anderen Stelle betritt, sich nach dem römischen Raster richten wie auch der Treppenturm im Gebäude. Der gesamte Ausbau des Museums wie Fußbodenraster, Wegeführung, Leuchten- und Lüftungsinstallation gehorcht wiederum dem neuen Raster des Platzes, wodurch es zu spannungsvollen Kontrasten und Konflikten mit den archäologischen Funden kommt.

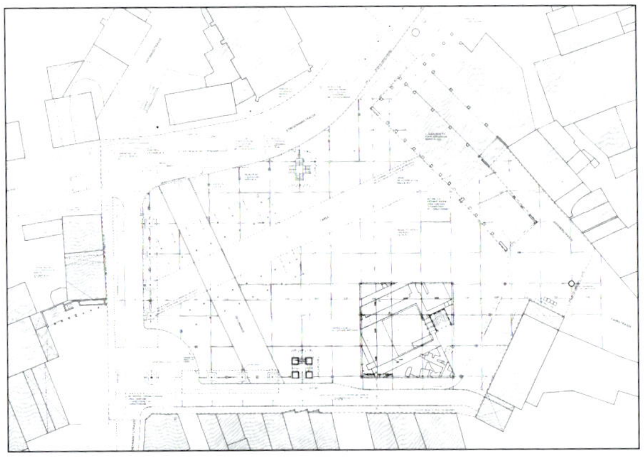

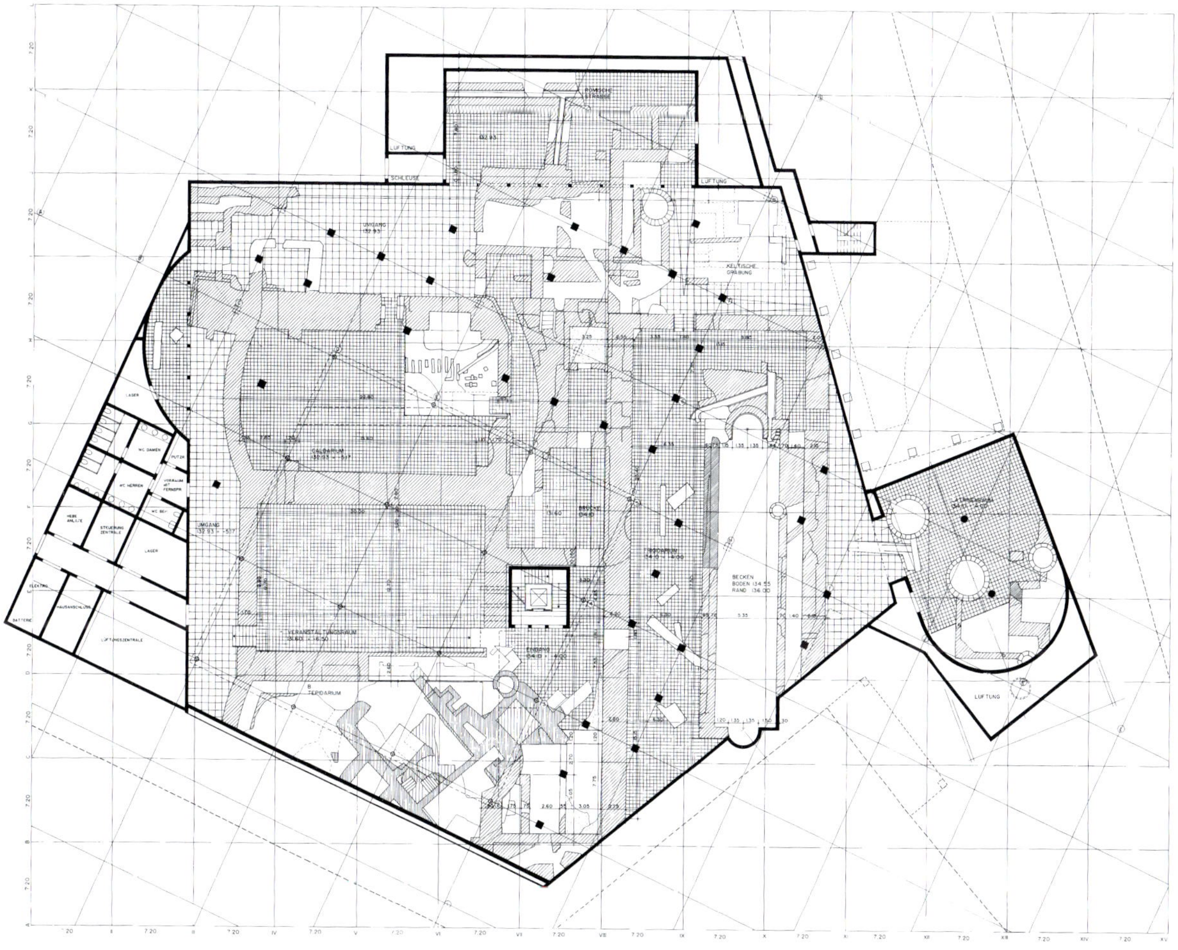

Innenraumsituation

Links: Lageplan mit Raster der Platzgestaltung

Grundriss der gesamten unterirdischen Museumsebene

Oswald Mathias Ungers
Thermenmuseum

Luftaufnahme des Trierer Viehmarktes mit dem Thermenmuseum. Man erkennt im Platzbelag rötlich abgesetzt und angedeutet das römische Straßensystem, die übrige Platzstruktur bezieht sich auf die rechte Häuserzeile und somit auf die moderne Stadt

Thermenmuseum in Trier
Der aus dem Boden des Platzes herausgelöste „Deckel" des Museums erlaubt, in die Luft gehoben, einen Einblick auf die unteren, historisch älteren Schichten der ältesten Stadt Deutschlands

Josef Paul Kleihues

Josef Paul Kleihues hat schon sehr früh als Planungsdirektor für die Neubaugebiete der Internationalen Bauausstellung in Berlin deutlich gemacht, dass er für einen offenen Dialog mit der historischen Stadt, ihrer Stadtstruktur und Gestalt eintritt. Entgegen der „reinen" Lehre einer durch die klassische Moderne geprägten Architekturauffassung, die mit der Baugeschichte bricht und es meist zwanghaft vermeidet, in einen zu direkten Bezug oder Analogie zur historischen Architektur oder Stadt zu geraten, hat Kleihues den Begriff der kritischen Rekonstruktion der Stadt als Leitbild für die städtebauliche Grundkonzeption der angestrebten Neubaumaßnahmen herausgegeben.

Die kritische Rekonstruktion der Stadt markiert eine Haltung, die Qualitäten in einer kontinuierlichen Entwicklung einer Stadtstruktur und Stadtgestalt sieht und Bestehendes nicht unreflektiert negiert, sondern wo möglich bestehende Strukturen repariert oder sensibel fortschreibt. Dieses allerdings nicht durch ein oberflächliches Kopieren oder durch Nachahmung historischer Architekturen, sondern mit den Mitteln zeitgenössischer Architektursprachen und Möglichkeiten.

Josef Paul Kleihues ist im Umgang mit historischen Objekten offen für einen Dialog, bei dem die Fortschreibungsmöglichkeiten der Gebäude sehr sorgfältig überprüft werden. Die Frage, ob es bei der Bewertung des Bestandes und bei der Formulierung des Konzeptes eine Grundhaltung gibt, die entweder dem Dokumentwert des Gebäudes oder andererseits der ehemals intendierten architektonischen oder baukünstlerischen Idee einen höheren Stellenwert gibt, ist nicht prinzipiell zu beantworten. Die Entscheidung wird an dem jeweiligen Objekt getroffen. In dem einen Fall kann die Authentizität eines Gebäudes so wichtig sein, dass ihr Priorität eingeräumt wird. Sie wird festgemacht an der architekturtheoretischen Bedeutung und an der künstlerischen Qualität eines Gebäudes. Im anderen Fall, bei dem diese Kriterien nicht mehr existieren, werden der Veränderbarkeit, der Eingriffsmöglichkeit Priorität und größere Chancen eingeräumt.

Josef Paul Kleihues diskutiert die Frage des Denkmalschutzes ganz generell. Er benennt eine merkwürdige Entwicklung, die mit den späten 60er-Jahren verstärkt einsetzt, wenngleich die Ursprünge sicherlich schon im 19. Jahrhundert zu suchen sind. Dieses ist eine zunehmende geisteswissenschaftliche Beeinflussung des Verständnisses von Baudenkmälern. Immer wichtiger scheint der geschichtliche Ereignischarakter zu werden, der mit einem Gebäude verbunden wird, wenn zum Beispiel politische Ereignisse in einem Gebäude stattgefunden haben, wenn eine bedeutende Persönlichkeit in einem Gebäude gewohnt hat, wenn kulturpolitische, sozialpolitische Momente eine Rolle gespielt haben. Solche Dinge mögen gelegentlich einen Wert darstellen, der zu einem Erhaltungsmerkmal erhoben werden kann und einem Objekt einen Denkmalschutz zustehen lässt. Aber wenn dieser Ort die adäquate architektonische oder künstlerische Qualität nicht besitzt und andererseits andere Projekte oder Entwicklungen für diesen Ort von Bedeutung sind, dann sollte ein solcher Ort in Form von Fotos und einer entsprechenden schriftlichen Begleitung dokumentiert werden, um anschließend das Objekt beseitigen zu können.

Als Beispiel für eine derartig gelagerte Wertediskussion kann der Palast der Republik, der an Stelle des Schlosses in Berlin erbaut worden ist, angeführt werden. Die mit dem Gebäude zusammenhängenden Sentimentalitäten, der Ereignischarakter, der dem Objekt durch die Sitzungen und Feiern, die dort stattgefunden haben, zugesprochen wird, sind nachvollziehbar – die Qualität der Architektur des Gebäudes rechtfertigt einen Denkmalschutz und damit einen Erhalt in keiner Weise. Da es aber an dieser Stelle um die zukünftige Gestaltung der Mitte Berlins geht, muss nach Abwägung aller Kriterien für diesen Ort der Palast der Republik aufgegeben werden.

Die Diskussion über einen teilweisen Erhalt des Gebäudes, bei der zum Beispiel nur die rückwärtige Fassade zum Wasser belassen werden soll, lehnt Kleihues ab. Ein derartiges Vorgehen ist ein Akt reiner Sentimentalität und wäre für die anzustrebende höchste Qualität der architektonischen und künstlerischen Gestaltung dieses Ortes sicherlich nicht förderlich. Es ist eher zu befürchten, dass gute und schlüssige Konzepte in ihrer Stringenz und Qualität eingeschränkt werden.

Ist nicht das Erhalten von Orten, die Ereignisse belegen, wichtig für die Identitätsbildung einer Stadt? Kleihues Antwort darauf lautet, dass man Geschichte auch in Büchern sammeln kann, für die Pflege und den Erhalt der baulichen Gestalt einer Stadt muss aber der alte, klassische Denkmalschutzbegriff ernster genommen werden, der die architektonische, künstlerische Qualität eines Gebäudes als ausschlaggebend ansieht.

Aber auch wenn ein Objekt nach den oben genannten Kriterien als Denkmal eingestuft wird, müssen größere Eingriffe von Zeit zu Zeit erlaubt sein, muss die Frage nach der Qualität der Authentizität entsprechend gestellt werden können.

Diese Frage nach Authentizität spielte bei einem der ersten Arbeiten von Kleihues im Zusammenhang mit der Denkmalpflege, dem Museum für Vor- und Frühgeschichte in Frankfurt, eine wichtige Rolle. Gegenstand war die mittelalterliche Karmeliterkirche, eines der bedeutsamsten Kultur- und Baudenkmäler der Stadt Frankfurt.

Bei der Karmeliterkirche konnte die Frage, wie man ein verloren gegangenes Bauteil wieder neu errichten kann, im Konsens mit denkmalpflegerischen Positionen erarbeitet werden. Bei einem anderen Projekt, dem Bundesarbeitsministerium in Berlin, gibt es konkurrierende Auffassungen über die Bedeutung der Ereignisgeschichte und der politischen Geschichte des Gebäudes und den Anforderungen der angestrebten neuen Nutzung einschließlich der ihr adäquaten architektonischen Umsetzung. Gegenstand ist das ehemalige Reichspropagandaministerium von Goebbels, welches nachfolgend als Medienministerium in der Zeit der DDR genutzt wurde. Das Gebäude hat in der Vergangenheit der Propagierung schrecklicher politischer Entscheidungen gedient und rechtfertigt insofern einen konservatorischen Anspruch, Spuren dieser Zeit spürbar zu lassen. Andererseits soll es heute als Institution eines demokratisch verfassten Staates einer offenen Gesellschaft dienen, die sich schwerlich in der Atmosphäre eines totalitären Staates darstellen und präsentieren möchte.

Eine Aufgabe bei der Arbeit an diesem Objekt wird also sein, durch eine Transformation der atmosphärischen Wirkung des Gebäudes darzustellen, dass heute Menschen mit einem anderen geistigen und politischen Hintergrund in diesen Räumen arbeiten und wirken. Dadurch entsteht zwangsläufig ein Konfliktpotenzial zwischen den konservatorischen Anliegen, die Belege zweier totalitärer Zeitphasen zu erhalten, und den Ansprüchen der neuen Nutzer, die ein Gebäude für einen modernen, demokratischen Staatsapparat wünschen. Kleihues Absicht ist es, die ehemals dunklen Flure über eine Vergrößerung der Türöffnungen und Ausstattung mit Oberlichtern mit mehr Licht zu versorgen oder als anderes Beispiel einen steinernen Innenhof durch den Einbau einer Glasüberdachung zu einem lichtdurchfluteten Innenraum zu transformieren. Zudem sollen gute Künstler durch ihre Objekte und Werke helfen, die Atmosphäre des Hauses mittels kontradiktorischer Eingriffe zu verfremden.

Josef Paul Kleihues

Museum für Vor- und Frühgeschichte
Restaurierung und Erweiterung einer Kirchenruine zu einem Museum, Frankfurt
Wettbewerb 1980, Fertigstellung 1986-1989

Nachbarschaft neuer und historischer Natursteinflächen

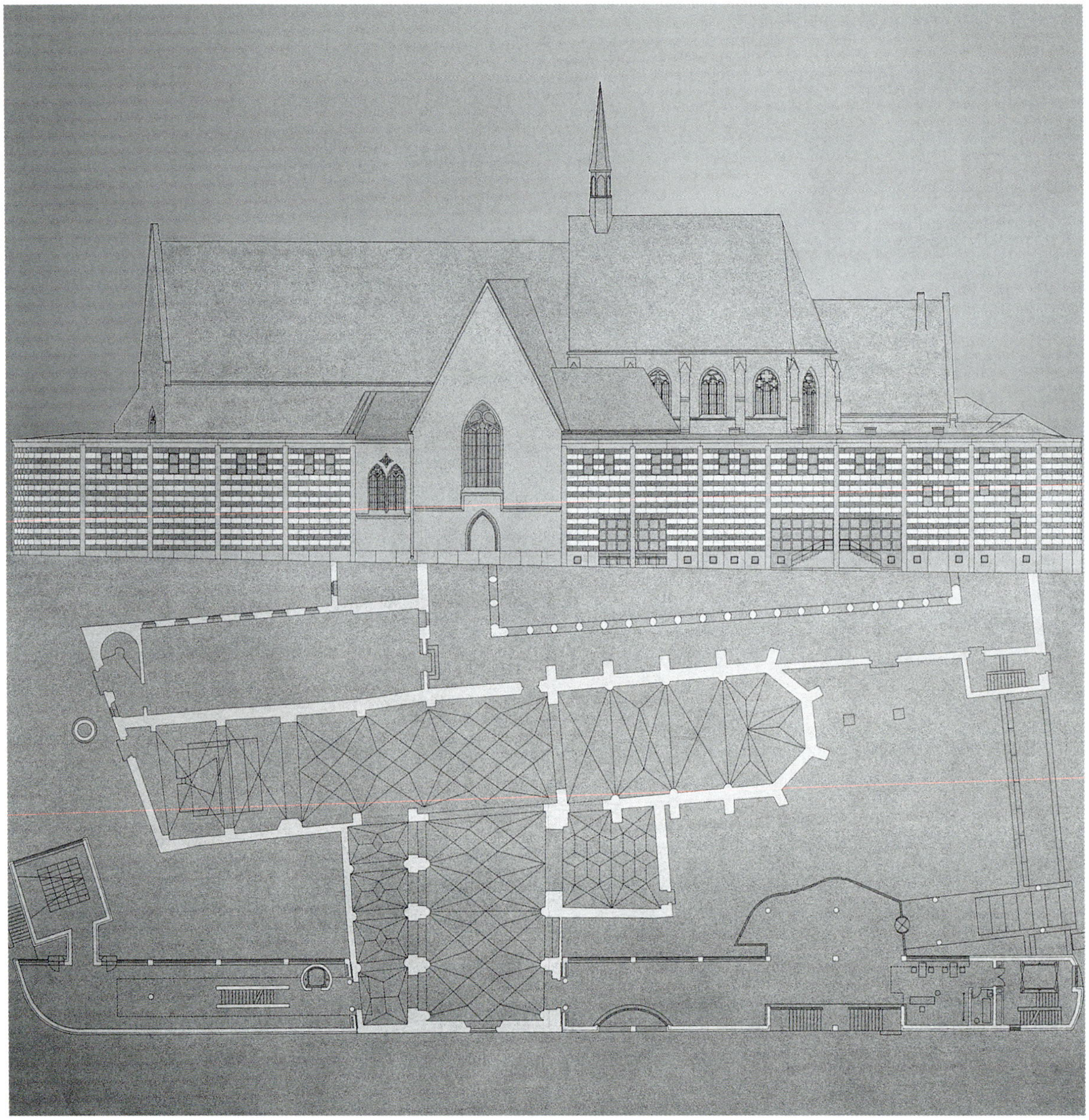

Wettbewerbszeichnung

Die hinzu gefügten neuen Gebäudeteile an der Ecke Karmelitergasse, Alte Mainzer Gasse

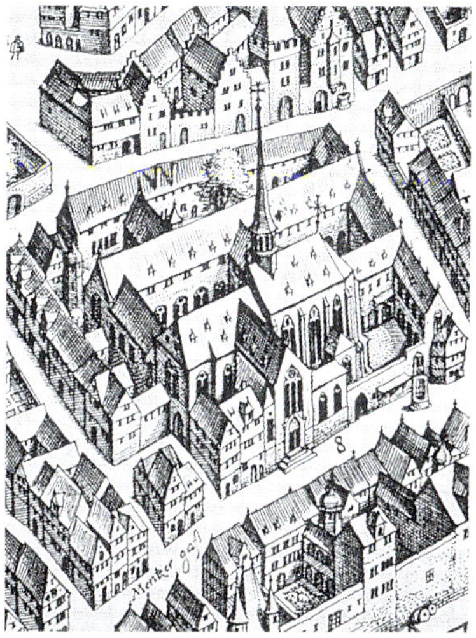

Frankfurter Karmeliterkloster, 1628, Merian

Die im 13. Jahrhundert errichtete Klosterkirche des Karmeliterordens wurde bis zum Ende des 15. Jahrhunderts stetig vergrößert und erweitert. 1494 wurde die noch heute erhaltene St. Anna-Kapelle im Winkel zwischen Querschiff und Chor eingeweiht. Ab dann stagniert die Bautätigkeit. Mit der Säkularisation diente sie als Warenlager, Depot und Kaserne, 1944 wurde sie durch Bombentreffer stark zerstört.

Mit dem Umbau und Wiederaufbau der Ruine und Hinzufügung notwendiger weiterer Gebäude für die Nutzung als Museum für Vor- und Frühgeschichte ist nicht nur die Überarbeitung eines historischen Gebäudes verbunden, sondern insbesondere auch ein Stück Stadtreparatur. Einige Teilbereiche wurden restauriert und rekonstruiert wie die Fialen und die Säulenstümpfe in dem Kirchenraum, andererseits wurden in den oberen Bereichen des Langschiffes die Brandspuren, die die Zerstörungen der letzten Kriegsjahre zeigten, sichtbar gelassen. Die zerstörten Deckengewölbe sollten zunächst ebenfalls rekonstruiert werden. Der ursprünglich konzipierte handwerklich getreue Wiederaufbau mit Steinen unter Verwendung eines Leergerüstes war auf Grund der Außenwände, die den Schub der Gewölbe nicht mehr aufnehmen konnten, nicht ausführbar. Eine alternative Konstruktion in Beton, die eine handwerklich getreue Ausführung aus Stein simuliert hätte, lehnt Kleihues als unsaubere Lösung kategorisch ab. Er entwickelte in Abstimmung mit dem Landeskonservator eine moderne Interpretation eines gotischen Gewölbes, einen Wiederaufbau des Bauteils in der Sprache, einer Konstruktion und einem Material der heutigen Zeit. Dadurch ist ein aussagefähiger und baukünstlerisch sehr schöner Dialog sowie formale Affinität zwischen dem instand gesetzten Gewölbe über dem Chorbereich und dem neuen Dach aus Stahl über dem Langhaus entstanden.

Auszug aus dem Erläuterungstext von Josef P. Kleihues: „...Ausschlaggebend für die städtebauliche Konzeption war primär das räumlich-architektonische Ensemble des Karmeliterklosters und vor allem der Karmeliterkirche mit der Anna-Kapelle. Die vorhandene Anlage verbietet flächengreifende Überbauungen und provoziert aus diesem Grunde die Ausweisung der Magazine und Restaurierungswerkstätten im Basis- und Kellergeschoß. Ein besonderes Problem aber stellte trotz dieser Prämisse die architektonische Betonung der weitgehend erhaltenen und zu restaurierenden schönen Karmeliterkirche mit Anna-Kapelle dar. Der Chor dieses Bauwerkes verbietet dessen bauliche Einengung. Die bauliche Schließung der Karmelitergasse (wie sie das Wettbewerbsprogramm von 1979/80 provozierte) hätte eine Hofenge erzeugt, welche dem genannten Anspruch nicht gerecht geworden wäre. Aus diesem Grunde habe ich ein hierzu kontradiktorisches Konzept mit folgenden Merkmalen unterbreitet:

- Betonung der morphologischen Schichtung (Longitudinaltendenzen in Ost-West-Richtung) durch parallele Bebauung der Alten Mainzer Gasse
- Öffnung des Blockes zur Karmeliter Gasse und dadurch „Erhöhung" des Chores der ehemaligen Karmeliterkirche
- Betonung des Seitenflügels der Karmeliterkirche durch beidseitige Einfassung an der Alten Mainzer Gasse.

Die weitgehende Ausformulierung dieser Konzeption zielt auf Introvertierung des Gesamtkomplexes. So werden die Ausstellungsbereiche nach Norden mit Blick auf Karmeliterkirche und Karmeliterkloster geöffnet und wenden sich zugleich den einfach gestalteten, durch Rasenflächen begrünten Hofbereichen zwischen Museumsneubauten und Klosterbereich zu. Diese nach Norden betonten Öffnungen machen einen Sonnenschutz weitgehend entbehrlich und verweisen auf das Licht- und Schattenspiel der Altbauten. Gegenüber der Alten Mainzer Gasse dagegen wird der Charakter einer geschlossenen Anlage betont, indem die Wandflächen hier nur funktionsgemäße Öffnungen erhalten."

Josef Paul Kleihues
Museum für Vor- und Frühgeschichte

Affinität zwischen alten Gewölbestrukturen und neuer Stahlkonstruktion

Reparaturkonzept bei dem erhaltungsfähigen Gewölbe im Chorbereich der Kirche. Der historische Raum wird wieder hergestellt

Die Eremitage Waghäusel in Symbiose mit der Industrieanlage einer Zuckerfabrik

Uta Hassler

Eremitage Waghäusel

Reparatur und Umnutzung, Waghäusel
1988-1992

Die Eremitage Waghäusel in der Dämmerung

Die Eremitage Waghäusel wurde in den 20er-Jahren des 18. Jahrhunderts unter dem Speyrer Fürstbischof und Kardinal Damian Hugo von Schönborn errichtet, in direkter Nähe zu einem Kapuzinerkloster und einer Wallfahrtskirche. Unter der nachgewiesenen Beteiligung von Balthasar Neumann wurde das Bauprogramm sehr bald verändert, es entstand letztlich eine Anlage mit Zentralbau und vier kreisförmig angeordneten Kavaliershäusern. Weitere Aus- und Umbauten folgten noch im selben Jahrhundert. 1803 fiel die Eremitage nach dem Reichsdeputationshauptschluss an den badischen Staat. 1837 erwarb die Badische Gesellschaft für Zuckerfabrikation, später Südzucker, das Gelände einschließlich der Gebäude. Der Standort entwickelte sich zu einer riesigen Zuckerfabrik, die die historischen Gebäude recht unbekümmert als Wohnungen und für Bürozwecke weiternutzte und somit erhielt. Ein Kavaliershaus wurde im ausgehenden 19. Jahrhundert als Fabrikdirektorenwohnhaus aufwändig ausgebaut, umgestaltet und dokumentiert noch heute diese Phase. Das frei von denkmalpflegerischen Ansprüchen umgesetzte Weiternutzen der Kavaliershäuser erweist sich in mancher Hinsicht sogar als vorteilhaft, da Belege der vielen Entwicklungsphasen an diesen Gebäuden erhalten blieben. Es wurden nur die gerade für die Nutzung oder den Erhalt notwendigen Maßnahmen getätigt. Die historische Dichte der Befunde ist daher sehr groß. Anders bei dem Zentralbau: Hier wurden in den 20er-Jahren unseres Jahrhunderts auf Grund ungenügender und falscher Voruntersuchungen der barocke Bestand und die Umbauten Balthasar Neumanns nicht erkannt und gingen durch eine komplette Neugestaltung des Inneren fast vollständig verloren. Um 1970 musste eines der vier Kavaliershäuser einem Melassetank weichen. Heute ist der Tank wiederum abgerissen. In den 70er-Jahren begann auch ein zunehmender Verfall der übrigen Häuser, die nun von der Fabrik nicht mehr genutzt werden konnten. Seit den späten 80er-Jahren begannen die Reparatur- und Sanierungsmaßnahmen. Unter Abwägung und Rücksichtnahme auf die Vielschichtigkeit der historischen Befunde wurde als Ziel ein Konzept der konservierenden Reparatur, ein Konzept der Erhaltung aller reparaturfähigen Bestände, formuliert. Dieses bedeutete im Einzelnen:

- Alle Teile, die reparaturfähig waren, wurden erhalten.
- Die Reparaturen wurden mit traditionellen Materialien und Techniken durchgeführt. Bedingung der Methodenwahl war die Wiederholbarkeit.
- Die Maßnahmen zur Klärung verdeckter Schäden wurden möglichst reduziert.
- So viel wie möglich wurde in situ repariert.
- Der historische Bestand wurde unter neuen Verschleißschichten gesichert.
- Unumgänglichste Eingriffe wurden so klein wie möglich gehalten.
- Neue Hinzufügungen wurden nicht „zu edel" ausgeführt.

Die Gebäude werden heute zum Teil als Depoträume für Sammlungsgut der Landessammlungen für Naturkunde und als Büroräume genutzt.

Oben: Denkmalpflegerisch unkritische Nutzung der Räume als Depot für Tierpräparate

Links: Dachgeschoss

Unten: Kellerraum

Uta Hassler
Eremitage Waghäusel

Darstellung der Reparaturfähigkeit von historischen Holzfenstern

Linke Seite Vorzustände,
rechte Seite Situationen nach Durchführung der Reparaturmaßnahmen

Weitere Beispiele und Projekte

Bereits in dem ersten Gespräch mit Hans Busso von Busse wurde formuliert, dass Architektur entsteht aus diesem gewissen Etwas, das einen technischen Akt der Bautätigkeit in den Status eines Beitrages zur Baukunst erhebt. Den Anspruch einer architektonischen Auseinandersetzung haben Architekten, auch wenn sie sich mit einem denkmalgeschützten Objekt oder mit bestehenden Gebäuden beschäftigen. Dieser Anspruch kann und soll auch an die überlieferten Objekte der Vergangenheit gestellt werden, wenn es sich nicht um Werke handelt, die in sich als abgeschlossen gelten und wo ein Eingriff mit einem deutlichen Verlust an Aussagequalität verbunden wäre. Als solches sind sicherlich noch vollständig intakte Objekte einer bestimmten Geschichtsphase zum Beispiel eine noch komplett erhaltene Barockkirche einschließlich vollständig erhaltener Innenausstattung anzusehen oder ein ebenfalls komplett erhaltenes Haus aus den 50er-Jahren des letzten Jahrhunderts. Das Alter spielt hierbei keine wesentliche Rolle. Ebenfalls können sich zum Beispiel Objekte der Technikgeschichte, der Sozialgeschichte oder bauliche Dokumente bestimmter einschneidender Geschichtsphasen einer architektonischen Betrachtung entziehen. Die baulichen Reste eines Konzentrationslagers werden nicht unter ästhetischen Gesichtspunkten bewertet. Eine Vielzahl anderer Objekte ließe sich in diesem Zusammenhang weiter benennen. Aber auch wenn sich solche Objekte selbst einer heutigen architektonischen Auseinandersetzung entziehen, so ist ihre Einbindung in die heutige Zeit durch ihre Anbindung an ihr Umfeld doch wiederum auch eine architektonische, zumindest eine gestalterische Frage – Eingangshäuschen, Wegweiser, Zufahrten, Parkplätze und vieles mehr müssen erstellt und gebaut werden, hierzu sind auch Fragen der Form, der Gestaltung, auch der Ordnung zu beantworten. Solche an sich bescheidenen Aufgaben, an einem bedeutenden Objekt ohne den Anspruch einer qualitätvollen architektonischen Bearbeitung durchzuführen, führen häufig zu banalen, minderen Lösungen, die dann durchaus auch das eigentliche Objekt abwerten können. Wobei die Forderung nach Qualität nicht gleichbedeutend ist mit möglichst aufregenden, gestalterisch auftrumpfenden und teueren Lösungen, sondern verstanden werden will als Beteiligung qualitätvoller Architekten, als Suche nach der besten und intelligentesten Lösung.

Der Anspruch an Architektur und das Anliegen einer Denkmalpflege, die ihren Schwerpunkt in dem Erhalt der historischen Substanz sieht, stehen im Prinzip diametral zueinander. Jeder Eingriff bedeutet immer auch Zerstörung oder Veränderung, also Verlust von etwas bis dahin Existierenden, und kann somit von der Denkmalpflege nicht gern gesehen werden. Wie ein kleines Kind Angst vor dem Arzt hat (aus schlechten Erfahrungen heraus), so hat ein altes Haus Angst vor dem Architekten. Gleichwohl ist die Notwendigkeit von Veränderungen, um Objekte lebensfähig zu halten, ebenfalls unumstritten.

Luigi Snozzi hat in dem Zusammenhang gesagt: „..aber zerstöre mit Verstand". Das Ergebnis, die Qualität der Arbeit und das Resultat, das ein Architekt an einem Bauwerk nach seinem Schaffen hinterlässt, ist sicherlich häufig mit ausschlaggebend, ob eine Maßnahme auch von Seiten der Denkmalpflege eine Akzeptanz erfährt oder nicht. Wobei auch hier der Begriff „Qualität" in vielen Fällen auf gestalterische Aspekte bezogen wird. Eine „Qualität" in Form einer Bilanzierung der noch übrig gebliebenen historischen Substanz wird selten geleistet oder präsentiert.

Die in diesem Buch befragten Personen sind im Wesentlichen hervorragende Architekten, ihre Bauwerke, aber auch ihre architekturtheoretischen Werke haben Vorbildcharakter und dienen vielen anderen Architekten als Maßstab. Bei guten Architekten sind Denkmale in der Regel gut aufgehoben; sie erkennen die Wesenszüge eines bestehenden Gebäudes sehr schnell und werden in den meisten Fällen die Objekte entsprechend wertschätzen und mit ihnen umgehen.

Die Gespräche mit den zehn Architekten haben durchaus verschiedene Positionen aufgezeigt, die in ihrer Haltung bisweilen prinzipiell grundverschieden sind. Der Bogen spannt sich von einer Thematisierung unter ausschließlich architekturtheoretischen Ansätzen bis hin zu einem tief greifenden Verständnis für die Belange des Bestandes aus einer denkmalpflegerisch orientierten Ausgangslage, aus dem wiederum im Umkehrschluss Regeln für neue architektonische Ansätze gesucht werden. Eine Wertung, eine vergleichende Betrachtung der verschiedenen Positionen ist an dieser Stelle und für dieses Buch nicht beabsichtigt. Die Gespräche wurden unter der Prämisse geführt, den Gesprächspartner zu verstehen und urteilsfrei seine Position wiederzugeben. Dieses Prinzip soll nicht durch eine kritische Wertung „im Nachhinein" und ohne eine Möglichkeit der dialogischen Einbindung der betroffenen Architekten konterkariert werden. Hier soll es aus Gründen der Fairness bei einer wertfreien Darstellung der verschiedenen Positionen und Ansätze bleiben.

Die gezeigten Projekte wie auch die in den Texten dargestellten gedanklichen Ansätze zeugen jede für sich von einer intensiven Auseinandersetzung mit dem Thema des Umgangs mit historischer Substanz auf hohem Niveau, trotz aller Verschiedenartigkeit und Widersprüche. Sie sollen als Denkanstöße für eine eigene Positionierung und grundlegende Auseinandersetzung verstanden werden beziehungsweise dazu anregen.

In den Beiträgen liegt sicherlich eine deutliche Gewichtung auf Aspekten der architektonischen Auseinandersetzung. Auf den Aspekt einer vermehrten Substanzschonung wird neben dem in einzelnen Beiträgen bereits Gesagten am Ende des Buches differenzierter eingegangen.

Bei den Gesprächen wurden nicht nur die jeweils bisher dargestellten Projekte besprochen, sondern eine Vielzahl anderer Arbeiten aus diesen Büros. Als weitere Beispiele gebauter oder auch nur geplanter, bisweilen auch nur angedachter Projekte werden daher weitere Arbeiten aus diesen Architekturbüros gezeigt, die zudem das zuvor in den Gesprächen Gesagte und Erläuterte mit anderen Beispielen unterstreichen und belegen können. Durch die dabei entstandene Vielzahl von Projekten erschien es sinnvoll zu sein, entgegen einer ursprünglichen Absicht, Arbeiten anderer Architekturbüros zu zeigen, es bei dieser Beschränkung zu belassen, zumal die Projekte eine ausreichende Bandbreite abdecken.

Die Reihenfolge der nachfolgenden Projekte ist nicht nach einer bestimmten Klassifizierung vorgenommen worden, wie zum Beispiel eine Gruppierung nach Bautypen, angestrebten neuen Nutzungen, methodischen Gesichtspunkten oder anderen Ansätzen. Eine solche Schematisierung anstreben zu wollen, würde bei angemessener Bearbeitung und Anspruch auf Vollständigkeit eine Vielzahl von Facetten für jeden Aspekt berücksichtigen müssen, die zwangsweise zu einer Vielzahl von Beispielen führen würde und zu einem entsprechenden Umfang des Buches. Der Ansatz für ein solches Unterfangen ist nach meiner Ansicht zudem prinzipiell fragwürdig, da es dabei zu einem gewissen Rezeptdenken bei der praktischen Arbeit kommen könnte. Die Vielzahl der Denkmäler und der bestehenden Gebäude sind als Individuen mit individuellen Eigenschaften und Problemen, also als Sonderfälle zu betrachten. Ein vergleichender Blick auf ähnlich gelagerte Projekte kann hilfreich sein, sollte aber nicht einfach als zu übernehmendes Vorbild verstanden werden können. Die Reihenfolge der Projekte wurde daher nach dem Jahr des Planungsbeginns festgelegt.

Bensberger Rathaus

Überbauung einer Ruine zu einem Rathaus, Bergisch Gladbach-Bensberg
Wettbewerb 1962, Ausführung 1964-1971
Gottfried Böhm

Türme, neu und alt, als charakteristische Merkmale

Das Gelände einer ehemaligen Burganlage stand für einen Wettbewerb zur Erstellung des neuen Bensberger Rathauses zur Verfügung. Die besondere Lage auf dem Berg sowie das unverkrampfte Spiel zwischen dem historischen Bestand und der neuen Architektur, die sich auf die Türme wie auch auf die Grundrissform der Burg bezieht, führen dazu, dass Alt und Neu miteinander kommunizieren können und wiederum zu einem gesamten Gebäudekomplex zusammenfinden. Aus dem Erläuterungstext zum Wettbewerbsentwurf:

„Wenn der alte Bestand der Burgmauer überhaupt noch glaubhaft erscheinen soll, so ist es erforderlich, alle übrigen Gebäude, die so tun wollen, als seien sie alt, zu entfernen. Erst dann erscheint die große gebogene Wandfläche zwischen dem großen und dem mittleren Turm in ihrer monumentalen Gestalt. Es schien richtig, in diesen ehrwürdigsten Teil den Ratssaal zu legen, in Zusammenhang mit dem Turmzimmer und den Räumen für den Bürgermeister. Damit liegt der Ratssaal sinnvoll zwischen dem großen Marktplatz, der sich vom Schloß her bis an das Rathaus zieht, und dem Hof des Rathauses, den der Verwaltungsbau bildet.

Alle neuen Gebäude sollen im Gegensatz zum alten Mauerwerk in bearbeitetem Beton ausgeführt werden, der sich in Struktur und Farbe dem vorhandenen Mauerwerk anpaßt, ohne es nachzuahmen und zu verwischen.

Inmitten des Hofes steht der Treppenturm, dessen Spitze sich in Betonformen auflöst. Als große Architekturplastik führt er das Spiel der alten Türme in seinem eigenen Charakter fort.

Der Hof soll sein natürliches Gefälle erhalten, wodurch es möglich ist, das Untergeschoß an der Südseite freizuhalten, so daß man auch vom Hof aus die schöne Aussicht hat. An dieser Stelle wurden auch die Räume der Kantine und der Bibliothek geplant..."

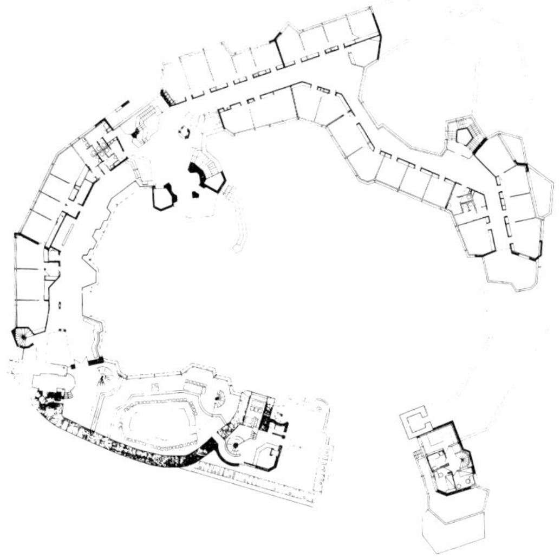

Grundriss der Anlage

Architektonische Fortschreibung einer Ruine als zeitgenössischer Beitrag zur Baukunst

Ehemalige Domdechantei

Umbau, Eichstätt
1965-1966
Karljosef Schattner

Oben: Das Gebäude in dem schlechten Pflegezustand, wie es zum Abbruch freigegeben worden war

Rechts: Das neue Portal, bewusste Bruchstelle in der historischen Fassade, als Vermittlung und Übergang vom historischen Äußeren zu dem neu erstellten Inneren des Gebäudes

Die alte Domdechantei diente einst dem Dekan als Amtswohnung. Die Geschichte des Bauwerks kann bis in die Zeit des Mittelalters zurückverfolgt werden, die heutige Gestalt entstand in der zweiten Hälfte des 18. Jahrhunderts. Nach 1803 wurde sie als Volksschule genutzt. Durch mangelhafte Bauunterhaltung war das Gebäude zuletzt in einem stark verwahrlosten Zustand und wurde zum Abriss freigegeben. Karljosef Schattner hatte sich gegen den Verlust dieses stadträumlich sehr wichtigen Gebäudes ausgesprochen und für seinen Erhalt eingesetzt. Letztlich konnte es durch die Belegung mit einer neuen Nutzung gehalten werden. Es ist eines der frühesten Beispiele, wo Schattner direkt mit und im historischen Bestand arbeitete. Das Gebäude wurde komplett entkernt, auch die Außenmauern mussten in Teilen abgetragen und neu errichtet werden. Das Innere des Gebäudes ist heute eine moderne Struktur, mit modernen Materialien. Die Geschosshöhen wurden verändert, die Fassaden den neuen Höhen in Teilen angepasst. Dass die äußere Hülle und das Innere nicht deckungsgleich, sondern sehr verschieden sind, zeigt das neue Portal, das sich aus dem Inneren des Gebäudes herauszuschieben scheint. Es deutet den Bruch an, den es nach der Wahrnehmung der äußeren Fassade im Innern zu erwarten gibt. Das Gebäude wird seit dem Umbau als Verwaltungsgebäude des Bischöflichen Ordinariats genutzt. Im zweiten Obergeschoss und im Dachgeschoss befindet sich das Diözesanbauamt, die langjährige Arbeitsstätte von Karljosef Schattner.

Die ehemalige Domdechantei besetzt mit ihrer markanten Gestalt für das stadträumliche Erscheinungsbild als raumbegrenzendes wie auch raumleitendes Gebäude eine wichtige städtebauliche Situation mit hoher Qualität. An der linken Seite sieht man, wie sich das neue Portal aus der alten Fassade „schiebt"

Kipfenberger Speicher

Umbau zum Diözesanmuseum, Eichstätt
1979-1982
Karljosef Schattner

Die Baumaßnahmen zur Einrichtung eines Diözesanmuseums erstreckten sich über zwei historische Gebäude: ein mittelalterliches Kornhaus, den so genannten Kipfenberger Speicher, und das Mortuatorium, eine zweischiffige, spätgotische Halle mit darüber liegenden barocken Räumen. Beide Gebäude liegen in direkter Nähe zum Dom und begrenzen als Flügelbauten jeweils eine Seite des Kreuzgangs.

Das Speichergebäude war durch frühere Eingriffe, insbesondere durch den Einbau eines großen, zweigeschossigen Saales in seinem konstruktiven Gefüge erheblich gestört worden, sodass es in seinem Bestand gefährdet war. Damit schien auch der große Dachstuhl abgängig zu sein, Schattner gelang es aber, durch den Einzug von quer gespannten Stahlfachwerkbindern diesen abzufangen und zu stabilisieren. Bauordnungsrechtliche Auflagen machten den Einbau eines neuen Treppenhauses wie auch von neuen Stahlbetondecken erforderlich.

Das Museum wird heute über die Halle des Mortuatoriums und das bereits im Speichergebäude liegende neue Treppenhaus betreten und erstreckt sich über das ganze oberste Geschoss des Speichers und der barocken Räume über dem Mortuatorium.

In dem Treppenhaus wird der erste Eindruck bestimmt durch die Spannung von alten, rau belassenen Oberflächen zu neuen Einbauten mit edlen Materialien wie Stucco-lustro-Putzflächen. Die abgedunkelten Lichtverhältnisse, die pointierte Ausleuchtung von einzelnen Ausstellungsobjekten, die in dem Zwischenraum von alter Raumhülle und neuer Treppe zu schweben scheinen und somit die Spannung zwischen diesen noch verstärken, erzeugen eine bemerkenswerte Raumatmosphäre.

Der Ausstellungsbereich im Speicher ist ein großer Raum, eine Halle, die sich über den ganzen Dachstuhl bis zum First öffnet und durch roh belassene Bruchsteinwände eine ähnlich archaisch wirkende Stimmung wie im Treppenhaus erzeugt.

Das neue Treppenhaus, über das man die Museumsräume, die sich im Dachgeschoss befinden, erreicht. Die neue Treppe, mit glatten, edlen Oberflächen, steht in einem starken Spannungsverhältnis zu den archaisch wirkenden, rau belassenen Wänden. Skulpturen, in ein besonderes Licht gestellt, benutzen den Zwischenraum zwischen Treppe und Wand, Alt und Neu, als einen besonderen Raum.
Links: Das Podest markiert den Anfang, die „Tresortür" das Ende des Weges

Kipfenberger Speicher

Karljosef Schattner

Beispiel der Präsentation eines Ausstellungsobjektes

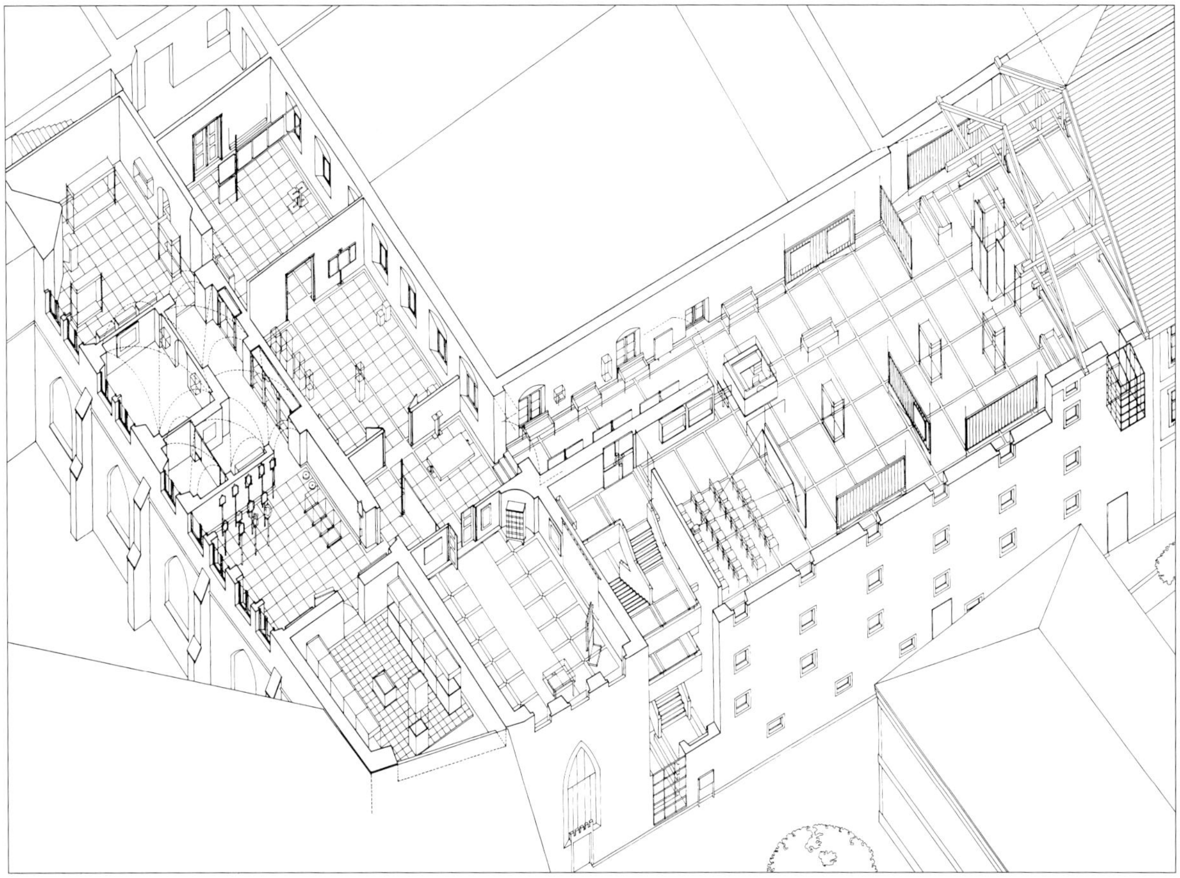

Isometrie des Museumsgeschosses

Der Übergang zu den barocken Räumen über dem Mortuatorium bildet eine Art „Tunnel". Diese Räume erscheinen im Vergleich zu der Halle eher „normal" mit geputzten Wänden und Decken. Im ehemaligen Kapitelsaal sind noch eine Stuckdecke sowie Freskomalereien vorhanden.

Die Ausstellungspräsentation gleicht einer räumlichen Inszenierung, wobei alle Ausstellungsobjekte durch individuell gestaltete Ausstellungsträger wie Podeste, Sockel oder Staffeleien in ihrer individuellen Wirkung gestärkt werden. Die Art der Aufstellung steigert zudem durch besondere Blick- und Wegebeziehungen die räumliche Erfahrbarkeit der Objekte.

Der „Tunnel" als Verbindung zwischen dem Kipfenberger Speicher und den Räumen über dem Mortuatorium

Das Arbeitsmodell, an dem das Konzept zur Sicherung und Abfangung der historischen Dachstuhlkonstruktion des Speichergebäudes kontrolliert wurde

Staatliche Kunsthalle

Renovierung des Hübsch-Flügels, Karlsruhe
1987-1989
Uta Hassler

Zweite Präsentationsplanung von Heinrich Hübsch, Sommer 1837, Hauptfassade

Die Karlsruher Kunsthalle wurde 1846 eröffnet. Architekt war Heinrich Hübsch, der zuvor besonders durch seine Streitschrift „In welchem Style sollen wir bauen?" über die Region hinaus bekannt geworden war. Hübsch hatte eine Vierflügelanlage angestrebt, konnte aber nur einen Flügel, zudem als Anbau an das bestehende Gebäude der Akademie, verwirklichen. Hübsch verfolgte die Idee eines Gesamtkunstwerkes, durch die Verbindung von Architektur, Bildhauerei und Malerei sollte ein Kunstmuseum entstehen, das der öffentlichen Bildung und dem Unterricht auf dem Gebiet der Künste dienen sollte. Die Anlage wurde durch Josef Durm Ende des 19. Jahrhunderts im Sinne der Hübschschen Planung wiederum nur um einen Flügel erweitert. Ein dritter Flügel entstand Anfang des 20. Jahrhunderts durch Heinrich Amersbach, der mit seinem Bauwerk aber die klare Fortsetzung der ursprünglichen Konzeption verließ und zudem in dem Innenhof einen achteckigen Pavillonbau einfügte. Kriegsschäden entstanden insbesondere bei den Dächern und dem Akademiebau, dem ältesten Teil der Anlage, dessen Ruine in der Folge aufgegeben und abgetragen wurde. 1978 wurde ein Wettbewerb zur Ergänzung der bestehenden Gebäude und zur Schließung des Komplexes durchgeführt, Heinz Mohl aus Karlsruhe erhielt den Auftrag für die Ausführung und errichtete an der Stelle des ehemaligen Akademiebaus einen Neubau, der wiederum den Kontext zu dem ersten Bau von Hübsch sucht.

Bei den anstehenden notwendigen Renovierungsarbeiten an dem Hübsch-Flügel in den Jahren 1987-89 stellte sich die Frage nach der denkmalpflegerischen Zielsetzung. Sorgfältige und umfangreiche Bestandsuntersuchungen ergaben, dass von der ursprünglichen, polychromen Raumausstattung noch erhebliche Teile vorhanden waren und somit eine Rückgewinnung eines der wenigen Beispiele einer polychromen Museumsausstattung möglich war. Die historischen Oberflächen waren allerdings gealtert und beschädigt oder sogar in Teilbereichen zerstört. Unwissenheit und fehlende Sensibilität hatten dazu geführt, dass zum Beispiel die Stucco-lustro-Flächen übermalt und später Schlitze für Installationsführungen hineingestemmt worden waren. Das Konzept der Umsetzung war eine konservierende Restaurierung, die Alterung und Beschädigungen an den Oberflächen sichtbar hält und keine „Neuwert-Optik" anstrebte. Fehlstellen wurden in gleicher Technik in der Art ergänzt, dass sie das angestrebte Gesamtkonzept unterstützen, aber als Ergänzung erkennbar bleiben.

Ein Saal vor der Durchführung der Renovierung, genutzt als Kupferstichkabinett und für Arbeitsplätze des wissenschaftlichen Personals, die Stucco-lustro-Flächen überstrichen, die Decken noch mit den Schäden durch die Durchfeuchtung nach dem II. Weltkrieg

Der Saal mit dem „Olympischen Fries" nach der Freilegung und Restaurierung der Stucco-lustro-Flächen. An den Decken bleiben die gealterten Originaloberflächen trotz Putzschäden sichtbar. Notwendige Installationsleitungen werden unter dem Fußboden in die neuen Stelen geführt, ohne die Wände zu tangieren

Stadtschloss Lichtenfels

Um- und Anbau, Lichtenfels
1981-1991
Hans Busso von Busse

„Eine Kunst, die Leben in sich hat, restauriert die Werke der Vergangenheit nicht, sondern setzt sie fort."

Auguste Rodin, um 1910

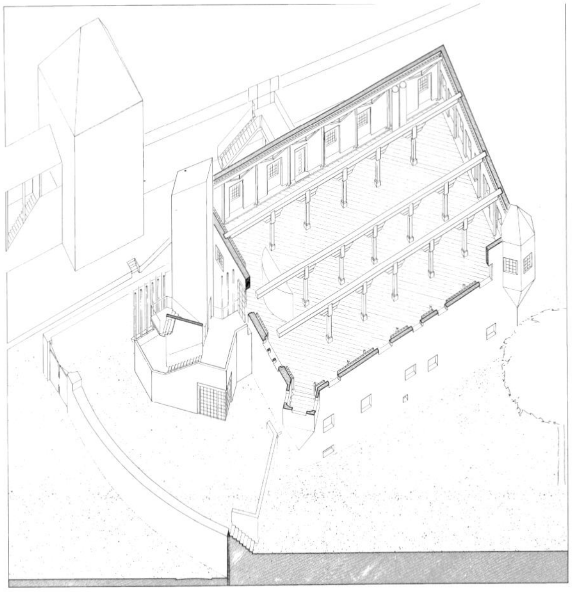

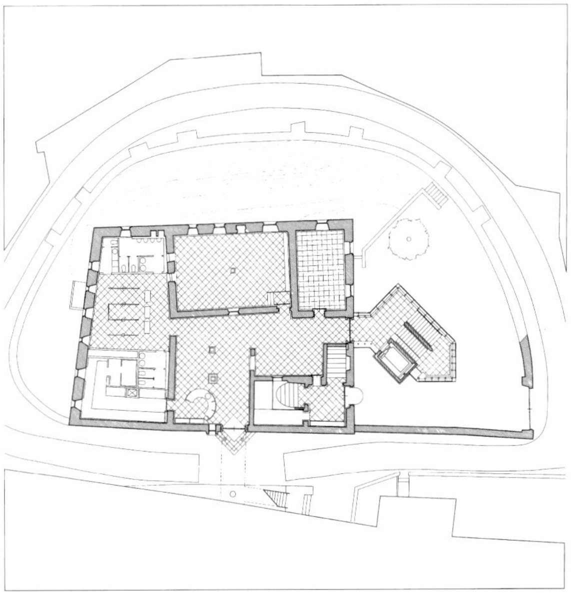

Rechts oben: Isometrie

Rechts: Grundriss Bürgersaal

Mitte des 16. Jahrhunderts wurde das Schloss Lichtenfels als Nachfolgebau einer älteren Schlossanlage errichtet, verlor aber bereits ein Jahrhundert später seine Funktion als feudaler Wohnsitz und diente fortan als „Kastenboden" zu Speicherzwecken. Hierfür wurden alle Zwischenräume sowie die fürstlichen Gemächer herausgerissen und entfernt. 1802/1803 kam es mit der Auflösung des Fürstbistums Bamberg in den Besitz des bayerischen Staates, der das Gebäude wiederum Ende des 19. Jahrhunderts an ein privates Unternehmen verkaufte. 1970 wurde das Gebäude von der Stadt Lichtenfels erworben.

Die Stadt führte erste Sicherungsmaßnahmen durch, unter anderem am Dachstuhl und an der Stützenkonstruktion im ersten Obergeschoss, sowie im Anschluss einen Architektenwettbewerb zur Klärung der künftigen Gestaltung und Verwendung, den das Büro Prof. Hans Busso von Busse gewann.

Ein tragender Entwurfsgedanke dieser Arbeit war, die notwendigerweise neu zu erstellende Vertikalerschließung auszulagern und in einem eigenständigen neuen Bauteil zu organisieren, wodurch die historischen Innenräume geschont und insbesondere der als „Bürgersaal" bezeichnete große Raum im ersten Obergeschoss in seinen bestehenden Ausmaßen uneingeschränkt erhalten werden konnte. Nach der Entfernung der ursprünglich großzügigen Treppenanlage im 17. Jahrhundert bestand die Vertikalerschließung während der Zeit der Speichernutzung nur aus einfachen Leiterstiegen.

Diese Lösung wurde verständlicherweise in der Öffentlichkeit zuerst kontrovers diskutiert, da sich dadurch das tradierte äußere Erscheinungsbild änderte. Aus architektonischen und denkmalpflegerischen Gründen ist es eine richtige Entscheidung gewesen, die sich dann letztlich auch durchsetzen konnte.

Nach einer relativ kurzen Zeitspanne einer Nutzung gemäß seiner ursprünglichen Bestimmung, nach gut 300 Jahren eines seiner Form und Gestaltung nach eher als

„Als wichtigstes Ergebnis des gemeinsamen Ringens darf festgestellt werden, daß die originale Substanz nicht nur soweit wie möglich erhalten, sondern auch ihren Charakter bewahren durfte, indem nicht Verlorengegangenes einfach „historisch" angesetzt wurde, sondern sich der neuen Funktion entsprechend mit neuen Materialien deutlich vom Bestand absetzt."

Dr. Alfred Schelter,
Bayerisches Landesamt für Denkmalpflege

Das neue Treppenhaus als gläserner Turm und ein vertikales Foyer zur Schonung der Innenräume außen als zeitgenössisches Element an das Gebäude angefügt

Stadtschloss Lichtenfels

Hans Busso von Busse

Situationen in dem späteren Bürgersaal vor der Durchführung der Baumaßnahmen

„temporär" oder minderwertig zu bezeichnenden Gebrauchs dient das Schloss heute der Stadt als Konzentrationspunkt des öffentlichen kulturellen Lebens. Es wird nun im Gewölbe- und Erdgeschoss mit gesellschaftlichen und gastronomischen Funktionen belegt, im ersten Obergeschoss befindet sich der bereits angesprochene Bürgersaal und das zweite und dritte Obergeschoss wird durch das Heimatmuseum genutzt.

Vier Punkte sind insbesondere bei diesem Projekt zu benennen:

1 Die statischen Probleme:
Die beiden unteren Geschosse bestehen aus massiven Mauerwerkswänden, die oberen Geschosse sind Fachwerkkonstruktionen. Durch die lange Zeit ungenügender Bauunterhaltung war es zu erheblichen Schädigungen an den Holzbauteilen gekommen. Teile konnten partiell repariert werden bzw. waren bereits in der ersten Sicherungsstufe bearbeitet worden. An den Traufwänden wäre aber eine Ertüchtigung der tragenden Konstruktion nicht ohne erhebliche Substanzverluste möglich gewesen. Hier wurde eine neue, innere Schicht in Form einer unterspannten Stahlkonstruktion eingefügt, die nun die Last der Deckenbalken aufnimmt. Sie bleibt als Ausdruck eines Eingriffes unserer Zeit sichtbar.

2 Die bauphysikalischen Probleme:
Die angestrebten neuen Nutzungen brachten für das Gebäude nach einer langen Zeit des Gebrauchs als Kalträume andere, erhöhte bauphysikalische Anforderungen, insbesondere bei den Außenwänden. Diese Anforderungen konnten von den dünnen, innen sichtbaren Fachwerkwänden mit Natursteinaus- und vormauerung nicht geleistet werden. Die Aufgaben der Wärmedämmung und der raumseitigen Feuchtigkeitssicherung wie auch der Raumakustik übernimmt nun eine neue, verputzte Gipsschale, im Abstand zur alten Wand versetzt, aber noch hinter der neuen Stahlkonstruktion angeordnet – als zweite, neue Raumschicht.

3 Das Problem der Wandöffnungen:
Das Konzept der innenseitigen bauphysikalischen Ertüchtigungsschale birgt das Problem des diffizilen, bauphysikalisch problematischen Anschlusses der Schale an bestehende Wandöffnungen wie Fenster und Außentüren in sich. Entweder es werden hierbei die historischen Laibungs- und Gewändesituationen verdeckt oder gar zerstört oder es entstehen bauphysikalische Problemzonen mit der Gefahr von Feuchtigkeits- und Fäulnisbildungen. Bei diesem Konzept wurden in die neue Schale über das Maß der alten Fenster hinausgehende größere Öffnungen hineingeschnitten, welche die sonst durch die Schale geschützten und verborgenen Farbbefunde sowie die Fachwerkkonstruktion freilassen und sichtbar machen. Warmluftkanäle hinter der Schale erzeugen an diesen Stellen einen Warmluftschleier, der schädliche Kondensation vermeidet. Die Farbbefunde wurden in diesen Bereichen zum Teil ergänzt.

4 Das schon angesprochene Problem der vertikalen Erschließung:
Das neue Treppenhaus, das nun, ohne den historischen Bestand zu gefährden, allen funktionalen und sicherheitstechnischen Anforderungen entsprechend entwickelt werden konnte, steht als „gläserner Turm" an einer Stelle am Altbau, an der durch die bestehenden Speichertüren, durch die einst das Speichergut in das Innere transportiert worden war, problemlos eine Verbindung vom Treppenhaus und Zugang zu den Geschossen hergestellt werden kann. Als „vertikales Foyer" erzeugt es zudem eine neue, erlebnisreiche Qualität in dem Kontext von Stadtlandschaft und Schlossgebäude.

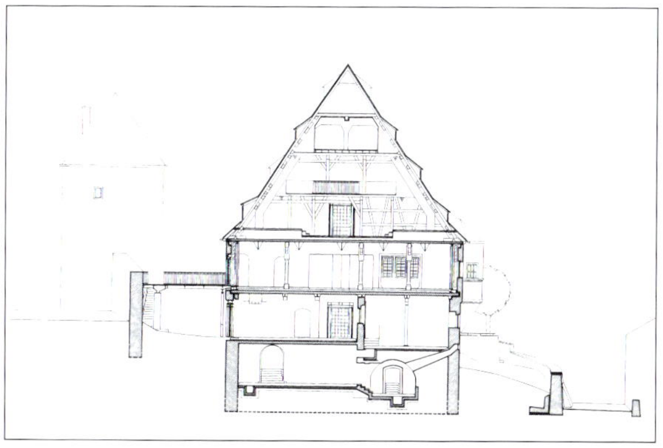

Schnitt

Der Bürgersaal nach Fertigstellung der Baumaßnahmen, mit der Dreischichtung der Außenwand:

1 die tragende Schicht der Stahlkonstruktion
2 die Gipsschale mit den bauphysikalischen Aufgaben
3 die historische Schicht der Außenwand

Konstantinplatz

Neugestaltung des Basilika-Vorplatzes, Trier
1981-1983
Oswald Mathias Ungers

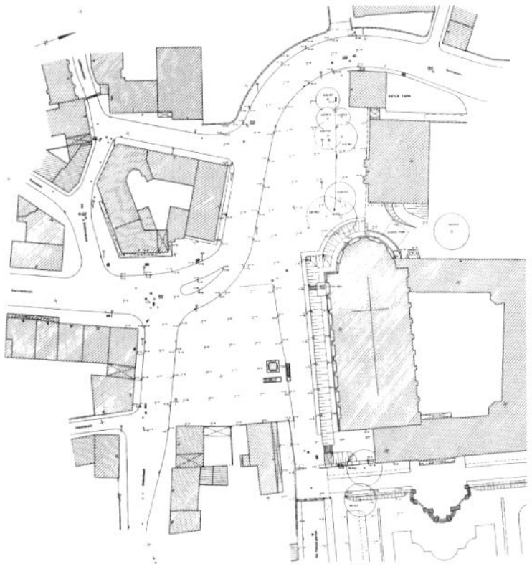

Städtebauliche Situation vor der Umgestaltung

Die römische Basilika, die immer noch den Konstantinplatz in Trier beherrscht, hat im Laufe ihrer Geschichte eine bemerkenswerte Überlebensfähigkeit bewiesen. Zeigt sie sich heute als freistehende Halle, so entspricht dies nicht dem ursprünglichen Zustand, als sich im Osten und im Westen von Säulenhallen gesäumte Höfe an den Hauptbaukörper anschlossen. In der gotischen Zeit wurde die Laurentius-Pfarrkirche angebaut, die dann 1803 von Napoleon vollkommen zerstört wurde; trotzdem war im 19. Jahrhundert die Basilika noch mit weiteren Höfen und Anbauten befrachtet. Um die Jahrhundertmitte wurde ihre ursprüngliche Form wiederhergestellt und am 28. September 1856 wurde sie als Kirche geweiht. Der Bereich um die Basilika veränderte sich vom Zeitpunkt dieser Wiederherstellung bis zur Zerstörung im II. Weltkrieg kaum.

Die beeindruckendste Wirkung der Basilika nach der Wiederherstellung im 19. Jahrhundert ergab sich aus der leichten einseitigen Absenkung zum akkurat gepflasterten Konstantinplatz. Heute wäre es sicherlich wünschenswert, sich an diese strenge Einfachheit soweit wie möglich anzulehnen. Während des II. Weltkriegs wurde das Gebiet um die Basilika völlig zerstört, die nachfolgende Wiederherstellung war der Gestalt eines Bauwerks dieses Formats deutlich abträglich. Das Gebiet westlich der Basilika wurde als PKW-Parkplatz genutzt; die ursprünglich klare räumliche Integration des Platzes und der Straße war damit offensichtlich verloren gegangen und hinterließ im Herzen der Stadt einen ungestalteten leeren Raum.

Ungers Entwurf unterstützt die Gesamtplanung der Stadt, durch eine Ringstraße den größten Teil des Durchgangsverkehrs aus der Innenstadt fern zu halten, gleichzeitig aber die Erreichbarkeit der innenstadtnahen Parkgaragen zu gewährleisten. Dieses Konzept wird durch den Entwurf in folgender Weise vervollständigt:

Das Gebiet, begrenzt durch Südallee, Weberbach und Mustorstraße, ist charakterisiert durch die Parklandschaft des Palastgartens, wo abgesehen von der westlichen Kante die überwiegende Anzahl der Strukturen großmaßstäbliche Einzelgebäude sind. Dies schließt die Überreste der mittelalterlichen Stadtmauer sowie die Reste der Kaiserthermen mit ein. Insgesamt übernimmt dieses Gebiet die Funktion eines innerstädtischen Erholungsgebietes; die innerstädtischen Wohngebiete sollten mit dem Park soweit wie möglich verbunden werden. Die derzeitige Fußverbindung zum Palastgarten erfolgt über den Konstantinplatz. Die Verbindung zwischen Platz und Park erfolgt über einen ebenen Weg und über eine Rampe, welche aus dem tieferen Platz erwächst. Die Fortführung der Rampe bildet die westliche Kante dieses Teils; sie verbindet jedoch nicht nur heterogene Baulichkeiten, sondern bildet auch eine visuelle Verbindung zwischen Kaiserthermen und Konstantinplatz.

Vor der Festlegung der endgültigen Planung wurden sechs Entwurfskonzepte untersucht. Die Planung kann in mancher Hinsicht als Rekonstruktion eines archäologischen Gedächtnisses betrachtet werden. Die wesentlichen Bestandteile der Entwurfsüberlegungen sind Folgende:

1 Absenkung der Eingangsbereichs zur Basilika auf das Niveau der römischen Stadt sowie die räumliche Wiederherstellung der Eingangshofsituation,
2 die Bildung einer Arkadenstruktur oder städtischen Loggia, um die angrenzenden Gebäude abzuriegeln,
3 Bildung eines Turmes auf den Fundamenten der Laurentischen Gemeindekirche,
4 Wiederherstellung des Eingangsportikus durch Negativformen,
5 Schaffung einer quadratischen, abgesenkten Fläche vor dem Eingangsportikus,
6 Schaffung einer baulichen Torsituation, um die Konstantinstraße abzuriegeln,
7 Ertüchtigung des Grünbestandes vor den früheren Verwaltungsgebäuden.

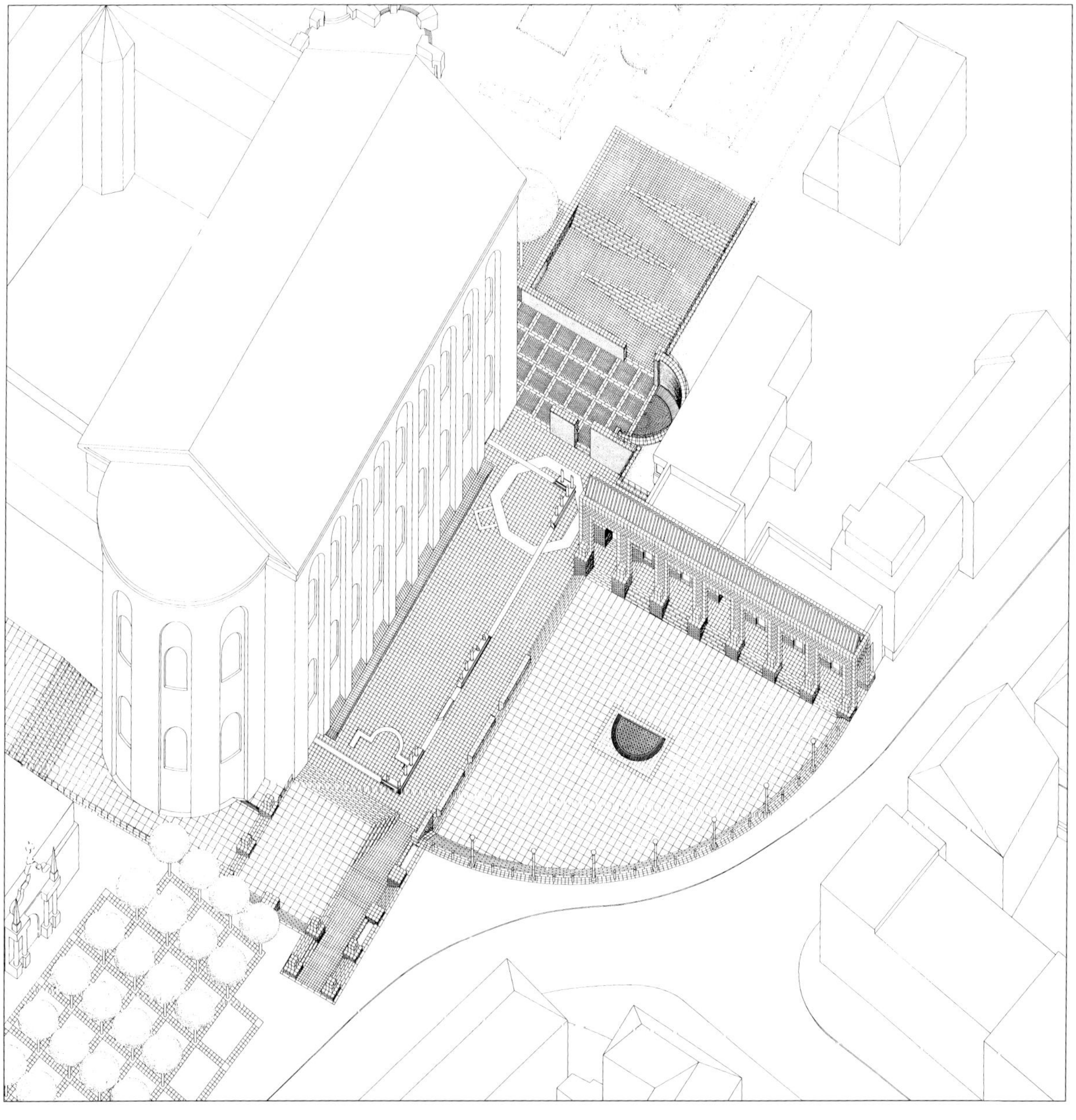

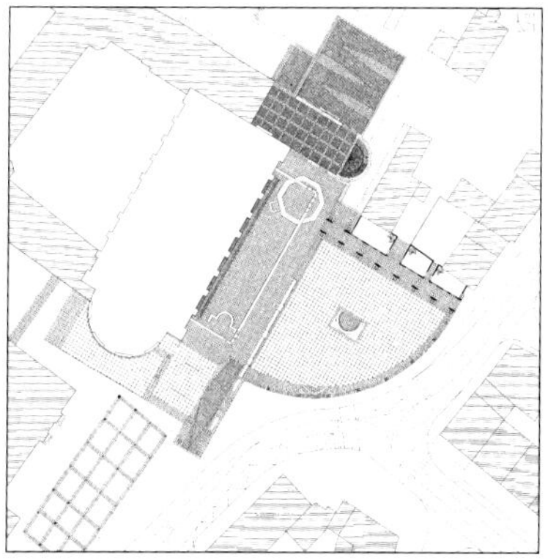

Oben: Lageplan heute

Links: Isometrie

St. Antonius

Wiederaufbau einer durch Brand zerstörten Kirche, Kevelaer
Wettbewerb 1983, Ausführung 1986-1988
Dieter Georg Baumewerd und Paul Eling

Westansicht nach dem Wiederaufbau

Die Geschichte dieser Kirche geht auf eine dem heiligen Antonius geweihte Kapelle aus dem ersten Viertel des 15. Jahrhunderts zurück, die 1472 zur Pfarrkirche erhoben wurde. Zu Beginn des 20. Jahrhunderts wurde die längst zu klein gewordene Kirche um einen Neubau erweitert, der die alte Kirche aber nicht ersetzte, sondern sie in seine Baugestalt integrierte und als nördliches Seitenschiff umwandelte, wobei allerdings das südliche Seitenschiff der alten Kirche entfernt wurde. Im II. Weltkrieg erlitt die Kirche starke Zerstörungen und wurde in vereinfachter Form wiederaufgebaut. 1982 brannte die Kirche bis auf die Grundmauern ab, lediglich der ehemaligen St.-Antonius-Kapelle blieb eine vollständige Zerstörung erspart. Für den Wiederaufbau wurde von Seiten der Denkmalpflege die Substanzerhaltung der mittelalterlichen Pfarrkirche gefordert; gegen bauliche Veränderungen an der neogotischen Kirche bestanden keine Einwände. Die Gemeinde wünschte einen Wiederaufbau entsprechend den geänderten pastoralen und liturgischen Erkenntnissen und Erfordernissen. Das ausgeführte Konzept ergänzt die mittelalterliche kleine Kirche um das verloren gegangene südliche Seitenschiff, entwickelt dann aber für den übrigen Wiederaufbau eine neue, eigene Raumstruktur. Von dem neogotischen Gebäude konnten nur der Chorbereich und die Nordkonche erhalten werden, alle übrigen Bauteile wie Wände und Pfeiler hatten derart unter der großen Hitzeeinwirkung gelitten, dass sie nicht mehr genügend tragfähig waren. Die neue Kirche entwickelt sich aus den Gegebenheiten des erhaltenen Bestandes und sucht diese fortzuführen, aber in einer deutlich eigenständigen Formulierung. Im Kern besteht sie heute aus einem großen, hohen rechteckigen Raum, der die alte Pfarrkirche umfasst, sie aber als eigenständigen Baukörper, als Körper im Raum darstellen lässt. Die kräftige, eindrucksvolle Konstruktion des Dachstuhls, die tragenden Stützen, die Gliederung der Wände nehmen die Thematik historischer Kirchenräume auf und interpretieren sie neu.

Kevelaer zeigt, dass ein Wiederaufbau nach einer Katastrophe keine Nachahmung sein muss, sondern sehr wohl als Aufforderung zur architektonischen Auseinandersetzung verstanden werden kann, dessen Ergebnis nicht etwas Fremdes zu dem davor Gewesenen werden muss.

Blick in den Innenraum

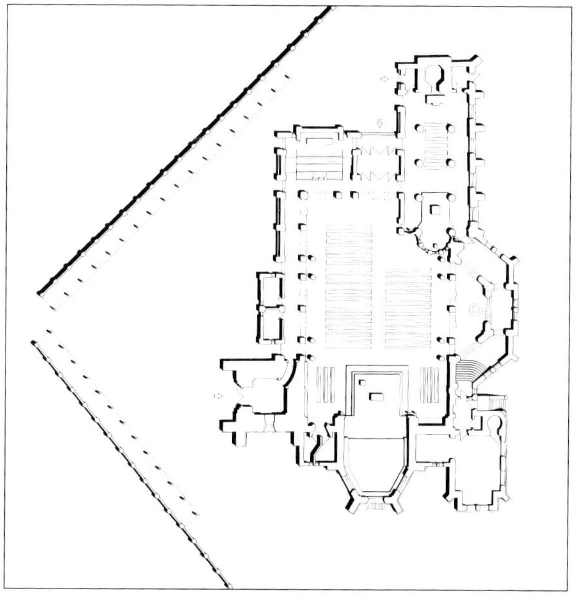

Isometrie, Grundriss, Schnitt durch den großen und kleinen Kirchenraum, Westansicht. Der Arkadengang mit Mauer, der den Kirchplatz von den angrenzenden Straßen sowie der städtebaulich unbefriedigenden Anschlussbebauung abgegrenzt hatte, wurde bisher nicht ausgeführt

Schloss Hirschberg

An- und Umbau zum Exerzitien- und Bildungshaus der Diözese, bei Beilngries
1987-1992
Karljosef Schattner und Karl-Heinz Schmitz

Schloss Hirschberg auf dem Bergsporn

Auf einem steilen Bergsporn entstand im 12. Jahrhundert eine wehrhafte Burganlage als Sitz der Grafen von Hirschberg. Etwa einhundert Jahre später kam die Burg in den Besitz der Bischöfe von Eichstätt, die bald mit Umbaumaßnahmen an der Anlage begannen. Mitte des 17. Jahrhunderts wurden die Gebäude durch einen Brand nach Blitzschlag zerstört.

Die heutige Gestalt entstand erst im 18. Jahrhundert, als die drei großen barocken Eichstätter Baumeister Jakob Engel, Gabriel de Gabriele und Maurizio Pedetti über drei Generationen aus einer asymmetrischen mittelalterlichen Burganlage eine symmetrische barocke Schlossanlage entwickelten.

Das Thema eines Jagdschlosses und einer Sommerresidenz auf einem Bergrücken ist ein untypisches Konzept für die Zeit des Barocks, in der man in den meisten Fällen eher geeignete Situationen in der Ebene suchte. Ökonomische Gründe mögen für die Eichstätter Bischöfe letztlich ausschlaggebend gewesen sein. Zudem hatte man sich schon bei dem barocken Wiederaufbau der 1633 abgebrannten Stadt Eichstätt darin üben müssen, das Gedankengut des Barock auf der Grundlage einer mittelalterlichen Stadtstruktur umzusetzen.

Zu dem Programm eines barocken Schlosses gehören der Ehrenhof und die Terrasse. Der Ehrenhof konnte dem begrenzten Platzangebot in Form eines lang gezogenen, dabei perspektivisch geschickt verfremdeten Hofes abgerungen werden, eine Terrasse war bei den örtlichen Gegebenheiten nicht entsprechend möglich. Eine strenge Ordnung und Ausgestaltung des abfallenden Geländes sollte diesen Mangel beheben, kam aber nicht zur Ausführung.

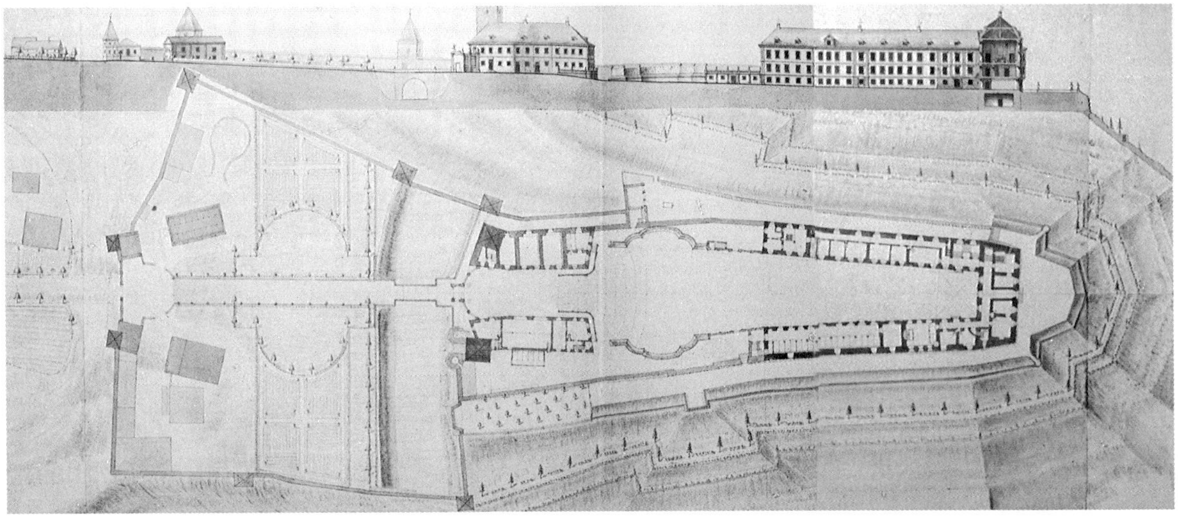

„Idealplan" von Maurizio Pedetti, Ende des 18. Jahrhunderts, ohne Grünanlagen im Innenbereich des Schlosses. Die terrassenartige Umformung der Landschaft um die Schlossanlage wurde nicht ausgeführt

Blick in den perspektivisch verfremdeten Ehrenhof

Seit 1925 dient das Schloss der Diözese als Exerzitienhaus. In den 50er-Jahren wurden die beiden Längsflügel zu Bettentrakten umgebaut. Dabei hatte man die ursprünglich einhüftige Anlage zu einer zweihüftigen Anlage mit unbelichtetem Mittelflur umorganisiert. Ende der 60er-Jahre errichtete Alexander Freiherr von Branca an der Südseite eine massive Exerzitienkapelle auf polygonalem Grundriss. In den 80er-Jahren modernisierte Christoph Hackelsberger das Innere der beiden Torhäuser.

1987 wurde das Diözesanbauamt beauftragt, das Schloss neu zu ordnen, insbesondere die Bettentrakte, die nicht mehr den heutigen Ansprüchen nach Ein- und Zweibetträumen mit eigenen Nasszellen entsprachen. Weiterhin suchte man nach Möglichkeiten, neue Räume wie Speisesäle, Küche, Cafeteria und die dazugehörigen Nebenräume einzurichten. Diese waren in dem Bestand nicht anständig unterzubringen und mussten so dem Komplex als neue Bauteile zugefügt werden.

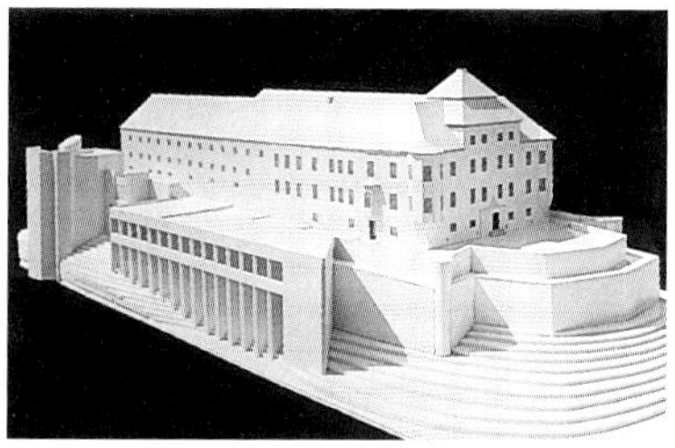

Modellstudie eines noch frühen Planungsstadiums; eine Stirnwand ist noch als Schräge vorgesehen

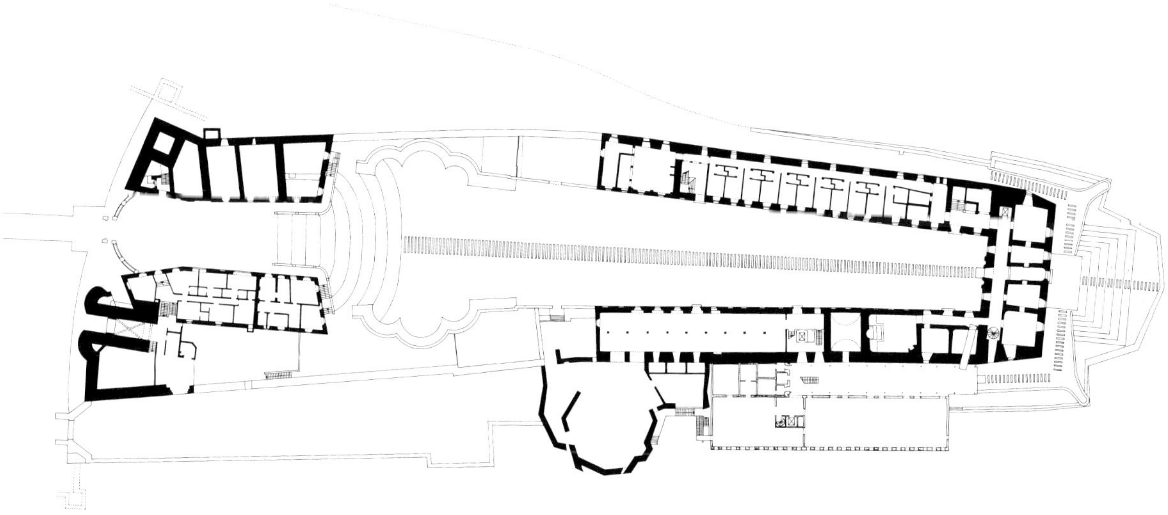

Situationsplan mit Darstellung der Grundriss-Situation nach der Umbaumaßnahme

Schloss Hirschberg

Karljosef Schattner und Karl-Heinz Schmitz

Zweimal das Thema des Verbindens: Das Glashaus als Verbindungsglied zwischen Alt- und Neubau und die neu angelegte Öffnung in der historischen Außenwand

Der erste Ansatz sah eine Anordnung in der Hauptachse des Schlosses unter dem kleinen Basteigarten vor, wobei dann auf dem Dach des Neubaus die Thematik der Terrasse hätte neu und besser formuliert werden können. Zusätzlich sollte aus Lampenmasten eine gebaute Perspektive entstehen, die die Hauptachse in die Ferne weitergeleitet hätte. Die Freilegung von Resten eines romanischen Wehrturmes, wahrscheinlich aus dem 9. Jahrhundert, schränkte die Umsetzung des Konzeptes derart ein, dass man entschied, umzuplanen und den Wehrturm wieder zuzuschütten. Das barocke Konzept der Terrassenanlage wurde in einfacherer Form wieder aufgenommen, natürlich in der eigenen formalen Sprache.

Ein anderer Platz für das neue Gebäude fand sich an der Südseite der Anlage. Dort steht nun ein aufgeständerter Riegel, der in seiner Höhenentwicklung deutlich niedriger als die Schlossanlage bleibt und Speiseräume, Küche und Nebenräume aufnimmt. Er wird mit dem Altbau über ein Glashaus verbunden, das als Cafeteria mit genutzt wird und in dem eine besonders bemerkenswerte Formulierung einer Treppe als architektonisches Thema steht. Dieses Glashaus, das wiederum das Schattnersche Thema des Trennens und Verbindens von alt und neu übernimmt, dient gleichzeitig als witterungsgeschützte Erschließungszone für den westlichen Teil des Südflügels. Dieser war bisher durch eine zweigeschossige, gebäudetiefe Kapelle von den übrigen Räumen des Schlosses abgetrennt.

Die Bettentrakte wurden entsprechend ihrer ursprünglichen Erschließungsart wieder zu einhüftigen Anlagen umgebaut. Jedes Zimmer erhielt dabei eine eigene Nasszelle, die wie ein modernes Möbelstück in den Raum eingestellt wirkt. Die bestehenden Räume in dem Schloss wurden restauriert, Neues wie Mobiliar setzt sich deutlich und bewusst ab.

Besprechungsraum mit neuem Mobiliar

Die Speiseräume in dem neuen Gebäude werden über gläserne Zwischenwände bei Bedarf voneinander abgetrennt. Auf diesen sind Fotografien von Klaus Kinold wiedergegeben, die Ausschnitte von Natursteinmauern, Bäumen oder antiken Säulen zeigen. Dieses Verfahren wäre bei anderen Gebäuden und geeigneten Umständen wunderbar dafür geeignet, Rekonstruktionsgelüste zu befriedigen, ohne sie tatsächlich baulich umsetzen zu müssen

Hamburger Bahnhof
Museum für Gegenwart

Restaurierung und Erweiterung zu einem Museum, Berlin
Wettbewerb 1989, Planung und Ausführung 1990-1996
Josef Paul Kleihues

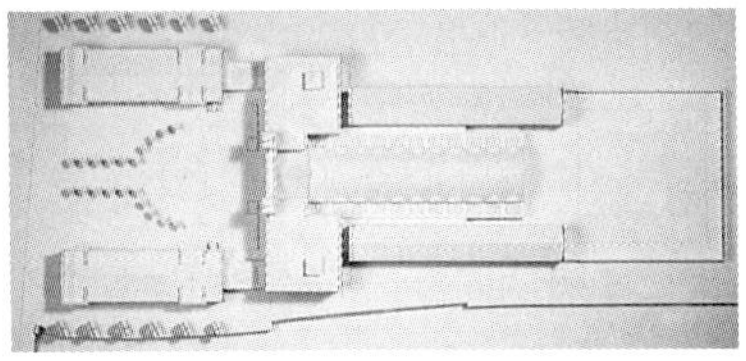

Oben: Modellaufsicht
Unten: Schnittmodell

Der Hamburger Bahnhof wurde 1845-47 nach den Plänen von Georg Ernst Friedrich Neuhaus und Ferdinand Wilhelm Holz erbaut und diente nach seiner Stilllegung 1884 zunächst als Verwaltungs- und Wohngebäude. Die Bahnhofshalle, in die tatsächlich nie ein Zug eingefahren war, wurde 1905 und 1906 nach Plänen des Architekten Ernst Schwarz für die Nutzung des Gebäudes als „Verkehrs- und Baumuseum" errichtet. Die Anlage wurde in den 30er-Jahren umgebaut, im II. Weltkrieg zerstört und blieb dann über Jahrzehnte ohne Nutzung liegen.

Die Restaurierung, den Umbau und die Erweiterung für das „Museum für Gegenwart" erläutert Josef P. Kleihues wie folgt:

„Die wichtigsten künstlerischen Absichten und das Museumskonzept lassen sich im Wesentlichen unter drei Aspekten zusammenfassen:

Der erste Aspekt der künstlerischen Absichten betrifft die angemessene (nicht nostalgische, sondern rationale) Auseinandersetzung mit der historischen Bausubstanz des Hamburger Bahnhofs und der Erinnerung seiner architekturgeschichtlichen Bedeutung. Dementsprechende Erinnerungsbereitschaft darf nicht nur bezogen werden auf das, was war, sondern muss das einbeziehen, was sein könnte oder sein sollte. Denn der Erinnerungsbegriff hängt ursächlich ebenso sehr zusammen mit dem Verhältnis von Vernunft und Geschichte wie mit der Voraussetzung von Vernunft als Freiheit.

Daher wurde in dem vorliegenden Entwurf einer Bestandssicherung (der nicht sehr viel von ihrem ehemaligen Originalzustand verratenden historischen Bauten) primär auf die Aura der durch die architektonische Geometrie vermittelten „Identität Hamburger Bahnhof" Wert gelegt und bei dessen Ausbau und baulichen Erweiterungen ein Dialog zwischen Tradition und Moderne angestrebt. Das, was im guten Sinne die Architektur der Aufklärung und des Humanismus in Berlin stets war, erschließt sich als „bestandssichernde Erinnerung" in dem historischen Gebäudeensemble und den hinzugefügten Neubauten am ehesten in deren Geometrie. Diese betrifft deren Grundriss, deren räumliche Ordnung und deren Baukörpergeometrie gleichermaßen.

Der zweite Aspekt gründet sich entsprechend dem zuvor Gesagten auf der Absicht, durch geometrisch klare und einfache Grundrisse, Räume und Raumfolgen eben das zu erfüllen, was das Programm (der Wettbewerbsauslobung) als Offenheit des inhaltlichen wie architektonischen Konzeptes unabdingbar fordert.

Der dritte, stärker museumstechnische Aspekt (aber auch museumsatmosphärische) umfasst eine Vielzahl von Einzelheiten, von denen hier einige wenigstens stichworthaft genannt werden sollen:

- große Raumhöhen in den neuen Galerien und deren natürliche und künstliche Belichtung von oben (Verdunkelungsmöglichkeiten eingeschlossen)
- Lichtdecken auch in den historischen Gebäudeteilen (und integrierte Stromschienen), soweit die vorhandenen Gebäudehöhen dies zulassen
- die atmosphärische Wirkung sehr weniger ausgewählter Materialien: naturfarbenes Aluminium (Rohguss und eloxiert), ballenmattierte lichte Eiche, matt geschliffener grauer Granit und geschnittener Sandstein
- matt weiß gestrichene Wände, welche möglichst neutral sind, also keine farblichen Veränderungen bewirken.

Diese Aspekte waren wesentliche Kriterien der Entwurfsarbeit."

Die historische Hauptfassade des Bahnhofs

Hamburger Bahnhof
Museum für Gegenwart
Josef Paul Kleihues

Außenansicht

Ausstellungsraum

Ausstellungsraum

Haus Witten

Ausbau einer Ruine zu einer Volkshochschule und Musikschule, Witten in Westfalen
1991-1996
Hans Busso von Busse und Eberhard Carl Klapp mit Arndt Brüning und Andrea Brüning

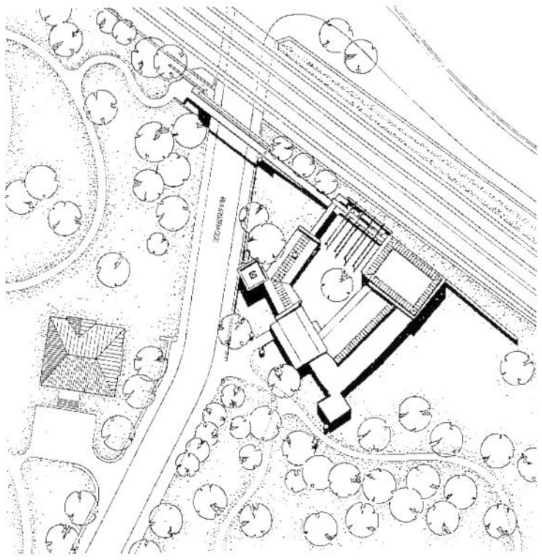

Lageplan

Die Geschichte des Hauses Witten beginnt im 15. Jahrhundert. Der in dieser Zeit errichtete Neubau wird um 1600 umgestaltet und in der zweiten Hälfte des 17. bis zum Beginn des 18. Jahrhunderts zu einer barocken Vierflügelanlage erweitert. Im ausgehenden 18. Jahrhundert entstand in direkter Nähe zu der Anlage eine Gussstahlfabrik, die im Verlauf des 19. Jahrhunderts ständig erweitert wurde, bis auch der alte Adelssitz integriert worden war. 1878/79 wurde Haus Witten entsprechend den damaligen romantischen Vorstellungen eines mittelalterlichen Rittersitzes überformt. Letztlich führten erhebliche Zerstörungen im II. Weltkrieg dazu, dass in der Nachkriegszeit nur noch eine Ruine stehen blieb, bei der im Laufe der Zeit aus Sicherheitsgründen sogar noch weitere Teile abgetragen werden mussten.

Natürlich, oder muss man nicht sagen leider, gab es auch bei diesem Objekt Überlegungen und Wünsche, die Ruine wieder in der Form des ursprünglichen Adelssitzes aufzubauen. Bereits sehr früh in den 60er-Jahren ist diese Möglichkeit von dem Westfälischen Denkmalamt und der Stadt Witten ablehnend diskutiert und entschieden worden.

Diese Haltung wurde auch in den 90er-Jahren von dem Denkmalamt und der Stadt erneut vertreten. Das Denkmal, so wurde erläutert, ist der heutige, fragmentarisch überlieferte Rest des Hauses Witten, als Ergebnis einer Geschichte von verschiedenen Bauphasen, Umbauten, Zerstörungen, Wiederaufbauten, Erweiterungen, Überformungen bis hin zu den Maßnahmen der Ruinensicherung – also einfach das, was da ist. Überlegungen, den alten Zustand in Form einer modernen abstrakteren Architektursprache nachzuzeichnen und nachzubauen, wurde ebenfalls abgelehnt, weil hierdurch das Ausmaß der unvermeidbaren Eingriffe in die historische Substanz zu großen Verlusten geführt hätte und viele Geschichtsspuren verloren gegangen wären.

Auch die Frage, ob nicht die Ruine als solche belassen bleiben müsse, wurde intensiv diskutiert mit dem Ergebnis, dass in diesem speziellen Fall einer verhältnismäßig jungen Kriegsruine anders entschieden werden kann als bei älteren Beispielen, die durch die Ruinenromantik des 19. Jahrhunderts eine andere, direkt auf die Ruine bezogene Geschichte haben und somit als solche auch einen anderen historischen Wert besitzen.

Die Ruine wurde somit als ausbaubar bewertet. Die denkmalpflegerische Zielsetzung hieß, die historische Struktur dabei möglichst nicht anzutasten. Die für die zukünftigen neuen Nutzungen herzustellenden Neubauteile mussten somit konstruktiv möglichst als selbstständige Einheiten ausgeführt werden. Die vornehmliche Verwendung von Stahl und Glas, aber auch von Naturstein in einer intelligenten Variante einer Vorsatzschale, erzeugt an dem Gebäude den notwendigen Kontrast, der den fragmentarischen Charakter des Bestandes erfahrbar bleiben lässt.

Die Anlage wird heute als Musikschule, Volkshochschule und durch den Wittener Filmclub genutzt und ist Teil der so genannten Wittener „Kulturmeile". Die Musikschule befindet sich im westlichen Teil der Anlage. Hier wurde dem Bestand ein gläsernes Foyer vorgelagert, von dem man die Räume durch die ehemaligen Fenster der Außenwand, jetzt Innenwand, betritt. Bei den Resten des ehemaligen fünfgeschossigen Herrenhauses wurden die breiten Auskluftungen des Außenmauerwerkes durch eine Stahl-Glas-Haut geschlossen. In diesem Teil befindet sich im Obergeschoss der Kammermusiksaal der Musikschule, der aus Gründen der akustischen Abkoppelung von der fünf Meter entfernten Güter- und Hochgeschwindigkeitsstrecke der Eisenbahn als gläserner Raum in die Ruine eingehängt wurde.

Außenansicht der Anlage

Zugangssituation in den Innenhof, über den die Musikschule und die Volkshochschule erschlossen werden

Haus Witten

Hans Busso von Busse und Eberhard Carl Klapp
mit Arndt Brüning und Andrea Brüning

Die Ruine wird nun über ein neues Foyer aus Glas und Stahl erschlossen. Die ehemaligen Fenster dienen heute als Türen zu den dahinter liegenden Räumen. Die Fensterstürze, die früher von einem Mittelpfosten gestützt wurden, werden jetzt von einer minimierten Stahlabfangung gehalten. Die neuen Zimmertüren stehen im gebührenden Abstand zu dem alten Mauerwerk

Zum Schluss sei aus einem Text des Westfälischen Landeskonservators Prof. Dr. Eberhard Grunsky zitiert:

„Haus Witten ist ... eines der nicht sehr zahlreichen Geschichtszeugnisse, an denen die Auswirkungen des Krieges weiterhin vergegenwärtigt werden. Es setzt sich damit von dem Trend der jüngsten Vergangenheit ab, durch Rekonstruktionsversuche kriegszerstörter Denkmäler gleichsam das Rad der Geschichte zurückzudrehen..." und etwas später im Text heißt es weiter „...Die Einschätzung des Ausbaus der Ruine von Haus Witten als beispielhaftes Ergebnis sollte aber nicht zu dem Mißverständnis führen, daß „Kontrastarchitektur" in jedem Fall das Richtige bei der „Fortschreibung" von Denkmälern sei. Die Lösung für Haus Witten ist nicht deshalb beispielhaft, weil das Neue im Kontrast zum Alten steht, sondern weil sie aus den individuellen Bedingungen des konkreten Denkmals entwickelt wurde."

Der Kammerkonzertsaal

„Wo es sich um neue Zutaten, um Neuschöpfungen an und in alten Bauten handelt, hat die lebende Kunst das Recht, sich mit zu betätigen, sie hat mindestens den Anspruch auf wohlwollende und vorurteilsfreie Prüfung der Entwürfe; sie darf verlangen, nicht von vornherein nur deshalb ausgeschlossen zu werden, weil sie neue Bahnen geht. Wir müssen verhüten, dass die Denkmalpflege eine Gefahr für die lebende Kunst wird."

Georg Hager, 1905 auf dem Tag für Denkmalpflege

Haus Liebermann und Haus Sommer

Zwei Neubauten im Zusammenhang mit der Rekonstruktion des Pariser Platzes, Berlin
1992-1999
Josef Paul Kleihues

Modell

Josef P. Kleihues, schreibt zu diesem Projekt im März 1998:

„Die berühmte Lindenrolle und eine Vielzahl von Stichen und Lithographien erinnern uns daran, daß es ursprünglich zwei bescheidenen Barockhäusern vergönnt war, das Brandenburger Tor zu rahmen. Zwei Gebäude mit Walmdach, welche August Stüler in den 40er-Jahren des 19. Jahrhunderts aufstocken und dem Zeitgeist gemäß mit spätklassizistischem Habitus versehen durfte: sorgsam darauf bedacht, das Hauptgesims des Tores nicht zu überragen. Das Bild dieses Ensembles, der Häuser Liebermann und Sommer, ist uns von vielen alten Abbildungen und Postkarten vertraut.

Zwei Häuser an einem Platz, der wie kein anderer an die Zeit der Aufklärung und des Humanismus erinnert, aber auch ein Ort, der die Fahnen und Stiefel der Diktatur und schließlich die Zerstörung durch den II. Weltkrieg erleiden mußte. Das für Jahre seines Platzraumes beraubte, einsam im leer geräumten Feld auf der Grenze zwischen Ost und West stehende Tor sollte so Symbol der Teilung und schließlich der wiedervereinten Stadt werden.

Der Wiederaufbau eines für so verschiedenartige Ereignisse symbolhaften Ortes legt es nahe, diese wechselvolle Geschichte kritisch zu erinnern. Wenn wir aber am Pariser Platz geschichtliches Bewußtsein reklamieren, so spielen dabei der Begriff und die Praxis der Erinnerung eine Schlüsselfunktion.

Die Ignoranz gegenüber geschichtlichem Bewußtsein und der Ersatz emotionaler wie intellektueller Erinnerungsfähigkeit durch Propaganda waren die Voraussetzungen für jene Jahre der Unfreiheit und des Terrors, welche Berlin erfahren mußte.

Die Forderung nach Rekonstruktion des Pariser Platzes auf dem alten Stadtgrundriß und die Wiederherstellung des zerstörten Platzraumes wurde als legitimer Anspruch empfunden und stand daher kaum zur Diskussion....

In Bezug auf die Bebauung am Pariser Platz hat die Diskussion mit Recht starke Wellen geschlagen. Es ist wohl bezeichnend für das Zeitalter virtueller Welten, daß man sich auf historische Bilder ungern einläßt. Dennoch gibt es für uns Architekten keine vornehmere Aufgabe, als mit unseren Entwürfen auf die jeweilige Besonderheit einer Stadt oder die Geschichte eines Ortes zu reflektieren. Die Geschichte eines Ortes oder das, was wir gern den «genius loci« nennen, sollte neben dem Programm der zu erfüllenden Bauaufgabe die Individualität eines Entwurfes bestimmen, ohne das zu verleugnen, was gerne mit dem wenig glücklichen Begriff von der „Handschrift" eines Architekten bezeichnet wird. Es waren im übrigen meist strenge Regeln, denen die europäische Stadt ihre über Jahrhunderte gewachsene Einzigartigkeit und Qualität verdankt. Hieran sollte man erinnern, wenn die Regeln für den Wiederaufbau des Pariser Platzes diskutiert werden, welche das Berliner Abgeordnetenhaus im Frühjahr 1995 beschlossen hat.

Diese Regeln sollte man als das akzeptieren, was sie sind: nämlich Herausforderung für eine ebenso kritische wie kreative Auseinandersetzung mit der Geschichte und dem zerstörten Bild dieses Ortes.

Bei den Häusern Liebermann und Sommer ging es zunächst um die Analyse der Geometrie wie auch der formalen Details beider Häuser, mit dem Ziel, einer architektonischen Transformation die Chance zu geben, also einer neuen, autonomen Architektur, welche Geschichte und geschichtliche Bilder reflektiert, um so den Charakter des Vergangenen durch eine neue Individualität zu ersetzen. Beide Häuser haben einen Fassadenmantel aus portugiesischem Sandstein erhalten. Dieser als besonders fest und widerstandsfähig empfohlene Stein wurde vor allem wegen seines hellen, im Sonnenlicht fast weiß leuchtenden Farbtons gewählt. Licht und Schatten der dreidimensionalen, streng geometrisch konzipierten Fassaden bringt dieser Stein besonders gut zum Ausdruck...."

Das Brandenburger Tor mit dem Haus Liebermann rechts und dem Haus Sommer links, vom Pariser Platz aus gesehen

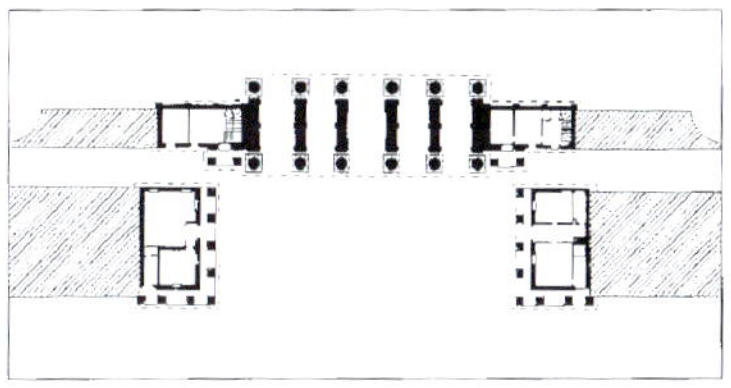

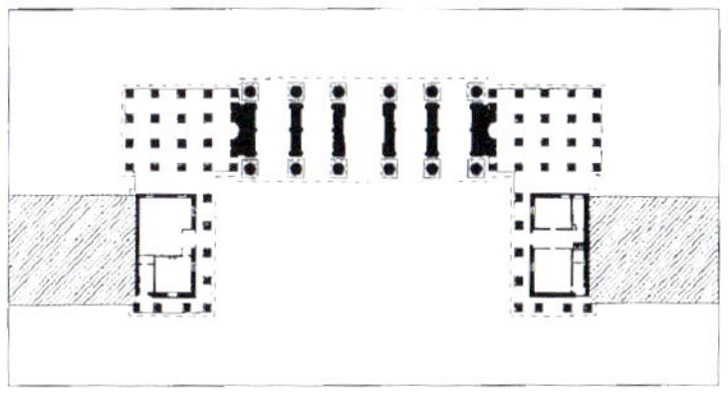

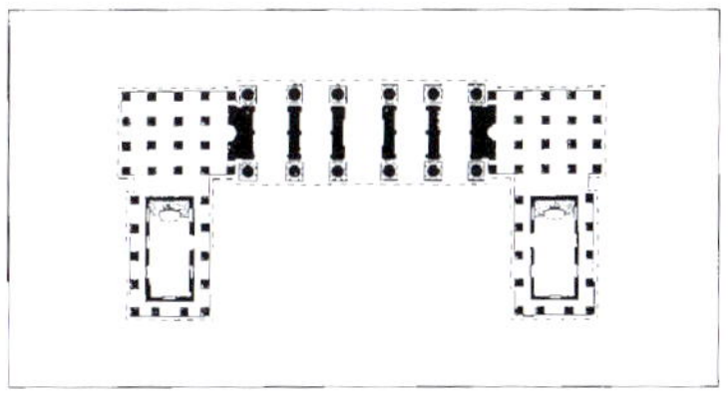

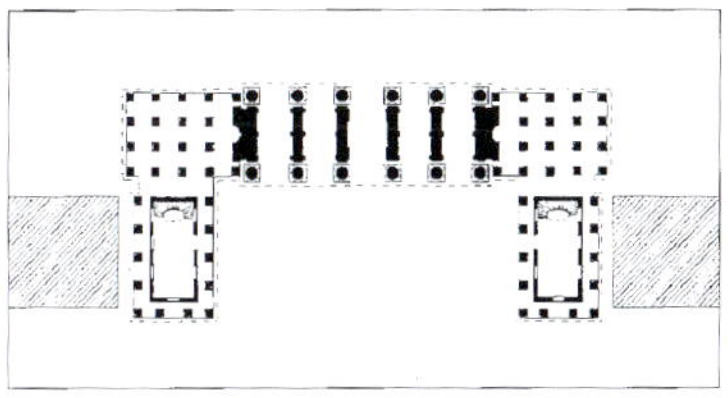

Vier Phasen im Grundriss des Brandenburger Tores:

- Zustand um 1806, vor dem Abriss der Stadtmauer
- Zustand 1868, nachdem der Bauinspektor Blankenstein an Stelle der Stadtmauer neue Torhäuser auf der Tiergartenseite errichtete
- Zustand nach dem Zweiten Weltkrieg, mit der Ergänzung durch seitliche Säulenreihen an den Torhäusern
- Die neuen Häuser Liebermann und Sommer sind mit geringer Distanz zu den Torhäusern errichtet worden, sodass der Eindruck eines geschlossenen Platzraumes wieder entsteht

Galerie für Architektur und Arbeit

Restaurierung und Umnutzung von ehemaligen Zechengebäuden
Gelsenkirchen,
1993 – 1995
Pfeiffer, Ellermann, Preckel

Ein Innenraum in der Maschinenhalle, ausgestattet mit einem neuen Thekenmöbel

Die Gebäude der ehemaligen Zeche Oberschuir in Gelsenkirchen, ein Förderturm und eine Maschinenhalle im Jugendstil, wurden in den Jahren 1907 bis 1909 erbaut. Nach dem Auszug des Bergbaus 1984 war das Schicksal dieser Gebäude ungewiss, wie bei vielen anderen Objekten, die die industrielle Blütezeit des Ruhrgebiets belegen. Im Rahmen der Internationalen Bauausstellung Emscherpark wurde ein Konzept einer Architekturgalerie mit Schwerpunkt Arbeitswelt entwickelt und in einem Architektenwettbewerb ausgeschrieben. Die Aufgabe war, ein Restaurierungs- und Umnutzungskonzept zu erstellen mit der Möglichkeit, Büros, Werkstätten, Lager, Bibliothek sowie einen großen Raum für Ausstellungen, Vorträge und Workshops in dem Gebäudeensemble unterzubringen.

Das ausgeführte Konzept ergänzt den denkmalgeschützten Bestand durch einen Neubau, in dem alle kleinteiligen und alle hoch installierten Räume untergebracht werden. Dadurch kann die räumliche Struktur der Jugendstilmaschinenhalle und des Förderturms von Eingriffen verschont bleiben; die großartigen Räume der Maschinenhalle und des Förderturmes werden in ihrer Authentizität geschont.

Die Eingriffe in den Bestand beschränken sich auf ein absolutes Minimum, ersetzt wird nur, was absolut unbrauchbar ist. Alles andere bleibt erhalten. Die beiden noch erhaltenen, handbetriebenen Kräne dienen zum Transport von Möbeln oder Ausstellungsstücken aus dem Erdgeschoss über eine der Aussparungen, in denen ehemals eine der beiden Lüftungsmaschinen stand, in das Untergeschoss und umgekehrt. Die andere noch vorhandene Aussparung, für die zweite Lüftungsmaschine, ist mit Glas abgedeckt und dient zur Ausstellung von Großmodellen. Die Wandfliesen sind, soweit noch vorhanden, erhalten und die fehlenden durch Putzflächen ergänzt. Die Fehlstellen bei den Bodenfliesen, die in einem schwarz-weißen Schachbrettmuster verlegt sind, sind durch Gussasphalt ergänzt, die Lüftungsschächte in der Halle bleiben ebenso bestehen wie die Sockel der Lüftungsmaschinen, die Fenster, die Türen und die gesamte Tragstruktur, die Wände mit ihren Oberflächen und die noch vorhandene Maschine für den Förderturm. Dadurch entsteht ein räumlicher Eindruck, der zwar stark an die ehemalige industrielle Nutzung erinnert, für die neue Nutzung als Versammlungs-, Ausstellungs- und Zeichenraum jedoch äußerst flexibel genutzt werden kann und der eine ganz eigene Identität besitzt.

Der Neubau, mit den Verwaltungsräumen, der Bibliothek, dem Besprechungsraum, der Eingangshalle, den WCs, den Teeküchen, der Werkstatt, der Anlieferung mit Fahrstuhl etc., tritt als drittes Bauwerk in eine räumliche Beziehung zu den beiden bestehenden Gebäuden. Er dient als „Portal", durch das der Besucher die große Maschinenhalle erreicht. Für die Nutzung der Gebäude ist es von Vorteil, dass die ständig genutzten Räume in dem kompakten Neubau untergebracht sind und das große Raumvolumen der Halle nur bei Bedarf geheizt werden muss.

Die Akustik der Maschinenhalle mit ihren harten Oberflächen bereitete Probleme. Die notwendige Schalldämpfung wird mittels schwerer Vorhänge, die gleichzeitig auch als Blendschutz sowie zur Verdunkelung bei Diavorträgen dienen, erreicht. Dadurch werden in der Halle Sprechveranstaltungen möglich.

Der Kubus am Fuße des Förderturms soll nur im Sommer genutzt werden, da eine Wärmedämmung desselben den Bestand total verändern würde.

Die Außenanlagen bestehen aus den vorhandenen Pappeln, Schotterrasen und einem Gehweg aus Betonplatten vom Eingangstor der Zechenanlage an der Straße um die Maschinenhalle herum zum Neubau.

Die Anordnung eines zusätzlichen, neuen Baukörpers erlaubt es, die denkmalgeschützten Räume von Nutzungen freizuhalten, die in ihnen nicht ohne Probleme, ohne Eingriff in die räumlichen Strukturen und somit nicht ohne Qualitätsverlust möglich gewesen wären. Im Neubau befinden sich nun die kleinteiligen Funktionseinheiten wie Büroräume, WC-Anlagen usw.

Galerie für Architektur und Arbeit

Pfeiffer, Ellermann, Preckel

Die Jugendstilmaschinenhalle: Die noch erhaltene Kranbahnanlage wird weiter genutzt. Mit ihr werden Möbel oder Ausstellungsgut von dem Hallengeschoss in das Untergeschoss transportiert. Als Öffnung dient eine der beiden Bodenaussparungen, wo einst die Lüftungsmaschinen gestanden hatten. Die Öffnung im Vordergrund ist mit Stahlplatten abgedeckt. Sie kann auch als Podest oder Bühne bei Veranstaltungen genutzt werden

Die zweite Aussparung im Boden ist mit Panzerglasplatten abgedeckt. Die Eingriffe in den Bestand sind insgesamt minimiert. Fehlende Bodenfliesen werden nicht rekonstruiert, sondern mit einem Gussasphalt ersetzt. Die Lüftungsschächte werden heute für die Führung der Luftheizung genutzt; einer ist allseitig durch einen blauen Anstrich hervorgehoben. An den Fensteröffnungen erkennt man dünne, grau gestrichene Heizungsrohre. Diese temperieren den Fensterbereich und ermöglichen somit, auf Isolierverglasungen zu verzichten

Simeonstift

Umbau und Erweiterung einer ehemaligen Klosteranlage, Trier
Wettbewerb 1994
Dieter Georg Baumewerd und Lukas Baumewerd

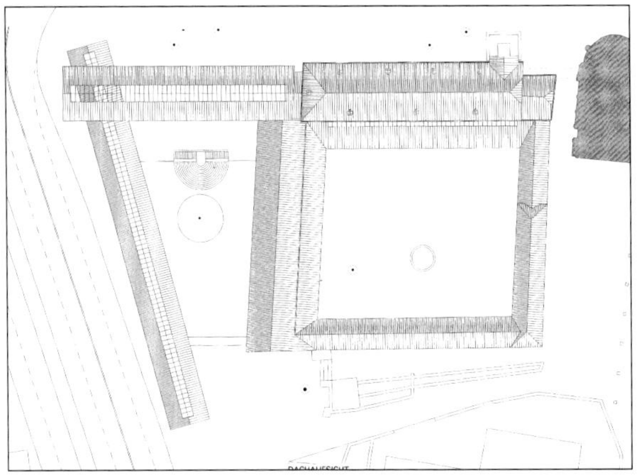

Aufsicht

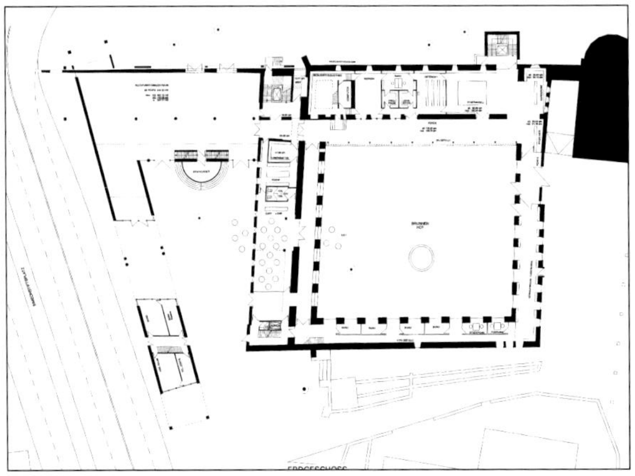

Grundriss Erdgeschoss

Das Simeonstift gehörte zu einer gleichnamigen, in der Porta Nigra eingebauten Kirche, die dort aber im 19. Jahrhundert wieder entfernt worden war. Das Stift ist seit Mitte des 11. Jahrhunderts belegt, die aus der Zeit stammenden Gebäudeteile sind eine der wichtigsten Reste deutscher Klosterarchitektur des frühen Mittelalters. Im 18. und 19. Jahrhundert wurden die Gebäude zu Wohnungen umgebaut, 1933-38 frei gelegt und im ursprünglichen Zustand wieder hergestellt. Der doppelgeschossige Arkadenumgang im Innenhof erklärt sich aus der Höhenlage der ursprünglichen Stiftskirche in der Porta Nigra, die sich dort im Obergeschoss befand. Der eigentliche Kreuzgang lag somit im Obergeschoss. Von dem Kreuzgang sind zwei Flügel noch erhalten, einer wurde nachgebaut, einer fehlt. In dem ehemaligen Refektoriumbau ist heute das Städtische Museum untergebracht.

Das Konzept sieht vor, den Charakter der ehemals ruhigen, introvertierten Klosteranlage wieder herzustellen. Der fehlende Teil des Arkadengangs wird ergänzt, aber im formalen Ausdruck der heutigen Zeit. Die jetzt fehlenden Flächen für Wechselausstellungen sowie Sammlungsgut über das 20. Jahrhundert sollen in zwei neuen Gebäuden dem Kloster angefügt werden, wobei ein Gebäude der mittelalterlichen Stadtmauer folgt, das andere Gebäude das Museum von der angrenzenden, stark befahrenen und lauten Straße abschirmt und somit zum Stiftsquadrum hin einen weiteren, ruhigen Platzraum schafft. Geplante Einbauten sollen sich bewusst von den historischen Mauern absetzen. Bei dem Stiftsgebäude wird Neues dem Alten behutsam additiv hinzugefügt. Im Bereich der Stadtmauer wird diese durch die Neubauten deutlich überbaut und überschritten.

Dem Ort des ehemaligen Klosters innerhalb des lauten, von Touristen oder Kraftfahrzeugverkehr durchströmten Umfeldes wieder die Qualität und den Charakter eines ruhigen, vielleicht sogar stillen Hofes zu geben, ohne die Öffentlichkeit im Gegenzug vollständig auszugrenzen, darin liegt der Schwerpunkt dieser Arbeit.

Ansicht von Westen auf das Stiftsgebäude und die Stadtmauer

Der Innenhof mit dem fehlenden zweigeschossigen Arkadengang am Westflügel

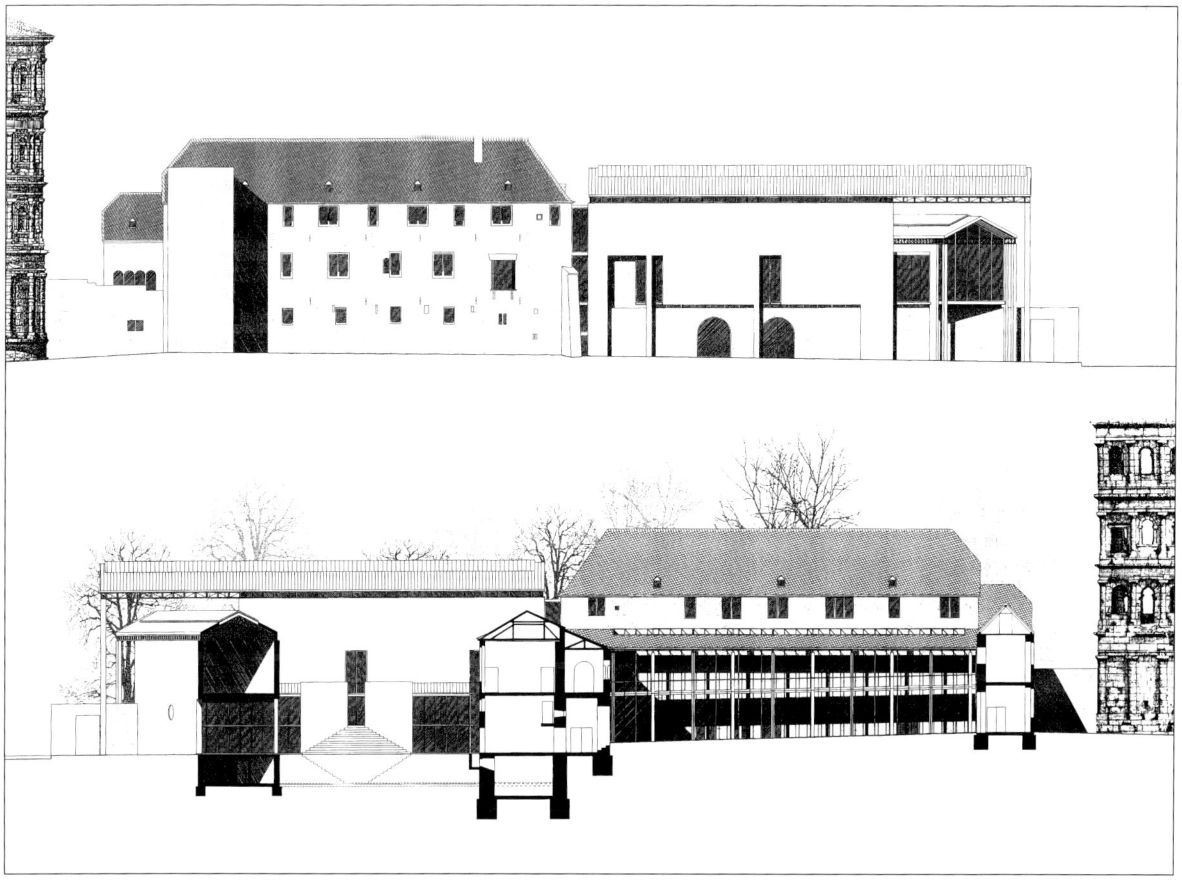

Links oben:
Ansicht der Nordfassade. Vor dem Klostergebäude steht ein Treppen- und Aufzugturm. Das Kloster bleibt ansonsten an der Seite unangetastet. Ein Flügel des Erweiterungsgebäudes überbaut und übersteigt die mittelalterliche Stadtmauer. Unter seinem Dach zeigt sich der Giebel des anderen neuen Gebäudeteils

Links:
Schnitt durch die Höfe mit Blick auf den ergänzten vierten Teil des zweigeschossigen Arkadenganges

St. Peter

Projekt einer Renovierung
Köln
1995
Oswald Mathias Ungers

Bei der Kirche St. Peter ging es um die Renovierung einer desolaten Bausubstanz, die dringend eine Stützung erfahren musste. Das Konzept von Oswald Mathias Ungers beschränkt sich nicht auf die funktionale Frage der Stabilisierung des Bauwerkes, die sichtbar durch eine eingestellte Stahlkonstruktion gezeigt wird, sondern diese beinhaltet gleichzeitig eine architektonische Interpretation und Antwort auf die Geschichte der Veränderungen der Kirche.

Er schreibt dazu: „Der Entwurf für St. Peter ist der Versuch, die historische Substanz durch eine moderne Konzeption zu einer dialektischen Einheit mit einem modernen Konstrukt zu verbinden. Die Geschichte der Kirche kann als eine Metamorphose von unterschiedlichen Gestaltformen aufgefaßt werden. Das Ergebnis ist ein stilistisch und räumlich widerspruchsvoller Baukörper, in dem sich mehrere Zustände überlagern. Die Kriegszerstörung und der notdürftige Aufbau in den 50er Jahren ist nur ein weiterer Zustand in einem wechselvollen Prozeß der ständigen Veränderung und Ergänzung. Mindestens vier verschiedene Grundrißteile überlagern sich zu einem collageartigen unreinen, jedoch wechselvollen Gebilde. Nichts ist klar, vieles angedeutet. Die Kirche ist ein Hybride.

Um diese historische Entwicklung deutlich zu machen, wird die reine Form, das perfekte Skelett, die klare Proportion als komplementäre Ergänzung, quasi der reine Kern, dem fragmentarischen Pragmatismus entgegengestellt. Die Kirche wird gewissermaßen komplettiert."
Das Konzept wurde nicht durchgeführt. An Stelle dessen sind Aussteifungskonstruktionen in die historische Substanz eingebaut worden, wobei natürlich viel historisches Material abgestemmt oder abgebrochen werden musste. Die Wände wurden wieder rekonstruiert, sodass die neue, zusätzlich stabilisierende Konstruktion schamhaft versteckt und nicht mehr sichtbar ist.

Eine solche Vorgehensweise lehnt Ungers bei diesem Projekt ab und bezeichnet sie als dümmlich. Sein Vorschlag war, das Notwendige dem Bestand beizusetzen in Form einer architektonischen These und Interpretation.

Schnitt

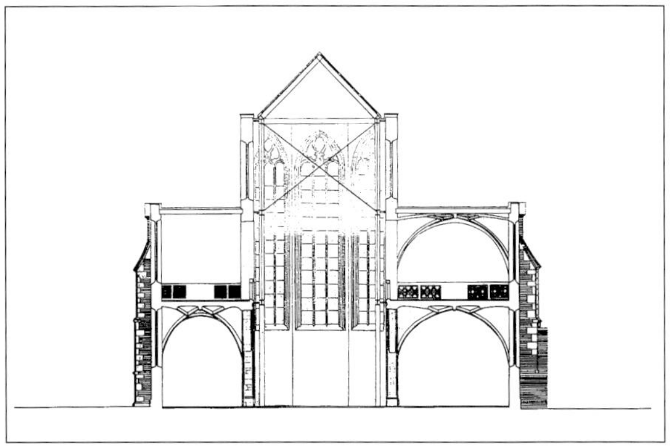

Schnitt

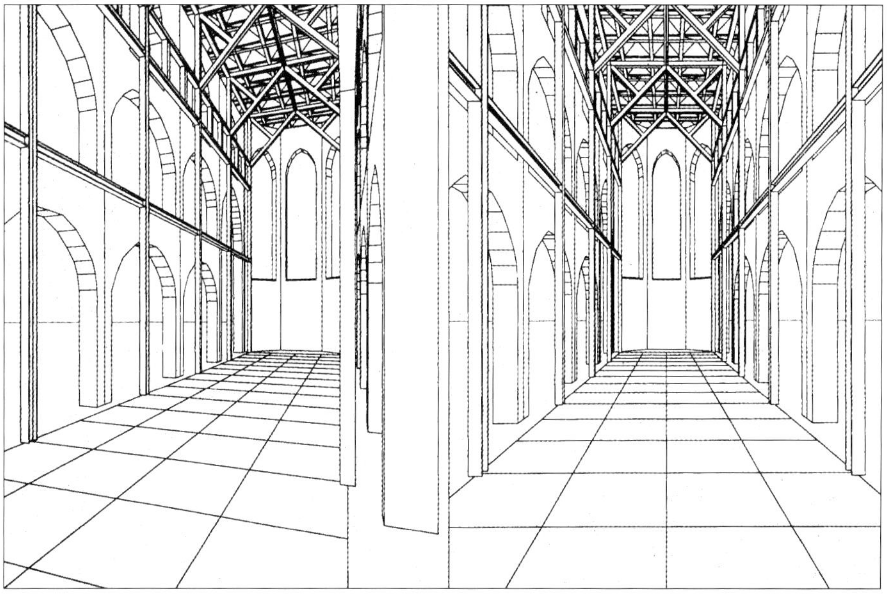

Perspektiven

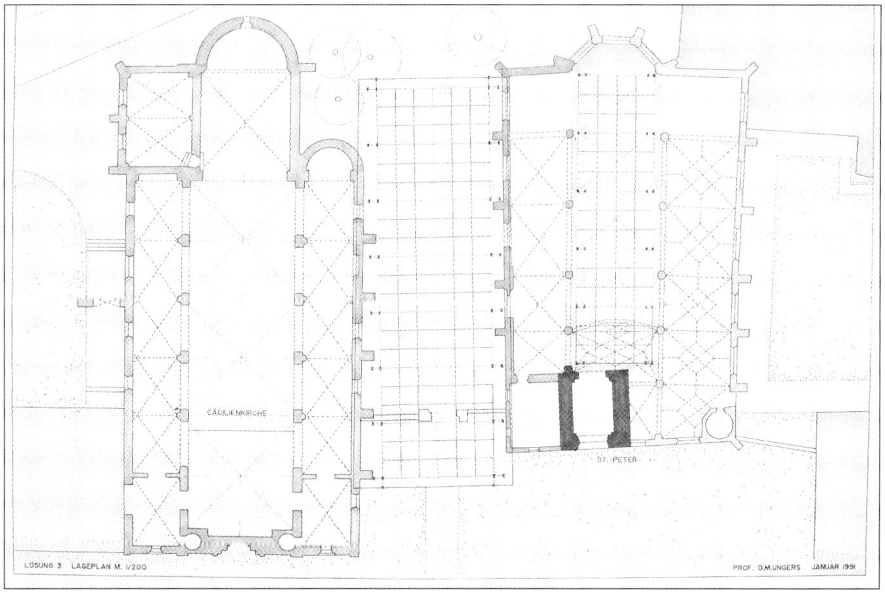

Grundriss

Ehemalige Kapelle eines Residenzschlosses

Annäherung an ein historisches Vorbild, Münster
Planung seit 1998
Dieter Georg Baumewerd

Längsschnitt mit Blick auf die Ostwand der Kapelle

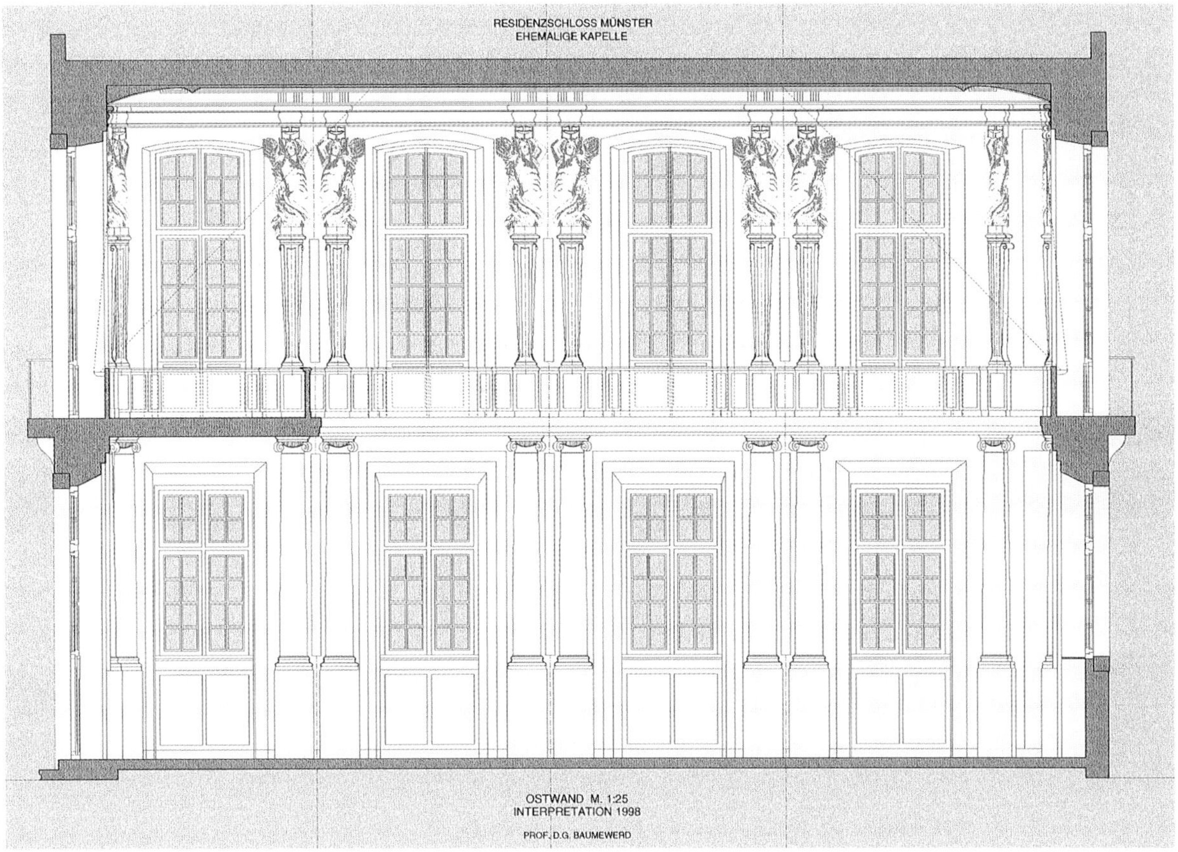

Das Münsteraner Schloss, von dem westfälischen Barockbaumeister Johann Conrad Schlaun nach dem Ende des Siebenjährigen Krieges in der zweiten Hälfte des 18. Jahrhunderts geplant und im Bau begonnen, nach seinem Tod von Wilhelm Ferdinand Lipper noch im gleichen Jahrhundert fertig gestellt, wurde im II. Weltkrieg völlig zerstört. Bei dem Wiederaufbau hatte man zwar die Fassaden rekonstruiert, der Innenausbau wurde aber entsprechend der neuen Nutzung als Hörsaal- und Verwaltungsgebäude der Universität im Stile der 50er-Jahre durchgeführt. Lediglich für die Kapelle, die als einziges Bauteil noch Reste der originalen Ausstattung besitzt, sah man vor, sie zu einem späteren Zeitpunkt wieder entsprechend dem historischen Zustand herzurichten. Als Zwischenlösung wurde eine Decke eingezogen, um den vormals zweigeschossigen Raum für zwei Hörsäle nutzen zu können.

Der Universität fehlt heute ein repräsentativer Vortragssaal. Hierfür soll die ehemalige Kapelle umgebaut werden. Das Konzept sieht vor, die Zwischendecke wie-

„Die Schule von Athen 1" von Ben Willikens, als mögliches Beispiel zeitgenössischer Kunst, die die Stelle einer verloren gegangenen historischen Malerei neu besetzt und interpretiert

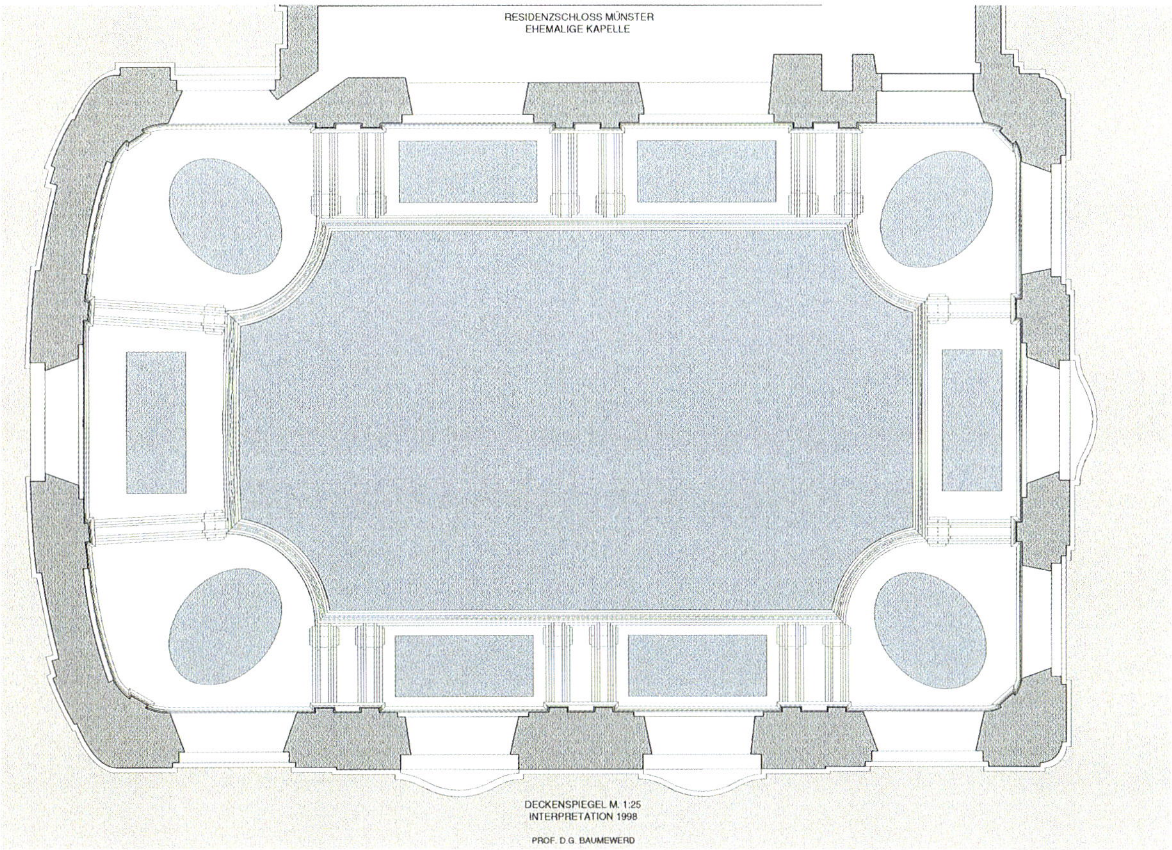

Deckenspiegel

der zu demontieren und das Schlaunsche Raumkonzept wiederherzustellen. Dabei ist aber nicht ein detailgetreuer Nachbau beabsichtigt, sondern ein in der Detailausbildung vereinfachtes Nachzeichnen der ursprünglichen Raumkomposition in der Wand-, Decken- und Bodengliederung unter Beibehaltung der noch existierenden historischen Fragmente. Im Bereich vakanter Wandflächen und der Deckenspiegel sollen zeitgenössisch arbeitende Künstler beauftragt werden, diese Flächen neu zu interpretieren und zu gestalten.

Das Konzept dieses Projektes ist ein Beispiel dafür, wie man einen eigentlich schon verloren gegangenen Raum der Baukunst entsprechend seiner historischen wie auch künstlerischen Bedeutung baulich aufgreifen kann, ohne eine leblose, dabei möglichst echt wirkende Kopie des Vergangenen zu erzeugen, sondern durch das Einfordern einer zeitgenössischen, künstlerischen Auseinandersetzung, die unter dem Thema der Bezugnahme auf das historisch Gewesene sich darzustellen hat.

Überlegungen zur Denkmalpflege – Bauunterhaltung und Baupflege

„Kümmert Euch um Eure Denkmäler, und ihr werdet es nicht nötig haben, sie wiederherzustellen", schrieb John Ruskin in seinem Buch „The Seven Lamps of Architecture" in dem Kapitel „The Lamp of Memory". Das Hauptanliegen einer Denkmalpflege kann eigentlich nicht darin bestehen zu versuchen, fast verloren gegangene Gebäude in das Leben zurückzuholen. Denkmalpflege sollte der tägliche, sich sorgende und kümmernde Umgang mit dem historischen Erbgut sein, der verantwortlich aufpasst, dass die Denkmalsubstanz nicht leidet und keine Beschädigungen erfährt. Die Pflege, also das Instandhalten ist etwas Normales, wenn man sich des Wertes bewusst ist, um den es geht. Bei vielen Dingen des täglichen Lebens ist die Pflege eine Selbstverständlichkeit; die gut ausgelasteten Autowaschanlagen sind ein Beispiel dafür. Pflege ist sinnvoll, weil sie Dinge langlebiger macht und somit wertstabiler. Natürlich befindet sich ein Objekt bei ständiger Pflege auch in einem besseren Erhaltungszustand, als wenn es ungepflegt wäre – es sieht besser aus.

Bei Gebäuden, insbesondere bei Altbauten, scheint die Notwendigkeit und wirtschaftliche Sinnhaftigkeit ständiger Pflege noch nicht durchgreifend im Bewusstsein verankert zu sein. Dabei scheint es keinen Unterschied zu geben, ob es sich um private oder öffentliche Eigentümer handelt. Es hat oftmals den Anschein, als müssten manche Gebäude erst ein Schadensbild immensen Ausmaßes entwickelt haben, bis hin zur Gefährdung der Standsicherheit, bis die Bereitschaft zur Investition endlich gegeben ist. So werden Dächer über Jahre nicht repariert und die undichten Stellen immer größer. In der Folge wird auch der Dachstuhl in Mitleidenschaft gezogen, die Decken durchfeuchten und brechen ein, bis das Haus einen Eindruck macht, der kaum noch Hoffnungen auf einen weiteren Erhalt rechtfertigt. Dabei hätten zu Beginn dieses verhängnisvollen Schadensprozesses nur ein paar Dachpfannen wieder an ihre Stelle gerückt oder ersetzt werden müssen.

Die ständige Pflege und Unterhaltung eines Gebäudes kostet nicht viel im Vergleich zu dem Wertverlust, der sich im anderen Fall zwangsläufig einstellt. Es scheint aber wiederum gerade bei öffentlichen Haushalten einfacher zu sein, einen hohen vielstelligen Betrag für eine einmalige, aber wegen der vorher mangelhaft betriebenen Bauunterhaltung nun sehr teuren Totalsanierung bewilligt zu bekommen als einen deutlich geringeren, aber dauerhaft zu leistenden Betrag für eine ständige Pflege der Gebäude. Vereinfacht gesagt, ein Mensch mit handwerklichem Geschick, dessen Aufgabe das ganze Jahr über allein wäre, Gebäude zu kontrollieren und zu flicken und zu reparieren, wo dieses noch im Anfangsstadium der Schädigung ohne großen Aufwand möglich ist, würde sicherlich viel Geld sparen und Bausubstanz erhalten. Die Vorstellung, dass eine sinnvolle Sanierung nur eine Maßnahme ist, bei der möglichst viel gebrauchte Substanz ausgetauscht wird, um durch Neuwertiges ersetzt werden zu können, um dann wieder für lange Zeit „Ruhe" zu haben, ist falsch. Auch Neues bedarf der ständigen Pflege von Anfang an, soll es lange halten. Die Totalsanierung ist teuer und macht einen Umbau auch teurer als einen Neubau, sie verkennt die Möglichkeiten und Wirtschaftlichkeit der Restwertnutzung der gebrauchten Objekte und sie vernichtet Unmengen an historischer Substanz – ohne wirkliche Not.

Die Bereitschaft zur Pflege bedeutet aber auch eine Bereitschaft zur Reparatur, zum Flicken, und damit eine Bereitschaft, etwas alt werden zu lassen und mit etwas Gebrauchtem zu leben, dem man das auch ansieht. Eine Reparatur kann man einem Gebäude ansehen, aber wenn es gut und richtig ausgeführt wurde, wird ein Gebäude mit Anstand und aufrecht altern und alt werden können und muss sich seiner Reparaturen nicht schämen. Ich glaube nicht, dass wir uns nur mit Neuem oder Neu-Erscheinendem umgeben können oder sollten. Dieses Anliegen würde einen Luxus bedeuten, der wirtschaftlich und ökologisch dauerhaft nicht leistbar ist. Ob ein solcher Luxus überhaupt erstrebenswert sein sollte, ist zudem fraglich. Immer nur im „Neuen" zu leben, seien es Gebäude oder auch nur Oberflächen, bedeutet auch, die Geschichte, die historische Identität eines Ortes, eines Gebäudes, aber auch einer Gesellschaft nicht mehr direkt substanziell erfahren zu können. Damit geht der Reichtum, der Wahrnehmungswert, den authentische historische Orte vermitteln können, verloren.

Ständige Pflege und damit eine Strategie der Maßnahmen der kleinen Schritte sollten das Ziel, das Anliegen eines denkmalpflegerischen Verhaltens sein, das eine breite öffentliche Basis sich zu Eigen machen müsste.

Pflegezustand eines eingetragenen Denkmals in einer deutschen Kleinstadt. Ein solcher Zustand hat nichts mehr mit altertümlicher Wirkung zu tun, sondern ist Substanz schädigend im höchsten Maße

Diese Gebäudegruppe mit vermutlich hochinteressanter historischer Kernsubstanz bedarf dringend einer Reparatur der Dachhaut. Dabei geht es nicht darum, die Gebäude „schön" zu machen, sondern vorrangig um eine Sicherung der noch erhaltenen und nutzungsfähigen Bausubstanz

– Restwerterhaltung und Reparaturgesellschaft

Zerstörung von noch brauchbarem Material, Produktion von Müll – ein Abbruch mag zwar singulär und kurzfristig betrachtet eine wirtschaftlich höhere Rendite bringen, mit nachhaltigem und verantwortungsbewusstem Umgang hat es in vielen Fällen wenig zu tun

Bei den Überlegungen zur notwendigen Pflege der Gebäude ist die damit notwendigerweise verbundene Akzeptanz der Reparatur bereits angesprochen worden. Die Reparatur dient dazu, etwas, das durch einen Schaden nicht mehr einwandfrei funktioniert, wieder gebrauchsfähig zu machen. Dieses Verhalten ist sinnvoll, weil durch sie alles, was nicht geschädigt ist, weiter genutzt werden kann und somit seinen Wert erhält. Restwerterhaltung hat zum Anliegen, ein Produkt möglichst lange durch ständige Pflege und Instandhaltung in seinem ursprünglichen Gebrauch zu halten, um es so spät wie möglich entsorgen oder in den Prozess des Stoffkreislaufes einführen zu müssen.

Wenn ein Produkt als Müll entsorgt wird, ist sein Wert gleich Null, vielleicht kann es noch einmal für kurze Zeit als Brennmaterial dienen. Auch die derzeitige Praxis des Recyclings ist gleichbedeutend mit hohen Wertverlusten. In vielen Fällen dient das ursprünglich wertvolle Ausgangsprodukt nach dem Recycling nur noch in geschredderter oder zerkleinerter Form als Füllmaterial oder zu ähnlichen Zwecken. Eine Rückführung in einen Rohstoffähnlichen Zustand ist in der Regel nur mit hohem Energie- und Maschinenaufwand möglich. Hinzu kommt der notwendige Aufwand an Energie und Maschinen für Transporte.

Das Ziel ist, ein Produkt möglichst lange in seiner ursprünglichen Funktion an seinem ursprünglichen Ort zu halten. Das bedeutet, dass man zum Beispiel bei einer geschädigten Balkendecke nicht die ganze Balkenlage, in den meisten Fällen noch nicht einmal einen ganzen Balken austauscht, sondern versucht, möglichst viel bestehendes Material über lokale Reparatur zu halten und weiter zu nutzen. Bei einer geschädigten Wand mit einzelnen Fehlstellen muss nicht der ganze Putz abgeschlagen werden, sondern der bestehende Putz wird an jeder Stelle auf seine Funktionsfähigkeit untersucht und nur dort ersetzt, wo es notwendig ist. Alte Fenster werden nicht wie selbstverständlich ausgetauscht, sondern repariert und gangbar gemacht und über eine Vorsatzscheibe oder ein Kastenfenster bauphysikalisch unterstützt, wenn dieses notwendig und bei dem Gebäudetypus und der angestrebten Nutzung überhaupt sinnvoll sein sollte.

Das Konzept der Reparatur und der Werterhaltung ist auch unter Umweltschutzaspekten zu bedenken. Ein großer Teil der heutigen Müllmassen besteht aus Entsorgungsmaterial von Baustellen. Bei einem Reparaturkonzept entstehen bei weitem nicht so große Mengen zu entsorgenden Materials wie bei einer gängigen Totalsanierung. Die Verringerung der Mengen von Bauschutt bedeutet gleichzeitig auch eine Verringerung der Mengen von Ersatzstoffen, die anderenfalls in ein Bauwerk neu eingebracht werden müssen, unter Verbrauch neuer Energien und weiterer Rohstoffe. Dass das Reparieren auf die Dauer bei steigenden Entsorgungskosten und der Begrenztheit der Ressourcen eine zunehmend wirtschaftlichere Lösung werden wird, ist nahe liegend.

Die Entwicklung der Bauindustrie verläuft allerdings anders. Entsprechend den neuen technischen Möglichkeiten und den Ergebnissen der Forschungen kommen zunehmend Fertigprodukte und Verbundbaustoffe an die Baustellen, die dort nur noch als Aggregate montiert werden müssen. Dieses hilft, kürzere Bauzeiten zu erreichen und die komplexen Ansprüche an das heutige Bauen mit den neuen Baustoffen gewährleistungssicher zu erfüllen. Ob diese geklebten, geschweißten oder ausgeschäumten Konstruktionen im Detail später einmal reparaturfähig sein werden, ist fraglich. Wahrscheinlich wird es auf einen Austausch von kompletten Aggregaten hinauslaufen, was ein entgegengesetztes Verhalten zu dem angesprochenen Reparaturkonzept wäre. Es ist nur zu hoffen, dass es die gewünschten Aggregate dann noch gibt beziehungsweise dass die natürlich verbesserten neuen Varianten noch einbaufähig sind, das heißt, dass die Anschlussdetails noch passen. Bei manchen Produkten ist dieses heute nicht mehr üblich. Für manche Mobiltelefone, deren Produktserie aus der Produktion genommen wurde, gab es ab diesem Zeitpunkt keine Ersatzteile mehr mit dem Ergebnis, dass bei einem Fehler an einem kleinen Bestandteil des Gerätes dieses insgesamt nicht mehr gebrauchsfähig wurde und man sich ein gänzlich neues Gerät erwerben müsste. Dem Verkauf neuer Produkte ist eine solche Sachlage förderlich, für das gebrauchte Handy, bei dem viele Teile noch absolut funktionsfähig waren, unsagbar unsinnig.

Das unsägliche Ergebniss einer engagierten AB-Maßnahme: Die vollständige Lattung einer ehemals unterseitigen Deckenverputzung einer Holzbalkendecke aus dem 19. Jahrhundert ist ausgeräumt, die Balken liegen für die Begutachtung des Statikers gänzlich frei, obwohl es nur an zwei Stellen lokal eng begrenzte Schäden gab. Eine unsinnige, unnötige und Kosten treibende Maßnahme, bei der viel aussagefähige historische Substanz verloren gegangen ist

Das Bemühen um eine Restwerterhaltung mag angesichts solcher Entwicklungen wie das Rufen in der Wüste klingen, ähnlich den Bemühungen der Arts and Crafts-Bewegung, die sich gegen die industrielle Revolution, gegen industriell erzeugte Produkte wehrte und diese doch nicht verhindern konnte.

Bei der historischen Bausubstanz ist die Ausgangslage noch derart, dass es sich in den meisten Fällen um handwerklich erstellte Bauwerke handelt, die eine Reparaturfähigkeit besitzen. Zudem erzeugen sie im Falle einer letztlich notwendigen Entsorgung keinen Sondermüll, bis gegebenenfalls auf die bleihaltigen Anstriche der Fenster, also keine Belastung der Umwelt. Die heutigen Gebäude mit ihren Verbundbaustoffen, Klebern, Schäumen und Kunststoffen sind dagegen gebaute Sondermülldeponien, die man schon aus diesem Grund eigentlich nicht abreißen dürfte, um keine Entsorgungsprobleme zu erzeugen. Die Denkmalpflege darf sich auf die Probleme bei den Bemühungen um den Erhalt dieser Gebäude jetzt schon freuen.

Historische Bauwerke sind in der Regel reparaturfähig, von den verwendeten Baustoffen her unkritisch und diese Eigenschaften sollten sie auch behalten.

– Authentizität

Stadtschloss-Attrappe in Berlin 1993. Eigentlich kann man nichts gegen diese Attrappe sagen. Sie ist eindeutig und aufrichtig: Unmissverständlich ist jedem sofort klar, dass es sich um eine Illusion handelt, die eine historische Situation vor Ort verdeutlichen soll, aber nicht den Anspruch hat, tatsächlich diese zu sein. Problematisch würde es, wenn nun diese Attrappe tatsächlich in Stein verwirklicht werden sollte, um den Anspruch eines „echten" Schlosses einzufordern. Denkmalpflegerische Gründe können nicht dafür herangezogen werden, höchstens baukünstlerische oder stadträumliche oder politische Gründe

Der Begriff des Denkmals und der Denkmalpflege ist in der deutschen Denkmalpflege-Landschaft durchaus nicht eindeutig belegt, sondern wird verschieden interpretiert und gehandhabt. Die kontroversen Diskussionen gerade in der jüngeren Vergangenheit um prominente Wiederaufbauprojekte belegen diese Einschätzung, die nicht befriedigen kann, weil sie eine gewisse Unklarheit denkmalpflegerischer Wertschätzung und Kriterien beinhaltet. Für den Gesprächspartner einer amtlichen Denkmalpflege, zum Beispiel einen Bauherrn oder Architekten, ist diese Situation unangenehm, da auf Grund unklarer Ausgangspositionen Entscheidungen oftmals personenabhängig getroffen werden und es nicht kalkulierbar ist, welche Entscheidungen zu erwarten sind.

Eine eindeutige Ausrichtung denkmalpflegerischer Intentionen wäre gut. Der Denkmalbegriff sollte untrennbar mit dem Begriff der Authentizität verknüpft bleiben. Gegenstand denkmalpflegerischer Bemühungen und Forderungen kann nur die authentische alte Bausubstanz sein. Mit dieser Festschreibung ist auch festgelegt, dass Pflegen und Reparieren die einzige Möglichkeit denkmalpflegerischen Handelns sein kann. Ein Austausch oder Ersatz von Teilen ist in erster Linie immer ein Verlust, der Ersatz kann nur oberflächlich ein Ersatz sein, er bleibt ein Imitat des Vorherigen.

Der Begriff der Authentizität ist vielschichtig, weil er mit Anforderungen verschiedenster Gesichtspunkte belegt ist. Bei der Authentizität geht es nicht nur um baukünstlerische Aspekte. Diesen könnte man durch eine Rekonstruktion genügen, wenn alle Pläne, Materialangaben usw. noch existent wären und so ein Gebäude oder Teile davon exakt nachgebildet werden könnten. Authentizität meint aber darüber hinaus die viel umfassendere Qualität und Eigenschaft eines Dokumentes, von dem ich erwarte, dass ich es heute über verschiedenste Aspekte seiner Entstehungsgeschichte und Entstehungszeit befragen und erforschen kann: bautechnische Aspekte, welche Mörtel, welche Materialien, welche Werkzeuge, welche Bearbeitungsverfahren der Oberflächen, welche Versetztechniken, welche Oberflächengestaltungen, welche Baumaterialien aus welchen Orten verwendet wurden und vieles weitere mehr. Hinzu kommen die Fragen, die wir jetzt noch nicht stellen können, weil wir heute noch gar nicht wissen, dass sie uns einmal interessieren werden. Die denkmalpflegerische Anforderung an ein Dokument ist, dass die Fragen, die ich heute an das Dokument stellen kann und beantwortet bekomme, noch zukünftigen Generationen möglich gemacht werden.

Das originale Dokument kann auch später immer wieder Antworten geben, auch auf neue Fragen. Die Rekonstruktion kann nie eine hundertprozentige Wiedergabe des Originals sein. Sie ist nur so gut und vollständig, wie unser Kenntnisstand auf Grund unserer Fragen an das Original ist und wie gut wir diesen Kenntnisstand in der Rekonstruktion umsetzen können.

Ein Fenster, ausgetauscht und nachgemacht, ist nicht mehr das gleiche Fenster. Es besteht aus einem anderen Holz aus einem anderen Wald aus einer anderen Zeit, es hat ein anderes Material als Farbanstrich, es hat andere Gläser, andere Verbindungen und vieles mehr. Das neue Fenster kann viele Auskünfte über die Art, wie man früher Fenster gemacht hat, nicht mehr geben. Gleiches gilt für alle anderen Dinge an einem Bauwerk.

Als weiterer Aspekt für die nicht wiederholbare Qualität des authentischen Objektes kommen die Spuren der Veränderungen hinzu, auch der Beschädigungen, die unmittelbar und ohne zwischengeschaltete Fremdinterpretation, wie bei einer schriftlichen Darstellung, Auskünfte über die Geschichte des Bauwerkes geben können.

Der Denkmalbegriff muss mit dem Begriff der Authentizität fest und ausschließlich verknüpft werden. Die heute verstärkt festzustellende Tendenz des Rekonstruierens von einzelnen Bauteilen wie auch ganzen Bauwerken beschreitet genau den entgegengesetzten Weg. Es kann sich dabei aber nicht um ein Anliegen der Denkmalpflege handeln, sondern es ist eine baukünstlerische Entscheidung, historische Vorzustände als für die heutige Zeit und die jeweilige Situation als richtig und wichtig anzusehen. Einen solchen Weg unter dem Begriff der Denkmalpflege zu beschreiten, wäre gefährlich, weil somit unterschwellig das Statement manifestiert würde, die wirklich alten Dinge haben keine Bedeutung als Original, sondern wären ersetzbar, kopierbar, wiederholbar.

Die Rekonstruktion eines Bauwerkes oder Bauteiles mag zwar die Authentizität einer baukünstlerischen Absicht, einer baukünstlerischen Idee oder eines Gesamtkonzeptes wiederherstellen, indem sie wieder glaubwürdig erfahrbar wird, aber es wäre eine Glaubwürdigkeit nur auf der baukünstlerischen Bedeutungsebene, eine eindimensionale Authentizität. Auf anderen Bedeutungsebenen wird sie immer eine Nachahmung, eine Kopie bleiben und ich befürchte, für den aufmerksamen Beobachter wird sie als solch beschränkt glaubwürdiges Baukunstwerk auch wirken.

Ein Fenster aus der Dampfgebläsehalle in Völklingen. Nicht geschönt, nicht gesäubert oder gereinigt, sondern so belassen wie man es angefunden hatte. Es besitzt noch eine Fülle an Informationen und es vermittelt Glaubwürdigkeit bezüglich der Arbeitsverhältnisse in einer Industrieanlage

Nur das tatsächlich Alte ist auch wirklich alt, und was an Altem einmal weg ist, ist endgültig verloren. Wenn man diesen Sachverhalt einmal verinnerlicht hat, muss man eigentlich einen anderen Zugang zu den historischen Objekten haben und einen anderen Umgang mit ihnen pflegen. Das heißt nicht, dass historische Gebäude unantastbar sind und nicht das Recht auf architektonische Auseinandersetzung in unserer Zeit haben. Es heißt aber sehr wohl, dass eine solche Auseinandersetzung und Beschäftigung unter dem Gesichtspunkt, wenn nicht sogar Diktat der Substanzschonung gedacht und geleistet werden muss.

Der alltägliche Umgang mit bestehender Substanz

Die Denkmalsubstanz hat sicherlich eine Sonderstellung in der großen Masse von bestehenden Gebäuden und Bauwerken. Aus der besonderen Wertigkeit dieser Gruppe innerhalb der ganzen Altbausubstanz – dadurch, dass sie zum Beispiel älter oder größer oder raffinierter oder künstlerisch wertvoller oder nur noch das letzte Exemplar einer bestimmten Gattung sind – beansprucht sie im Umgang besondere Bestimmungen und besondere Regeln, die einzuhalten sind. In der Öffentlichkeit wird die Notwendigkeit einer dementsprechenden Sonderbehandlung im Allgemeinen auch akzeptiert und verstanden.

Bei dem so genannten alltäglichen Umgang mit bestehender Bausubstanz, den Altbauten, wie auch bei den kleineren, nicht so spektakulären Denkmälern wie einfachen kleinen Fachwerkhäusern, Ställen oder Werkstattgebäuden, muss die Vorgehensweise nicht automatisch eine ganz andere sein wie bei einem hoch sensiblen Denkmal; gewisse Prinzipien lassen sich durchaus übernehmen und gelten für den ganzen Altbaubestand.

Sicherlich ist der Aspekt des Zeugniswertes, insbesondere bei nicht denkmalgeschützter Bausubstanz, nicht rechtlich-formal gefordert und die Objekte werden daher oftmals auch als Freiwild für mögliche Veränderungs- und Gestaltungsgelüste angesehen. Gleichwohl tragen die handelnden und entscheidenden Personen, insbesondere die Bauherren und die Architekten, die Verantwortung dafür, wie mit diesen Bauwerken umgegangen wird. Auch einem einfachen Altbau sieht man an, welche Haltung die für ihn verantwortlichen Personen gegenüber der historischen Architektur und der Geschichte haben, ob es eine Dialogbereitschaft gab oder diese in keinster Weise gesucht wurde.

Dabei darf Dialogfähigkeit nicht mit Anpassung gleichgesetzt werden. Die Bereitschaft, sich eingehend mit dem Bestand auseinander zu setzen, kann sehr wohl auch eine Veränderung, eine Transformation des Bestandes zum Ergebnis haben.

Es wäre eine Diskussion, die auf einer architekturtheoretischen Ebene zu führen wäre. Diese gelingt nur wenigen und nützt nur wenigen. Der alltägliche, breitenwirksame Umgang betrifft eher substanzielle Fragen. Einem Altbauprojekt wird in der Regel vorhergesagt, dass es teurer würde als ein vergleichbarer Neubau. So zutreffend, wie dieser Satz bei einer landläufig üblichen Sanierung eines alten Hauses ist, so falsch ist er auch, wenn alle Beteiligten einen entsprechenden Umgang mit der Substanz kennen, ihn wollen und pflegen. Üblich ist es, ein altes Haus bis auf den Rohbau zu entkernen, häufig genug verbunden mit einem Abbruch des bestehenden Dachstuhls und der bestehenden Zwischendecken. Wenn alles dieses erst gelöst, abgeschlagen, ausgebaut, herausgetragen und abtransportiert werden muss, dann ist es nicht mehr verwunderlich, wenn eine Altbaumaßnahme teuer wird. Die Denkmalpflege fordert eine substanzschonende Umgangsweise mit ihren Objekten aus Gründen der Pflege und des Erhalts von Dokumentwerten. Der normale Menschenverstand fordert bei einem Umgang mit normaler Altbausubstanz eine substanzschonende, also weiterverwertende Vorgehensweise aus Gründen des eigenen Geldbeutels, aus wirtschaftlichen Aspekten. Weitere ökologische Aspekte, die aber ein übergreifendes Verständnis und Verantwortungsbewusstsein voraussetzen, ließen sich ohne weiteres hinzufügen. Den Umgang mit alltäglicher, unspektakulärer alter Bausubstanz sollte also das Anliegen der Denkmalpflege nach Substanzschonung allein schon aus wirtschaftlichen Gründen übernehmen. Dieses verknüpft die Forderung nach gründlichen Voruntersuchungen, die Klarheit über den Gesundheitszustand des Patienten geben können und somit eine differenzierte, abgestimmte und auf das Minimum des Notwendigen reduzierte Therapie ermöglichen, damit ein Patient wieder gebrauchstüchtig wird.
Das Prinzip des verantwortungsvollen Umgangs mit bestehender Substanz gilt sowohl für die hochwertige Denkmalsubstanz wie auch für die einfachen Altbauten. Bei

letzteren ist sicherlich das erlaubte und zugestandene Maß einer transformierenden, verändernden architektonischen Bearbeitung größer und freier, wobei dieses nicht gleichbedeutend mit großen substanziellen Verlusten sein muss. Ein Architekt, der aus wirtschaftlich wie auch ökologisch sich verantwortlich fühlendem Denken eine architektonische Überarbeitung eines bestehenden Objektes vornimmt, muss dadurch nicht in der Sorge leben, sich architektonisch nicht mehr ausdrücken zu können. Er wird nach wie vor da eingreifen, wo es notwendig ist, aber er wird im Gegensatz zu der bisher üblichen Praxis erheblich mehr versuchen, mit den Gegebenheiten und der Substanz des Bestehenden zu arbeiten. Ein alter Putz muss nicht abgeschlagen werden, nur weil er alt ist; er kann hervorragend repariert und neu gestrichen werden – natürlich mit den Materialien, die sich mit ihm vertragen. Ein altes Fenster kann man sehr gut mit einer modernen Vorsatzscheibe optimieren. Im positiven Fall wird das Ergebnis von maximal belassenem Alten und neuer architektonischer Bearbeitung eine Qualität erzeugt haben, die von der Aura eines historischen Ortes ihren Nutzen zieht, ohne auf die architektonischen Möglichkeiten der heutigen Zeit verzichten zu müssen. Und es würde dabei viel Altsubstanz geschont.

Nachfolgend werden einige Beispiele gezeigt, die wie die Kasernenbauten oder der historische Wasserturm darstellen, dass auch solche Bausubstanz weitergenutzt werden kann und nicht ohne weiteres aufgegeben werden sollte. Die wirtschaftliche Sinnhaftigkeit ist bei den beiden Projekten nachgewiesen. Das Ergebnis sind Gebäude und Räume, die einen sehr eigenen, gewachsenen Charme bewahrt haben, der sich sicherlich zur Identifizierung der Benutzer mit diesen Objekten vorteilhaft auswirken wird. Es ist nicht etwas Primitives, sondern etwas Besonderes, in solchen Räumen zu arbeiten und zu leben. Das Ambiente, die damit verbundene Aufenthalts- und somit auch Lebensqualität werden von vielen Neubauten sicherlich nicht erreicht.

Aufstockung in Eichstätt
Architekten Hild und Kaltwasser

Altbauten haben oftmals große Räume. Die Benutzer erhalten Räume in einer Größe, auch in einer Höhe, die sie sich bei einem auf den Quadratmeter Nutzfläche abgestimmten Neubau niemals erhoffen dürften.

Die beiden anderen Beispiele zeigen einfache ländliche Alltagsarchitektur, wie sie jeden Tag durch unverstandene und ohne jeden architektonischen Anspruch vorgenommene Umbau- und Modernisierungsmaßnahmen zerstört und verstümmelt werden. Auch bei diesen Beispielen musste oder soll eingegriffen werden, aber die Gebäude bleiben trotz aller Interventionen in ihrem Wesen, ihrem Charakter nachspürbar, insbesondere in ihrer Materialität, in ihrer von handwerklicher Ausführung und Bearbeitung geprägten Ausstrahlung.

Landesbehördenzentrum, Frankfurt/Oder

Umbau einer Kasernenanlage, Frankfurt/Oder
1994-1996
Pfeiffer, Ellermann, Preckel

Eine wirtschaftliche, ressourcenschonende und ökologisch sinnvolle Weiternutzung von bestehender Bausubstanz – nicht mit Effekt haschenden und dabei teuren Interventionen, sondern mit einfachen, bescheidenen, aber architektonisch qualitätvollen Eingriffen, wo es notwendig ist und Sinn macht. Die eleganten Glasgauben ermöglichen eine Nutzung des bisher ungenutzten Dachgeschosses, ohne die Ruhe des Gebäudes und der Dachflächen zu sehr zu stören. Der Charakter der Anlage bleibt erhalten, die Gebäude haben ihr ursprüngliches Aussehen nicht ganz verloren, sondern sind noch wiederzuerkennen.

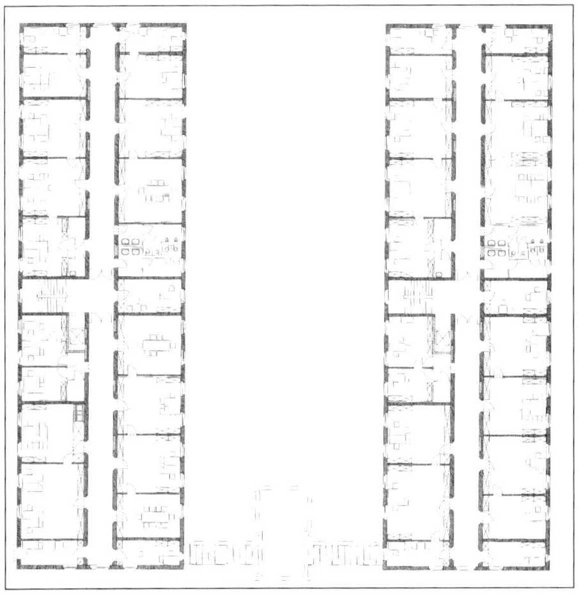

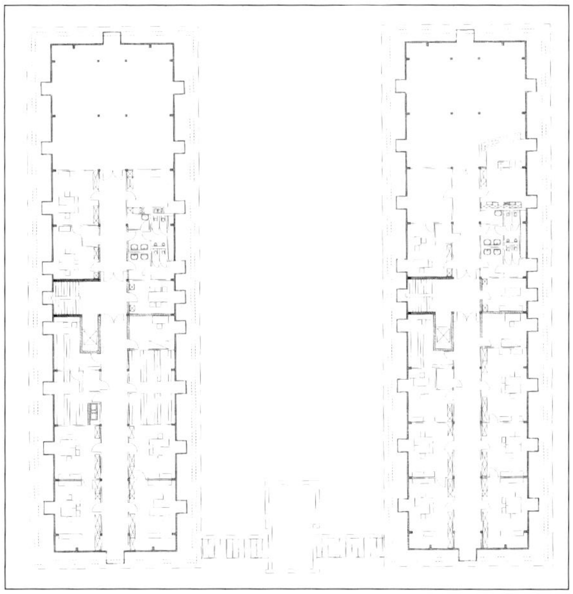

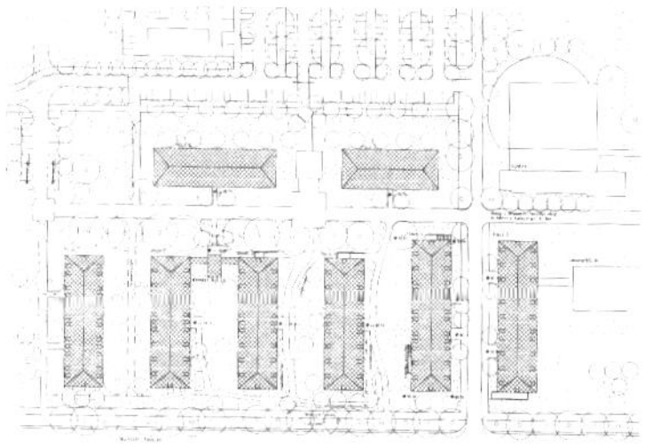

Lageplan, Grundriss 1./2. OG, Grundriss DG. In den Grundrissen sind die neuen Wände heller angelegt, der Bestand dunkler

Die Kasernenanlage aus dem Jahre 1937 wurde nach dem Ende des II. Weltkrieges bis 1994 durch die russische Armee weiter genutzt. Nach dem Abzug der Armee fiel die Entscheidung über die weitere Zukunft der Gebäude zugunsten einer Instandsetzung, Modernisierung und Umnutzung der bestehenden Gebäude für das Landesbehördenzentrum Frankfurt/Oder. Ein entscheidendes Kriterium war die Wirtschaftlichkeit der weiteren Nutzung der Bausubstanz; die Kaserne steht nicht unter Denkmalschutz.

Bei der Kaserne handelt es sich um solide, schlichte Bauwerke aus Sichtmauerwerk, mit Mittelfluren, zwei Vollgeschossen und einem nicht ausgebauten Walmdach. Die bei der Instandsetzung, Modernisierung und Umnutzung entstandenen Bauwerkskosten (Kostengruppe 3 und 4) liegen über ein Drittel unter den vergleichbaren Kosten von Neubauten mit vergleichbaren Größen und Qualitäten. Diese günstigen Werte konnten deshalb erreicht werden, weil die Eingriffe in die Bausubstanz so gering wie möglich gehalten und das Raumprogramm an die vorgefundene Raumstruktur so weit wie möglich angepasst wurde.

Das Ergebnis ist nicht nur wegen der niedrigen Kosten erstaunlich, sondern überzeugt auch auf Grund der erreichten außen- und innenräumlichen Qualitäten. Ein weiterer Aspekt ist, dass die zu erwartenden Instandhaltungs- und Betriebskosten auf Grund der soliden Qualität des Bestandes und auf Grund der ausgewogenen Fensterflächenanteile geringer sein dürften als die der meisten Neubauten.

Wasserturm

Umnutzung und Umbau zu Klassenräumen, Bocholt
1997-1998
Pfeiffer, Ellermann, Preckel

Der Wasserturm, Baujahr 1914, damaliger Architekt Alfred Hensen, steht in einem Hof und ist umgeben von drei Schulen. Es ist geplant, ihn durch ein neues Pumpwerk zu ersetzen. Das Architekturbüro wurde beauftragt, ein Gutachten über eine neue Nutzung zu erarbeiten. Mehr oder weniger durch Zufall erfuhren die Architekten, dass die Stadt eine Erweiterung der angrenzenden Realschule um vier Klassen plante. Die Planung war bereits durch einen politischen Beschluss abgesegnet sowie von der oberen Bewilligungsbehörde genehmigt worden. Nur unter erheblichen Schwierigkeiten war es letztlich möglich, diese Planung zu stoppen zu Gunsten eines Vorschlags, die fehlenden Klassenräume in dem Wasserturm einzurichten und den Turm so mit einer naheliegenden und sinnvollen Nutzung neu belegen zu können.

Dieses Vorhaben stand unter dem Diktat der Wirtschaftlichkeit; die entstehenden Kosten für Instandsetzung und Umbau des Wasserturmes durften die Kosten für den geplanten Neubau nicht überschreiten. Dieses ist bis auf eine minimale Überschreitung von knappen drei Prozent tatsächlich auch erreicht worden, sogar einschließlich bereits eingeplanter Erweiterungsmöglichkeiten einer Aula im Erdgeschoss und weiterer zwei Klassen im dritten Obergeschoss, die nun mit minimalem zusätzlichen Aufwand fertig gestellt werden können. Werden diese Nutzungsmöglichkeiten benötigt und gebraucht, ist die Gesamtmaßnahme „Umnutzung Wasserturm" erheblich preiswerter als eine vergleichbare Neubaumaßnahme.

Oben: Zugang von dem neuen Erschließungsturm

Unten: Klassenraum

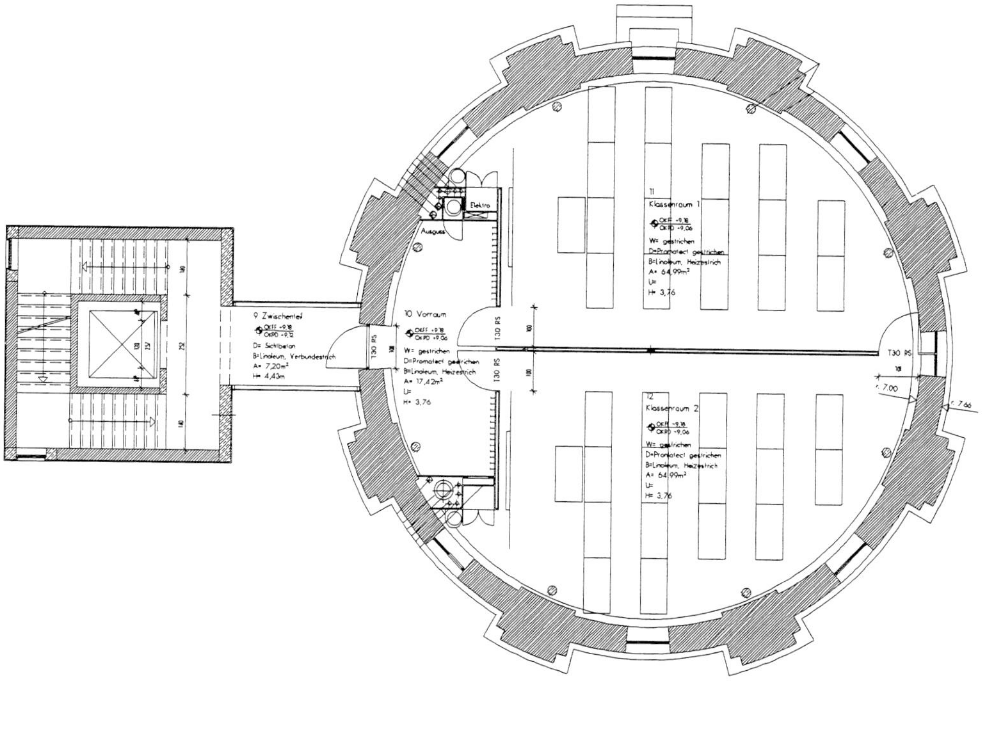

Grundriss mit zwei Klassenräumen

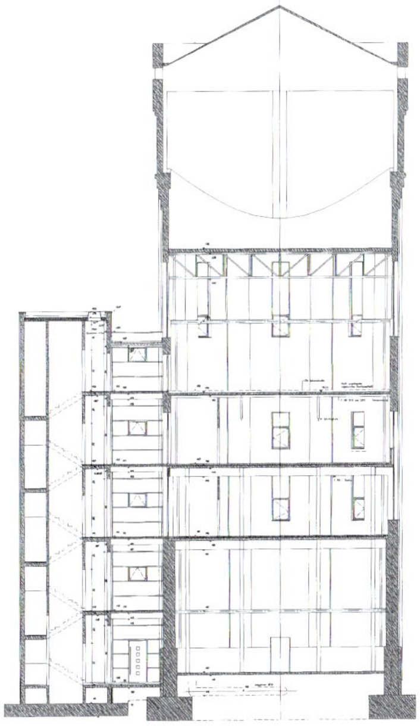

Schnitt

Der Wasserturm zwischen den Schulgebäuden

Alte Schmiede

Umbau, Swisttal-Olheim
1980-1987
Heinz Bienefeld mit Nikolaus Bienefeld

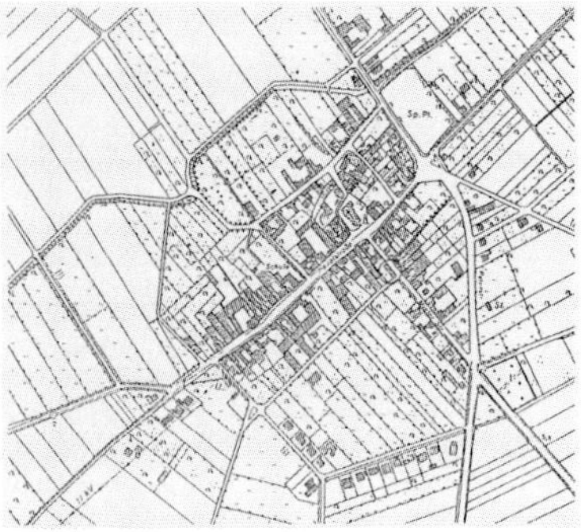

Lageplan

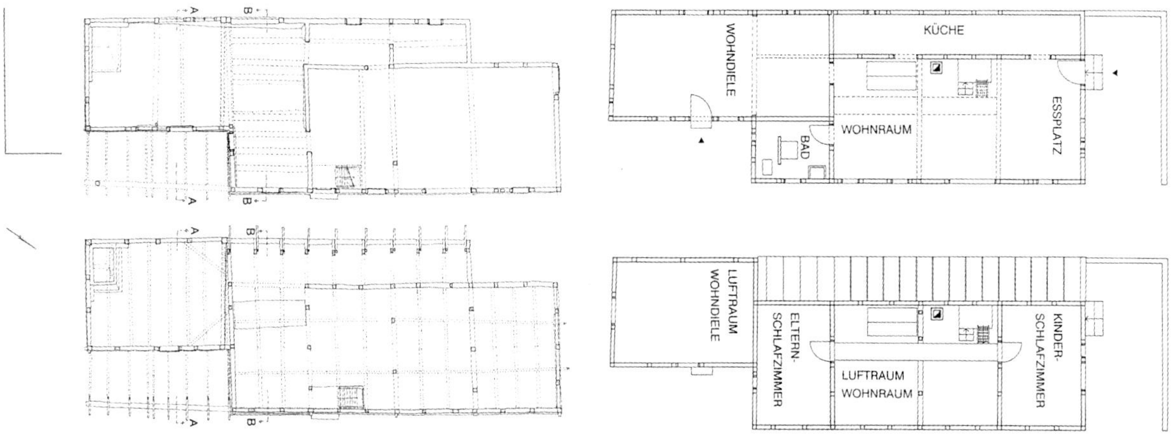

Links Bestandsaufnahme, rechts die Grundrisse nach dem Umbau

Bei der Herrichtung der „Alten Schmiede" in Swisstal-Olheim, schräg gegenüber dem Büro und Wohnhaus von Bienefeld, zu einem Wohnhaus für eine junge Familie ging es nicht darum, dem gängigen und vielleicht auch von der Denkmalpflege gewünschten Bild eines „kleinen Hexenhäuschen", also der Beibehaltung der Kleinräumigkeit zu genügen. Das Ziel war, ein altes bestehendes Gebäude, das von seiner Grundstruktur und Erscheinung sympathisch war und in dem Stadtgefüge gut gelegen ist, entsprechend den eigenen architektonischen Qualitätsansprüchen fortzuschreiben.

Ein Großteil des Gebäudes wurde entkernt und vom Erdgeschoss bis zum First über die ganze Höhe geöffnet. Neben der dadurch entstehenden Großräumigkeit erhält das Haus seine besondere Qualität durch die in handwerklichen Techniken und mit traditionellen Materialien erzeugten Oberflächen sowie durch eine außergewöhnlich qualitätvolle Detailausarbeitung.

Es ist beabsichtigt, das Gebäude außen ab dem Natursteinsockel ganz in Weiß zu kälken, wenn der Leinölfirnis auf den Fachwerkhölzern abgewittert ist und das Holz wieder einen Kalkanstrich annimmt.

Die Alte Schmiede zeigt heute das Ergebnis einer architektonisch bestimmten Auseinandersetzung mit einem historischen Gebäude. Dabei wurde nicht ein historischer Zustand konserviert, aber vielleicht wird jetzt noch mehr von der Bautradition eines solchen Hauses vermittelt als durch eine museale Festschreibung mit falschen baulichen Mitteln und Materialien.

Es kann als Belegbeispiel dafür dienen, dass derartige kleinen Häuser, die eigentlich nicht mehr für unsere Zeit geeignet zu sein scheinen, durchaus ein qualitätvolles Nutzen ermöglichen, ohne dass sie mit aufdringlichen modischen Zusätzen überlagert oder konterkariert werden.

Durch die architektonische Intervention ist einiges an historischer Substanz verloren gegangen. Aber es ist im Gegenzug auch eine hochwertige neue Qualität entstanden, die sich in dem alten Gebäude wie selbstverständlich darstellt. Altes hat ein Recht auf Veränderung, aber auch ein Recht darauf, dass die Veränderungen mit Verstand und Können ausgeführt werden.

Außenansicht

Der Wohnraum

Alte Schmiede

Heinz Bienefeld mit Nikolaus Bienefeld

Die Wohndiele

Oben: Rückansicht des Gebäudes mit der Verkleidung des Küchenanbaus mit Dachziegeln aus der Umgebung in Zweitverwendung

Links: Die Fenster sind neu und sicherlich nicht historisierend oder anbiedernd, wie auch das Gebäude insgesamt nicht historisierend oder antiquiert wirkt. Trotzdem bleibt der Charakter und die Glaubwürdigkeit des alten Hauses erhalten

Bauernhof

Umbau und Erweiterung, Kirchheim
Planung seit 1998
Nikolaus Bienefeld

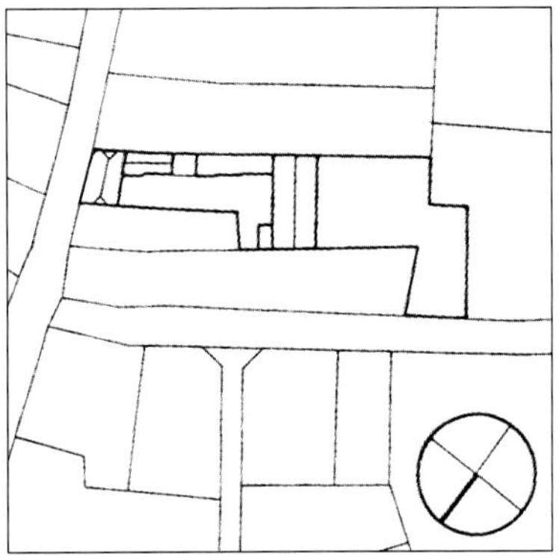

Situationsplan

Rechts: Bestandsaufnahme

Bei dem Umbau dieses Bauernhofes ging es ursprünglich nur um eine Beratung und Gestaltung eines Fußbodens. Da aber ein Bauteil nicht isoliert ohne Bezug zu dem ganzen Gebäude und Umfeld betrachtet werden kann, entwickelte sich daraus ein Gesamtkonzept für das ganze Grundstück.

Ziel ist eine räumliche Fassung der Außenbereiche, die in ihren Proportionen korrigiert werden. Ein Querhaus unterteilt den ehemals sehr langen und unklaren Innenhof. Dadurch entstehen zwei voneinander getrennte Bereiche mit jeweils eigenem Innenhof, die später getrennt erschlossen und von verschiedenen von einander unabhängigen Familien bewohnt werden sollen. Um diese Innenhöfe gruppieren sich jeweils die Räume und beziehen sich auf diese mittels großer Fensteröffnungen in den Wänden.

Die Architektur ist introvertiert und schafft über die Verknüpfung der Innenräume mit dem Innenhof eine Großräumigkeit, die diesem Anwesen zukünftig seine besondere Qualität geben wird.

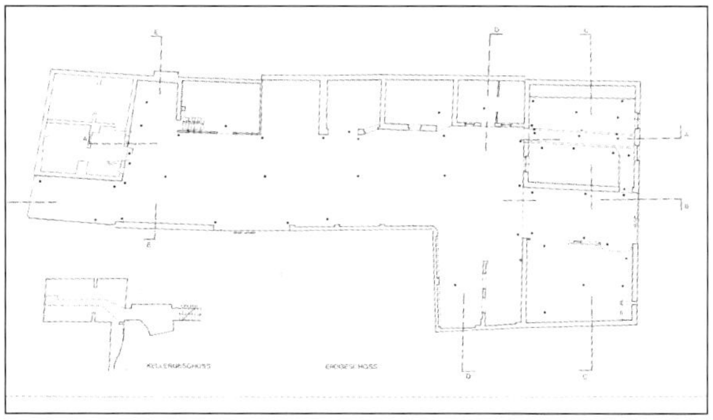

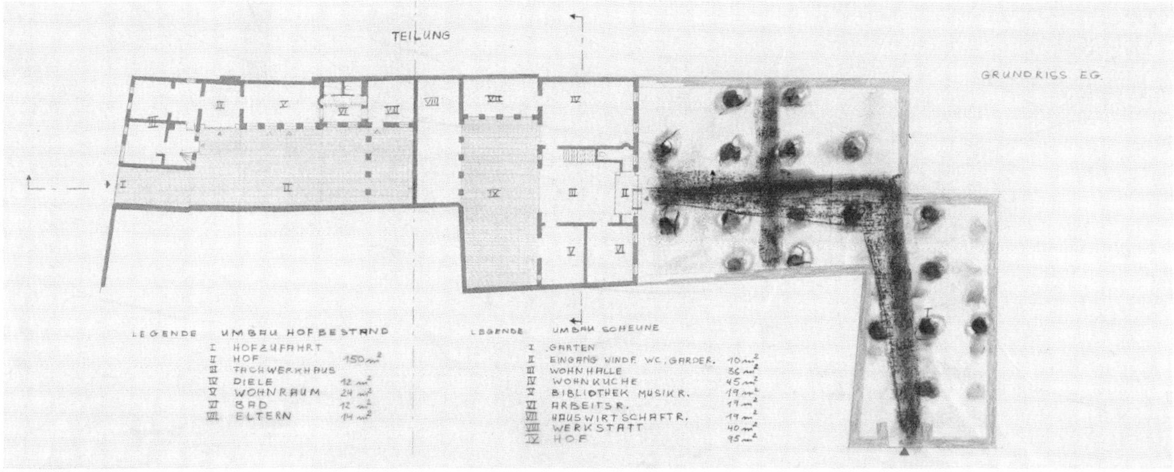

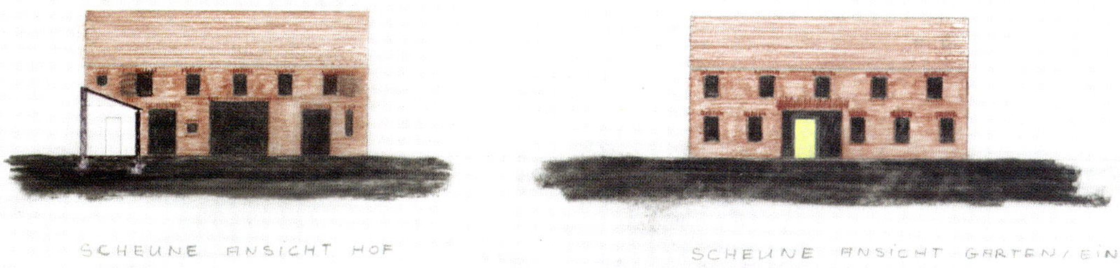
SCHEUNE ANSICHT HOF
SCHEUNE ANSICHT GARTEN/EINGANG

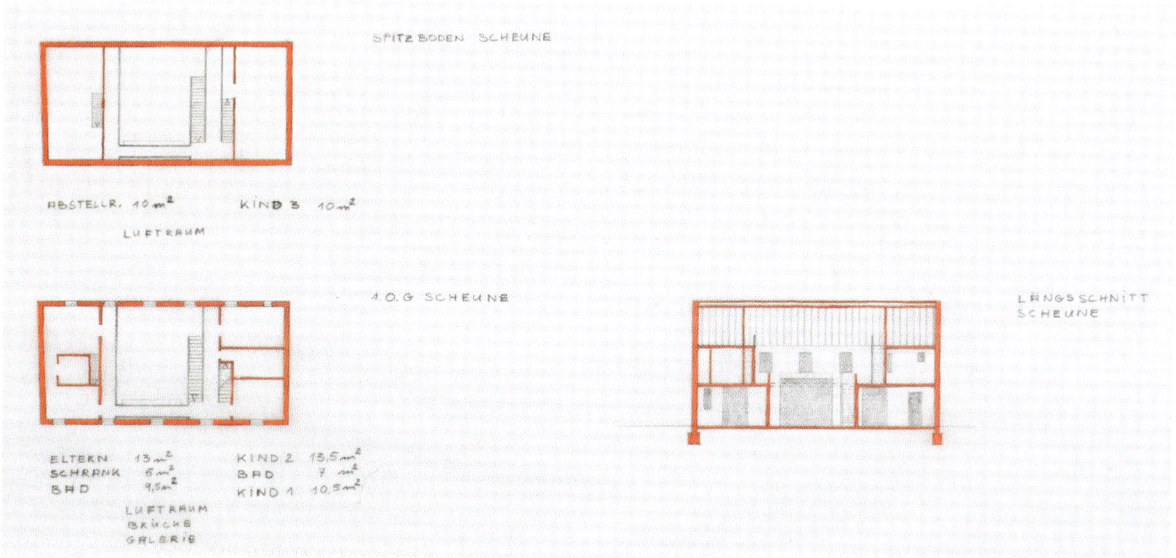
SPITZBODEN SCHEUNE
ABSTELLR. 10 m²
KIND 3 10 m²
LUFTRAUM
1.O.G SCHEUNE
ELTERN 13 m²
SCHRANK 5 m²
BAD 9,5 m²
KIND 2 13,5 m²
BAD 7 m²
KIND 1 10,5 m²
LUFTRAUM
BRÜCKE
GALERIE
LÄNGSSCHNITT
SCHEUNE

Ein Resümee

– Die Haltungsfrage

Zwei verschiedene Auffassungen von Denkmalpflege: Auf der rechten Seite eine „korrekte" Natursteinmauer, sauber, aber wahrscheinlich nicht so alt wie sie sein möchte; daran links angrenzend ein anscheinend wirklich altes Haus, nicht mehr so perfekt in seiner Oberfläche, sondern schon gealtert, gebraucht und patiniert, und ergänzt mit einer Holzschalung, die augenscheinlich auch von ihrer Art sehr jung ist und sich als solches zu erkennen gibt

Für den Umgang mit wertvoller historischer Substanz gibt es keine Rezepte, keine blind zu verfolgenden Schemata, die ohne weiteres Nachdenken zu der richtigen Lösung führen würden. Die Denkmalobjekte sind zu verschiedenartig, jedes Projekt stellt eine individuell zu lösende Aufgabe dar. Es gibt in sich abgeschlossene Bauwerke als herausragende Denkmäler höchster Baukunst einer Epoche und es gibt die einfachen Baudenkmäler oder auch nur die Altbauten, die keinen besonderen oder außergewöhnlichen Anspruch an eine baukünstlerische Würdigung haben. Die Objekte aus der letzten Gruppe sind häufig mehrfach verändert und überformt worden. Aber unter Umständen kann es gerade diese Eigenschaft sein, die den interessanten und wichtigen Belegwert für eine Auseinandersetzung mit der Geschichte des Gebäudes darstellt.

Denkmäler, aber auch Altbauten, sollten immer vorurteilsfrei individuell betrachtet und untersucht werden. Somit kann es kein Arbeiten nach Rezept geben. Im Gegensatz zu einem starren schematischen Vorgehen ist es aber möglich, gewisse Grundregeln zu benennen, die eine prinzipielle theoretische Grundeinstellung evozieren, wie ich mich gegenüber der bestehenden Substanz verhalte.

Fast alle für dieses Buch befragten Architekten wollten sich auf die jedem zu Beginn des Gespräches gestellte Frage, welche prinzipielle Position er denn einnehmen würde, spontan nicht festlegen lassen. Sie verwiesen auf die Vielfältigkeit der Aufgaben und auf die Notwendigkeit, von Fall zu Fall unterschiedlich reagieren zu müssen. Aber auf die Nachfrage, dass, wenn man im Einzelfall entscheiden muss, diese Entscheidung doch nicht beliebig oder gänzlich ohne eine gewisse grundsätzliche Überzeugung getätigt würde, konnte doch jeder eine gewisse grundsätzliche Haltung benennen.

Die Beschäftigung mit einer prinzipiellen Einstellung gegenüber den Fragen des Denkmalschutzes und des Umgangs mit historischer Substanz ist meines Erachtens unbedingt notwendig. Gibt es diese nicht, besteht die Gefahr, dass gerade durch die Verschiedenartigkeit der Objekte so genannte „weiche" Entscheidungsfaktoren wie oberflächliche ästhetische Kriterien, persönliche Vorlieben oder aktuelle Moden, aber auch äußere Einflussnahme durch Dritte eine ausschlaggebende Bedeutung bekommen können.

In diesem Buch sind verschiedene Positionierungen dargestellt worden. Jeder Einzelne wird nun für sich seine persönliche Entscheidung und Wertung treffen müssen. Letztlich hängt dann das Ergebnis der Auseinandersetzung mit historischer Substanz von der Qualität, dem Engagement, dem Wissen, Können und Talent der jeweils handelnden Personen ab.

Meine persönliche Haltung bestimmt sich durch die Überzeugung, dass historische Substanz, wenn sie einmal verloren gegangen ist, nicht mehr rückholbar ist. Sie kann nur noch nachgebaut oder imitiert werden, aber das echte Alte ist weg. Unter diesem Gesichtspunkt und vorausgesetzt, dass man Interesse an historischen Gebäuden hat, wird man im Umgang mit historischer Substanz versuchen, sein Können und sein Wissen auch dafür zu verwenden, möglichst viel authentische Substanz zu erhalten und zu bewahren. Im Ergebnis kann es dabei zu ungewöhnlichen, aber mehrschichtig durchdachten und begründeten Lösungen kommen. Wenn man der grundsätzlichen Überzeugung ist, dass der Wert eines historischen Objektes unlösbar mit der Authentizität seiner Substanz verbunden ist, dann ist jedes Bohrloch, jeder Dübel, jedes aufgegebene Stück Holz und jedes abgeschlagene Stück Putz ein wirklicher Verlust. Man wird nicht ohne solche Verluste auskommen, aber man wird versuchen, sie so gering zu halten wie irgendwie möglich. Man wird sie nicht wie in der normalen Baupraxis üblich einfach akzeptieren, man wird sie hinterfragen, zur Not Stück für Stück.

Der Wert, der der authentischen Substanz zugesprochen wird, beinhaltet gleichzeitig eine Ablehnung gegenüber jeder Rekonstruktion, jeder Kopie und jeder Nachahmung. Neues, was nicht mehr alt ist, muss sich als solches zu erkennen geben. Ich bin nicht der Überzeugung, dass die alten Gebäude unantastbare, tabuisierte Objekte sind. Ein Denkmal hat auch das Recht auf Veränderung, auf kritische Beteiligung an den aktuellen Fragen. Und wo es notwendig ist, kann ein klarer konsequent durchgeführter Eingriff richtiger und notwendiger sein als eine zögerliche, unentschlossene und letztlich unbefriedigende Zwischenlösung. Doch man sollte sich bewusst sein, dass jeder Verlust, der durch einen Eingriff in historische Substanz entsteht, nicht mehr rückgängig gemacht werden kann.

Der Denkmalbegriff ist an die Authentizität der Denkmalsubstanz gebunden, wenn die Denkmäler als Zeugnisse der Geschichte, als echte Geschichtszeugnisse ihre Glaubwürdigkeit behalten sollen. Es kann nicht akzeptiert werden, was Max Bächer ironisch formulierte: „Alles muss wieder so werden, wie es nie war!" Denkmalpflege heißt, sich um die bestehende historische Substanz zu kümmern und Verantwortung zu übernehmen; Denkmalpflege heißt nicht, sich darum zu bemühen, dass das notwendig neu zu Machende möglichst alt aussieht. Denkmalpflege kann in der letzten Konsequenz auch nicht heißen, dass ein bereits ruinöses Gebäude wieder im neuen Glanz erstrahlt, als wäre ihm nie etwas geschehen.

Es muss die Frage gestellt werden, wie solche Maßnahmen wie der Wiederaufbau einiger Häuser am Frankfurter Römer, des Knochenhaueramtshauses in Hildesheim oder der Frauenkirche in Dresden, um nur einige zu nennen, zu werten sind. Auch wenn es hier um eine Kulturpflege im Sinne einer Veranschaulichung von historischen Zusammenhängen oder um das visuelle Verdeutlichen von historischen Zuständen geht, auch wenn dabei teilweise versucht wurde, den Wiederaufbau, die Rekonstruktion, dem ursprünglichen Bestand gemäß mit den historisch üblichen Materialien und Handwerkstechniken durchzuführen, so können solche Vorhaben nicht als Denkmalpflege bezeichnet werden. Ich kann nicht etwas als Denkmal pflegen, was gar nicht mehr existiert, sondern ich zu diesem Zweck erst wieder erzeugen muss. Wenn ich das Denkmuster der möglichen Rekonstruktion unter dem Namen einer Denkmalpflege tätige, gefährde ich damit die tatsächlich noch vorhandene, wenige wirklich noch echte historische Substanz, weil ich sie damit „zum Abschuss" freigebe, denn ich kann sie ja bei Bedarf wieder rekonstruieren. Noch einmal das Beispiel Fenster: Die Denkmalpflege muss sich an das alte Fenster klammern, sie darf gar nicht erst beginnen, über ein neues nachzudenken, denn wenn sie das tut, ist das alte Fenster in der Regel sofort aufgegeben und der Denkmalpflege bleibt die unsinnige, weil sehr eindimensionale Pflicht, dafür zu sorgen, dass das neue Fenster möglichst so aussieht wie das alte.

Die vorgenannten Rekonstruktionen haben sicherlich einen Sinn auf Bedeutungsebenen der Identitätsfindung einer an historischen Belegen arm gewordenen Gesellschaft, vielleicht auch aus didaktischen Gründen, vielleicht auch aus Gründen der Stadtbildpflege. Und diese Gründe kann man akzeptieren.

Aber es sollte in jedem Einzelfall unmissverständlich deutlich gemacht sein, dass es sich nicht mehr in der Substanz um das historische Original handelt, sondern um einen Nachbau aus späterer Zeit.

Es sind keine Gründe und Anliegen der Denkmalpflege, die Nachbauten fordern oder rechtfertigen; hier sollte es eine klare Abgrenzung und Differenzierung geben.

Alt und ungeschminkt ...

... ordentlich – aber überzeugend?

– Zehn Regeln

Wenn nachfolgend Regeln benannt und aufgestellt werden, so haben sie nicht den Anspruch einer normativen Festlegung, ebenso wenig sind sie in der Formulierung und Zusammenstellung von einer amtlichen Institution aufgestellt oder abgesegnet worden. Sie sollen verstanden werden als knapp formulierte Denkansätze, die Hilfestellung geben können für eine eigene Wertfindung und bei möglichen Entscheidungsprozessen. Sie beziehen sich nicht auf architektonische Fragen, auf Fragen des gestaltenden Umgangs mit historischer Substanz. Hierfür Regeln aufstellen zu wollen, ist von vornherein ein schwieriges, jederzeit anfechtbares und widerlegbares Vorhaben. Bei jeder derartigen Regel würde es ohne weiteres möglich sein, genügend Beispiele zu benennen, die die Berechtigung und Notwendigkeit der Ausnahme von der Regel belegen. Die nachfolgenden zehn Regeln beziehen sich daher auf die Intention einer maximalen Substanzschonung bei einem denkmalgeschützten Gebäude. Ihr Anliegen ist der größtmögliche Erhalt von aussagefähiger Substanz, der weitere Gebrauch von reparaturfähigen, noch gebrauchstüchtigen Bauteilen. Insofern gelten die Regeln nicht nur für hoch qualitätvolle Denkmäler, sondern in Abwandlung auch für den normalen, täglichen Gebrauch und Umgang mit bestehenden Gebäuden, für Altbauten.

1. Regel
Keine eingreifenden oder verändernden Baumaßnahmen oder Planungen ohne vorherige Bauforschung und gründliche Bestandsaufnahme
Nur wer ein Gebäude genau kennt, weiß, was er tut, wo er was möglicherweise schädigt und wo Eingriffe gegebenenfalls denkbar wären. Nur durch eine genaue Bestandsaufnahme kann man die Art und Weise sowie das tatsächlich notwendige Maß an Reparaturen festlegen.

2. Regel
Die Maßnahmen zur Klärung verdeckter Schäden sind möglichst zu reduzieren
Wer alle Balkenköpfe freilegen lässt und dafür den Boden und/oder die Deckenuntersicht aufreißen lässt, hat zwar absolute Gewissheit, dafür aber den Patienten schon das erste Mal ermordet. Verantwortung übernehmen können, sollte auch bedeuten, durch Erfahrung und Sachverstand vertreten zu können, dass das Maß der Freilegungen auf eine minimale Größe reduziert wird.

3. Regel
In die Substanz eingreifende Untersuchungen nur dort vornehmen, wo sie unumgänglich sind
Keine Neugierlöcher, keine Goldgräbermentalität, um doch noch die älteste gotische Malerei zu finden, keine Freilegungen, weil man unsicher ist – alle diese Maßnahmen bedeuten gleichzeitig Zerstörung an den darüber liegenden Schichten, Zerstörung von noch intakten Oberflächen. Bei Unsicherheit lieber erst einen erfahrenen Kollegen fragen oder andere Fachbeteiligte.

4. Regel
Reparieren, nicht Erneuern
Alle Teile, die reparaturfähig sind, müssen repariert werden.

5. Regel
Nur so viel reparieren, wie unbedingt nötig
Bei der Reparatur nur so viel austauschen, wie tatsächlich beschädigt ist. Nicht in vorgreifendem Aktionismus auch schon weitere, anscheinend angeschlagene Teile mit austauschen, solange sie ihre Funktion, ihren Dienst noch leisten können. Austausch ist immer gleichbedeutend mit Verlust.

6. Regel

Reparieren in den Methoden und Verfahren und mit den Materialien, die dem Objekt eigen sind

Ein Denkmal ist keine Teststrecke für moderne Baustoffe. Die Verträglichkeit einer Maßnahme sollte nicht nur durch die Herstellerbeschreibung oder im Labor bekannt sein, sondern allen Beteiligten durch vergleichbare Projekte aus der Praxis und durch Langzeiterfahrung belegt sein.

7. Regel

Eine Reparatur sollte wiederholbar sein

In einem Schadensfall sollte die Reparatur als Erstes versagen, nicht die reparierte Originalsubstanz. Ähnlich wie ein Schneider einen weniger festen Faden nimmt, damit gegebenenfalls die Naht reißt, und nicht der Stoff. Falls eine Reparaturmaßnahme versagt, sollte man sie ohne Verlust von Originalsubstanz entfernen, rückgängig machen können. Die entsprechende Forderung lautet: Reversibilität einer Maßnahme.

8. Regel

Keine Schminke, wohl Pflege

Ein altes Gebäude sollte nicht „zu schön" gemacht werden. Mit Anstand altern zu können heißt auch, zu einem gealterten Erscheinungsbild zu stehen. Ein altes Gebäude braucht Pflege, aber kein Facelifting, Pflege mit Mitteln, die wiederum alterungsfähig sind, die selber altern können. Dieses gilt insbesondere für die Oberflächen, sowohl im Inneren wie bei dem äußeren Erscheinungsbild. Ein altes Gebäude darf ruhig alt aussehen. Im anderen Fall verliert es schnell an Glaubwürdigkeit.

9. Regel

Historische Befunde unter neuen Verschleißschichten sichern

Wenn eine Renovierung notwendig wird, sollte sie mit konservierenden Maßnahmen durchgeführt werden. Dieses sind Maßnahmen, die die durch sie abgedeckten älteren Schichten schützen, ohne sich mit diesen zu verkleben oder anderweitig unlösbar zu verbinden. Bei wertvollen historischen Funden kann es angeraten sein, diese nicht offen zu zeigen, da sie in dem Fall durch Verwitterung oder Gebrauch zu schnell abgenutzt werden und verloren gehen. In solchen Fällen ist eine Opfer- oder Verschleißschicht, die auf die zu schützenden Bauteile aufgetragen oder aufgebracht werden, die konservatorisch richtigere Maßnahme. Neue Verschleißschichten erlauben auch im gegebenen Fall eine neue künstlerische Formulierung, ohne den Bestand zu gefährden oder zu verlieren.

10. Regel

Für Neues gilt das additive Prinzip

Neues ist oftmals notwendig. Insbesondere Teile des technischen Ausbaus müssen oder sollen in vielen Fällen nachträglich in bestehende Objekte eingebracht werden. Dabei müssen diese auf oder an bestehende Bauteile und Oberflächen angeordnet werden, nicht unter Putz. Die Leitungen können dann in vielen Fällen hinter einer Abdeckung, einer Fußleiste oder Ähnlichem verschwinden, wenn man sie nicht sichtbar zeigen will. Auch eine Vorsatzscheibe oder ein hinzugefügtes Kastenfenster ist ein dem bestehenden Fenster additiv hinzugefügtes neues Element. Gleiches ist bei ganzen Wandbekleidungen, Fußböden, Decken usw. möglich und erwünscht. Der additive Einbau von neuen Bauteilen hat den großen Vorteil, dass durch ihn wenig Originalsubstanz gestört wird und dass er reversibel ausgeführt werden kann.

– Die Methodik des Vorgehens am Objekt

Das Zusammentreffen von Architekten und Denkmalpflegern am konkreten Objekt ist oftmals gekennzeichnet von gegenseitigem Misstrauen und Vorbehalten, die im weiteren Verlauf zu erheblichen Dissonanzen führen können. Diese wiederum kosten allen Beteiligten viel Zeit und Geld und sind unerfreulich. In manchen Fällen ist eine solche Konstellation unausweichlich, weil unterschiedliche Positionen auch einmal ausgefochten werden müssen, in anderen Situationen mag es mehr an der Persönlichkeit der beteiligten Personen liegen. Beiden Seiten kann man häufig fehlende Offenheit vorwerfen. Vielen Architekten muss zudem gesagt werden, dass sie sehr schlecht vorbereitet in ein Gespräch gehen, dass sie oftmals nur sehr wenig bis nichts über den Bestand wissen, gleichzeitig aber mit mutigen Entwürfen, die natürlich in den Altbestand eingreifen, aufwarten. Dass die Gegenseite, deren Pflicht es ja ist, sich um den Bestand zu sorgen und darüber zu wachen, nun in eine Abwehrhaltung gehen muss, ist natürlich und selbstverständlich. Es ist zum Teil erschreckend, wie auf Grund fehlenden Basiswissens Türöffnungen in die ältesten und wertvollsten Wände geplant werden, obwohl drei Meter daneben eine bestehende Türöffnung genauso gut genutzt werden könnte. Oder wenn Raumkonzepte entgegen jeder Vernunft in ein dafür nicht geeignetes konstruktives System gezwängt werden und das konstruktive Prinzip des Altbaus anscheinend in keinster Weise erfasst oder verstanden worden ist. Es liegt nicht an der fehlenden Intelligenz der Planer, sondern daran, dass diese die Ausgangssituation nicht ausreichend erarbeitet und analysiert haben und somit ihre Fähigkeiten in falsche Konzepte investieren.

Für einen professionellen Umgang mit bestehender Substanz bedarf es als Erstes einer eben solchen professionellen Analyse des Bestandes, vergleichbar mit der medizinischen Vorgehensweise bei einem erkrankten Menschen, wo selbstverständlich zuerst die sorgfältige Untersuchung, dann die Diagnose, bei Bedarf unter Beteiligung weiterer Fachkräfte, und erst danach die Konzeptionierung der Therapie erfolgt.

Es ist vollkommen unprofessionell, wenn bei der Vorstellung des gewünschten Konzeptes der Denkmalpfleger dem Architekten sagen muss, dass seine Lösung nicht geht, weil er die konstruktiven Zusammenhänge eines Fachwerkes nicht verstanden hat oder weil er ausgerechnet die historisch bedeutendste Wand eliminieren möchte, ohne zu wissen, dass es sich um eine solche handelt. Wenn der Architekt auf der anderen Seite darstellen kann, dass er sich intensiv mit dem Gebäude auseinander gesetzt und es verstanden hat, und sein Konzept sich aus den Gegebenheiten des Gebäudes entwickelt und daher unter Berücksichtigung der Rahmenbedingungen, der Kenntnis über die historischen Zusammenhänge sowie über die noch existierende historische Substanz begründen lässt, wird das Gespräch mit dem Denkmalpfleger sicherlich anders verlaufen können. Der Architekt vermag dann dem Gesprächspartner glaubhaft zu vermitteln, dass er neben den Wünschen und Anliegen des Bauherren und seinen eigenen Intentionen die Ziele der Denkmalpflege kennt und in der Lage ist, diese auch zu berücksichtigen. Dem Bauherren gegenüber ist es von enormem Vorteil, wenn dieser das sichere Gefühl haben kann, dass der von ihm beauftragte Architekt sich sorgfältig und verantwortungsvoll um sein Gebäude bemüht und eine solide Kenntnis des Bestandes von anderen Fachbeteiligten attestiert wird.

Voraussetzung ist eine solide, sorgfältige und gewissenhafte Bestandsaufnahme. Diese kostet zwar Zeit und den Bauherren natürlich auch Geld, aber die Notwendigkeit und wirtschaftliche Sinnhaftigkeit lässt sich sehr schnell durch große Vorteile in dem weiteren Verfahrensablauf begründen: Für die weiteren Planungen erhält man stimmige Unterlagen und somit eine wesentlich größere Planungssicherheit, die Gefahr böser und kostspieliger Überraschungen wird erheblich vermindert. Bei Konzeptdiskussionen mit anderen fachlich zu beteiligenden

Instanzen sind die eigenen Standpunkte durch einen fundierten, belegbaren Wissensstand leichter begründbar. Eine genaue Bestandsaufnahme mit detaillierter Schadenskartierung erlaubt die Beschränkung der notwendigen Reparaturen auf das tatsächlich nur notwendige Maß und führt so zu erheblichen Kostenreduzierungen. Die genaue und detaillierte Bestandsaufnahme erlaubt eine zügige Abwicklung aller weiteren Planungs- und Ausführungsschritte, wodurch wiederum deutliche Kosteneinsparungen sowohl für den Bauherren wie auch für den Architekten möglich werden.

Die Methodik des Vorgehens bestimmt sich durch das Maß der geplanten Arbeiten. Sollen nur eine „Pinselrenovierung" oder vereinzelte Reparaturen vorgenommen werden, so ist eine umfassende Bestandsaufnahme unsinnig. Hier kommt es eher auf die handwerkliche Ausführung an, die im Detail abgestimmt werden muss. Bei größeren Baumaßnahmen sind aber folgende drei Schrittfolgen unbedingt zu empfehlen:

1. Schritt: Die Bestandsaufnahme
2. Schritt: Die Bestandsbewertung
3. Schritt: Die Konzepterarbeitung.

Die Methodik und die einzelnen Arbeitsschritte, die bei einer professionellen Vorgehensweise zu berücksichtigen sind, sind in zahlreichen Publikationen ausführlich beschrieben und sollen an dieser Stelle nicht wiederholt oder im Detail noch einmal dargestellt werden. Auf folgende Punkte möchte ich aber dennoch besonders hinweisen:

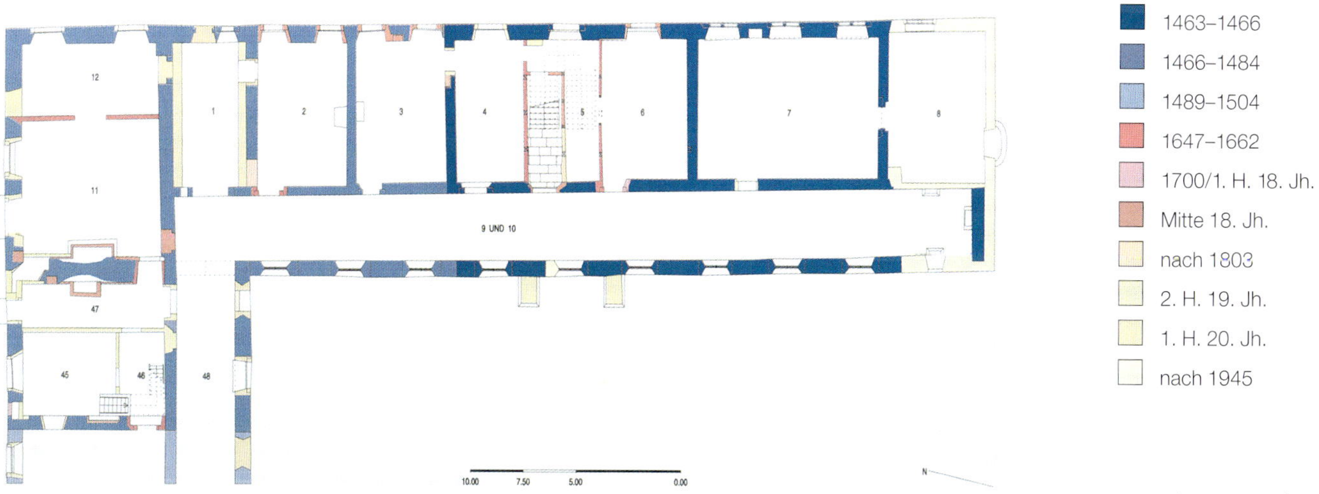

Beispiel eines Baualtersplans

1. Der Baualtersplan

Diese Pläne basieren in der Regel auf einem Grundriss, es können aber je nach Befundlage Schnitte, Ansichten bis hin zu Detailzeichnungen hinzugefügt werden. Die Darstellung wird bei den Grundrissen pro Geschoss vorgenommen. In einen solchen Plan wird das Alter eines jeden Bauteils, einer jeden Wand, eines jeden Fensters, einer jeden Tür eingetragen. Das Alter der Fußböden und der Decken kann in gesonderten Plänen dargestellt werden. Bei sensiblen Objekten ist als Grundlage ein verformungsgerechtes Aufmaß notwendig, um die gewünschte Differenzierung erreichen zu können.

Ein Baualtersplan zeigt plakativ das Alter eines jeden Bauteils und mögliche historische Zusammenhänge, die für die weitere Planung von Bedeutung werden können. Ohne eine solche Kenntnis über den Bestand sind planerische Entscheidungen eigentlich nicht möglich.

2. Die Schadenskartierung

Bei der ersten Begutachtung und Einschätzung zum Beispiel eines ruinierten Dachstuhls wird sehr häufig einem solchen Bauteil die vollständige Abgängigkeit ausgesprochen, die in der Folge zu einer teuren Totalsanierung, also auch zu einem Totalverlust führt. Bei einer Eintragung des tatsächlichen Schadensausmaßes in einen Sparrenplan, wobei jeder Sparren und jeder Balken für sich beurteilt werden muss, zeigt sich hingegen in vielen Fällen, dass das angebliche Schadensausmaß bei weitem nicht so erheblich und eine Reparatur sehr wohl möglich ist. Die Schadenskartierung ist im weiteren Projektverlauf eine ideale Grundlage für die Erstellung von Ausschreibungsunterlagen und für die Arbeit der Bauleitung vor Ort. Natürlich kostet auch sie Zeit und Geld und sie macht nur Sinn, wenn sie tatsächlich sehr genau und mit Ruhe durchgeführt wird. Der dabei investierte Zeitaufwand wird allerdings im weiteren Verlauf des Projektes häufig um ein Vielfaches wieder eingespart.

3. Die Verlustkartierung

Bei der zeichnerischen Darstellung der angestrebten Umsetzung eines Projektes wird in vielen Fällen nicht oder nur unzureichend deutlich, wie viel und an welchen Stellen tatsächlich an bestehender Substanz aufgegeben werden musste, wo und in welchem Umfang Eingriffe notwendig waren. Nach der Fertigstellung einer Baumaßnahme ist nichts mehr zu sehen, vielmehr sieht alles häufig so schön neu aus, auch das Alte, dass eine Unterscheidung nicht mehr möglich ist. Die Nachwelt hat aber ein Recht darauf zu wissen, was an älterer Bausubstanz übrig geblieben ist; sie hat ein Recht darauf zu erfahren, ob zum Beispiel eine Wand nur historisch zu sein scheint oder ob sie es tatsächlich auch noch ist. Dem Architekten und allen Beteiligten werden durch eine offen und ehrlich durchgeführte Verlustkartierung die Konsequenzen der Planung und Ausführung noch einmal bewusst gemacht. Es geht dabei nicht darum, Eingriffe prinzipiell zu verteufeln. Aber wenn Eingriffe begründet vorgenommen wurden, dann sollten sie auch dokumentiert werden.

4. Die Modernisierungskartierung

Nicht nur das Ausmaß des Verlustes an historischer Bausubstanz ist nach Vollendung einer Baumaßnahme meist nicht mehr zu erkennen, auch das Ausmaß an Ersatzstoffen, an neu eingebrachten Materialien und Bauteilen wird nicht mehr deutlich, insbesondere, wenn sich die neuen Dinge in ihrem Erscheinungsbild bemühen, möglichst dicht am Original zu bleiben. Da ein Verlust nicht zwangsläufig immer einen Ersatz nach sich zieht, andererseits auch neue Dinge hinzukommen können, wo vorher nichts Altes gewesen war, soll durch eine Modernisierungskartierung Klarheit über die neu eingebrachten Bauteile und Materialien gegeben werden.

Beispiel einer Schadenskartierung

- Befall des Mauerwerks mit dem „Echtem Hausschwamm"
- Fensterflügel fehlt
- Fehlstellen und Teilschäden an den Holzfenstern

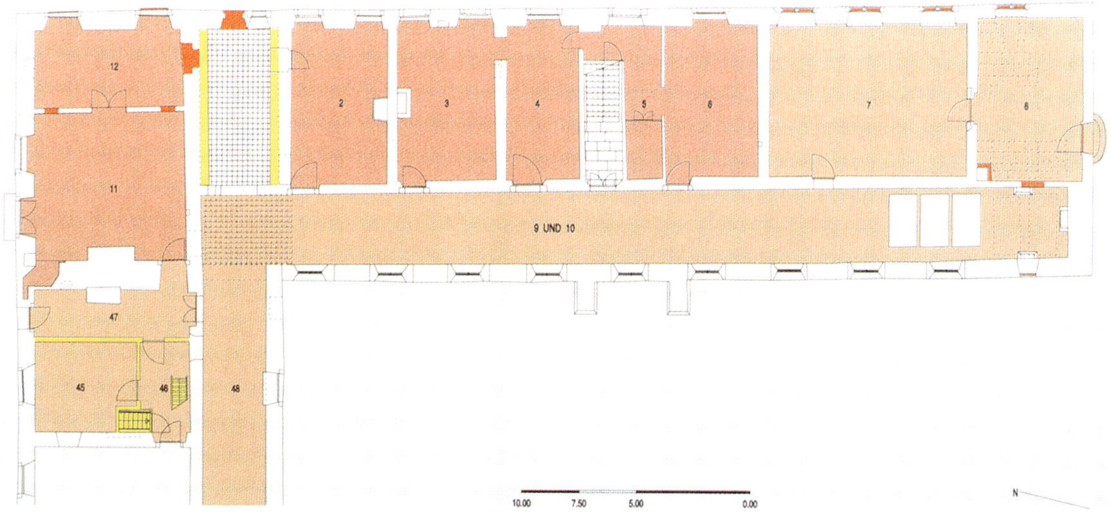

Beispiel einer Verlustkartierung

- Verlust auf Grund von irreparabler Schäden
- Verlust auf Grund von nutzungsbedingten Maßnahmen
- Verlust zu Gunsten einer Verdeutlichung eines wichtigen historischen Aussagewertes

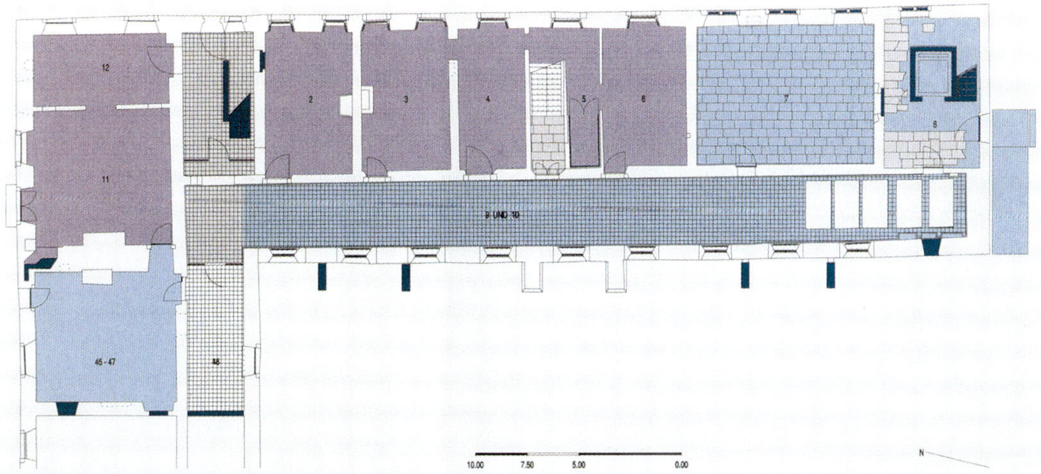

Beispiel einer Modernisierungskartierung

- Hinzufügung auf Grund von Reparaturmaßnahmen
- Nutzungsbedingte Hinzufügungen
- Hinzufügungen zu Gunsten einer Verdeutlichung eines wichtigen historischen Aussagewertes
- Wiederverwendung historischen Materials

Schlusswort

Reparatur eines einfachen Ökonomiegebäudes aus dem 18. Jahrhundert. Reparatur nur so viel, wie unbedingt notwendig ist. Alle Alterungsspuren und Gebrauchsspuren, alle Unterschiedlichkeiten bleiben erhalten. Das Gebäude wird somit in seiner äußeren Erscheinung nicht egalisiert, sondern der unterschiedliche Umgang, der in vielfältiger Weise über die verschiedensten Bau- und Nutzungsphasen sich an dem Gebäude ablesen lässt, bleibt erfahrbar. Das Gebäude sieht somit auch nicht so aus, als wäre es gestern erst neu erstanden

In diesem Buch sind zwei verschiedene Aspekte zu dem Thema „Architektur und Denkmal, Denkmalpflege" dargestellt worden: Einmal die Möglichkeiten und Hintergründe architektonischer Auseinandersetzung mit bestehender Substanz, mit einem deutlichen Schwergewicht auf architektonische Sichtweisen, auf der anderen Seite der Versuch einer Darstellung denkmalpflegerischer Anliegen und Sichtweisen.

Beide Seiten haben verschiedene Ansätze. Dieses wird sich nicht ändern lassen. Die Denkmalpfleger haben die Pflicht, sich um die Bauwerke der Vergangenheit zu kümmern und ihre Qualitäten und Werte herauszuarbeiten und der Allgemeinheit gegenüber zu vertreten und verständlich zu machen. Die Architekten betreuen Aufgaben, die Lösungen für Probleme und Anforderungen der Zukunft fordern und somit eine Veränderung der gegenwärtigen Verhältnisse bewirken sollen. Die eine Partei will Bestehendes bewahren, die andere soll Bestehendes verändern. Trotz aller Gegensätze können beide von einander lernen, müssen sie miteinander kooperieren.

Beide haben es dringend nötig, ihre Ziele, ihre Wertvorstellungen und Anliegen, ihre Qualitäten einem breiten Publikum intensiver als bisher zu vermitteln, wenn sie als gesellschaftlich relevante Größe weiterhin angesehen und berücksichtigt werden wollen. In der heutigen Zeit der Medienwelt und Informationsflut reicht meines Erachtens eine introvertierte wissenschaftliche oder künstlerische Informationsvermittlung nicht mehr aus; auch die Werte und Anliegen der Architektur und der Denkmalpflege brauchen ein Marketing, einen Wertetransport in das öffentliche Bewusstsein.

Die Denkmalpflege hat sich inzwischen ein hohes wissenschaftliches Instrumentarium und eine entsprechende Methodik bezüglich der Erforschung und Betreuung historischer Substanz erarbeitet, allerdings kann sie ihre Möglichkeiten auf Grund ihrer personellen Struktur bei weitem nicht ausnutzen. Dieses könnte in Zusammenarbeit mit den Architekten eher geleistet werden.

Zum Abschluss ein Zitat aus dem Text „Bindungen und Freiheit im Umgang mit Baudenkmälern" von Eberhard Grunsky, Landeskonservator des Westfälischen Amtes für Denkmalpflege, in dem aus der Sicht eines amtlichen Vertreters der Denkmalpflege die Thematik und das Anliegen dieses Buches bestätigt wird:

„Die Grenzen zwischen den Aufgaben von Denkmalpflegern und Architekten sollten nicht, wie in der Praxis bisweilen zu beobachten ist, dadurch verwischt werden, daß einerseits der Denkmalpfleger zum Gestaltungsberater wird, und daß andererseits der Architekt in voreiliger Rücksichtnahme auf noch gar nicht formulierte Belange des Denkmalschutzes von vornherein auf jede Bemühung um eine eigenständige Lösung verzichtet. Wenn sowohl Denkmalpfleger als auch Architekten ihren eigenen Auftrag und die daraus entwickelte Zielvorstellung sehr deutlich – unter Umständen auch streitbar – formulieren, kann sich ein fruchtbares Spannungsverhältnis zwischen denkmalpflegerischen Bindungen und schöpferischer Freiheit ergeben.

Das ist allerdings nur dann möglich, wenn die hier umrissene Aufgabenteilung nicht als bloße lineare Abfolge mißverstanden wird, bei der zunächst Denkmalpfleger die Bindungen autoritativ festlegen und Architekten dann im zweiten Schritt den vorgegebenen Freiraum nach eigenem (und des Bauherren) Gutdünken ausfüllen. Erst in der Rückkoppelung entstehen die Voraussetzungen für gute Ergebnisse. Dabei kann der Denkmalpfleger unter Umständen nachhaltigen Einfluß auf den Entwurfsprozeß haben; allerdings nicht dadurch, daß er seine eigenen Vorstellungen von „denkmalgerechter" Gestaltung durchzusetzen versucht, sondern etwa durch beharrliches Eintreten für die Erhaltung bestimmter Merkmale und Details, die für die Bedeutung des betreffenden Denkmals wesentlich sind, oder durch kritisches Nachfragen, ob und gegebenenfalls wie das Planungskonzept in diesem oder jenem Punkt überarbeitet werden kann, weil die Ausführung der vorgeschlagenen Lösung die geschichtliche Aussage des Denkmals einschränken würde. Auf der anderen Seite sollte der Architekt, wenn ihm der Spielraum an Freiheit ungerechtfertigt eng scheint, darauf bestehen, daß denkmalpflegerische Bindungen nicht nur benannt, sondern daß sie präzise begründet und außerdem möglichst differenziert gewichtet werden. Die intensive Auseinandersetzung mit dem einzelnen Denkmal, mit heutigen wirtschaftlichen, technischen und gestalterischen Anforderungen und schließlich auch die Auseinandersetzung mit den anderen am jeweiligen Projekt beteiligten Fachleuten und mit deren speziellen Argumenten ist sicher kein bequemer, aber es ist der einzig Erfolg versprechende Weg."

Anhang

Literaturverzeichnis

Bächer, Max, "Zerstören und Aufrichten sind gleich an Wichtigkeit", aus 1999 KS Neues, Neues Bauen in Kalksandstein, München 1999

Beseler, Hartwig und Gutschow, Niels, Kriegsschicksale Deutscher Architektur, Verluste – Schäden – Wiederaufbau, Band 1 und 2, Neumünster 1988

Buch, Felicitas, Studien zu Preußischen Denkmalpflege am Beispiel konservatorischer Arbeiten Ferdinand von Quasts, Worms 1990

Burkhardt, Francois, Fünf Architekten zeichnen für Berlin, Berlin 1979

Conrads, Ulrich und Sack, Manfred (Hrsg.). Karljosef Schattner: Werkmonographie. Reissbrett 2, Schriftenreihe der Bauwelt im Verlag Vieweg. Braunschweig, Wiesbaden 1983

Costanzo, Michele und Giorgi, Vincenzo, Josef Paul Kleihues, Architetture museali, Mailand 1991

Darius, Veronika, Der Architekt Gottfried Böhm. Bauten der sechziger Jahre, Düsseldorf 1988

Deutsches Nationalkomitee für Denkmalschutz (Hrsg.), Auf dem Weg ins 21. Jahrhundert – Denkmalschutz und Denkmalpflege in Deutschland, Schriftenreihe des Deutschen Nationalkomitees für Denkmalschutz, Band 61,Bonn 1996

Deutsches Nationalkomitee für Denkmalschutz (Hrsg.), Denkmalschutz, Texte zum Denkmalschutz und zur Denkmalpflege, Schriftenreihe des Deutschen Nationalkomitees für Denkmalschutz, Band 52, Bühl/Baden 1999

Deutsches Nationalkomitee für Denkmalschutz (Hrsg.), Eine Zukunft für unsere Vergangenheit, Denkmalschutz und Denkmalpflege in der Bundesrepublik Deutschland, Ausstellungskatalog zum Europäischen Denkmalschutzjahr 1975, München 1975

Durth, Werner und Gutschow, Niels, Architektur und Städtebau der Fünfziger Jahre, Schriftenreihe des Deutschen Nationalkomitees für Denkmalschutz, Band 46, Bonn 1987

Durth, Werner und Nerdinger, Winfried, Architektur und Städtebau der 30er/40er Jahre, Schriftenreihe des Deutschen Nationalkomitees für Denkmalschutz, Band 33, Bonn

Durth, Werner, Deutsche Architekten, Biographische Verflechtungen 1900-1970, München 1992

Fonatti, Franco, Elemente des Bauens bei Carlo Scarpa, Wiener Akademiereihe, Herausgegeben von Gustav Peichl, Band 15, Wien 1984

Gieselmann, Reinhard (Hrsg.), Die Architektur von Heinz Bienefeld, Prolegomena 51, Arbeitsblätter des Instituts für Wohnbau an der Technischen Universität Wien, 14. Jahrgang, Heft 2, Juni 1985, Wien 1985

Hassler, Uta, Die Kunsthalle als Kunstwerk. Bilder aus ihrer Baugeschichte. Staatliche Kunsthalle Karlsruhe, Band 5, Stuttgart 1993

Hassler, Uta, Die Eremitage Waghäusel. Jagdschloss, Zuckersilos und ausgestopfte Löwen. Denkmalstiftung Baden-Württemberg, Stuttgart 1994

Hassler, Uta, Kohler, Niklaus, Wang, Wilfried, Umbau: Über die Zukunft des Baubestandes, Tübingen, Berlin 1999

Hellbrügge, Christoph Friedrich, "Konservieren, nicht restaurieren", Bedeutungswandel und Anwendungspraxis eines Prinzips der Denkmalpflege im 20. Jahrhundert in Deutschland, Bonn 1991

Hoh-Slodczyk, Christine, Carlo Scarpa und das Museum, Berlin 1987

Huse, Norbert, Denkmalpflege. Deutsche Texte aus drei Jahrhunderten, München 1984

Kemp, Wolfgang (Hrsg.), John Ruskin, Die sieben Leuchter der Baukunst, Die bibliophilen Taschenbücher 690, Harenberg Edition, Dortmund 1994

Kiesow, Gottfried, Einführung in die Denkmalpflege, Darmstadt 1989

Kleihues, Josef Paul, Museumsprojekte 1972-1990, Begleitheft zur Ausstellung, Kornwestheim

Könner, Klaus und Wagenblast, Joachim (Hrsg.), «Steh fest mein Haus im Weltgebraus': Denkmalpflege – Konzeption und Umsetzung, Stuttgart 1998

Matzig, Gerhard, Kirchen in Not, Über den profanen Umgang mit sakralen Denkmälern, Schriftenreihe des Deutschen Nationalkomitees für Denkmalschutz, Band 56, Bonn 1997

Nerdinger, Winfried, für die Bayerische Akademie der Schönen Künste und die Architektursammlung der Technischen Universität München, Süddeutsche Bautradition im 20. Jahrhundert, Architekten der Bayerischen Akademie der Schönen Künste, Ausstellungskatalog, München 1985

Nerdinger, Winfried, in Zusammenarbeit mit dem Bauhaus-Archiv, Berlin, Bauhaus-Moderne im Nationalsozialismus: zwischen Anbiederung und Verfolgung, München 1993

Neumeyer, Fritz (Hrsg.), Friedrich Gilly, Essays zur Architektur 1796-1799, Berlin 1997

Pehnt, Wolfgang, Karljosef Schattner. Ein Architekt aus Eichstätt. Stuttgart 1988, erweiterte Neuauflage 1999

Peter, Franz und Wimmer, Franz, Von den Spuren, Interpretierender Wiederaufbau im Werk von Hans Döllgast, Salzburg und München 1998

Rau, Otfried und Braune, Ute, Der Altbau, Renovieren, Restaurieren, Modernisieren, Leinfelden-Echterdingen 1985

Raèv, Svetlozar, Gottfried Böhm. Vorträge, Bauten, Projekte, Stuttgart und Zürich 1988

Schmidt, Hartwig, Wiederaufbau, Stuttgart 1993

Schneider, Reinhard, Das Saarbrücker Schloß, Rheinische Heimatpflege, 33. Jahrgang, Heft 2/96

Schneider, Reinhard, Das Saarbrücker Schloß als Baudenkmal, Sonderdruck der Zeitschrift für die Geschichte der Saargegend, 43-1995

Senatsverwaltung für Bauen, Wohnen und Verkehr, Berlin (Hrsg.), Der Pariser Platz, Wiedergewinnung eines historischen Stadtraumes, Städtebau und Architektur, Bericht 39, 1998

Shkapich, Kim, Josef P. Kleihues, The Museum Projects, New York 1989

Sobotka, Bruno J., Haus Berge zu Witten, Fünfter und letzter Gerichtsherrensitz in Witten, Witten 1991

Speidel, Manfred und Legge, Sebastian, Heinz Bienefeld: Bauten und Projekte, Köln 1991
Technische Universität München, Bund Deutscher Architekten BDA (Hrsg.), Hans Döllgast 1891-1974, München 1987, Zweite Auflage 1988
Thomas, Horst (Hrsg.), Denkmalpflege für Architekten, Vom Grundwissen zur Gesamtleitung, Köln 1998
Unbehaun, Lutz (Hrsg.), Johann Wolfgang Goethe, Von deutscher Baukunst, Rudolstadt & Jena 1997
Ungers, Oswald Mathias, Was ich schon immer sagen wollte über die Stadt, wie man sich seine eigenen Häuser baut, und was andere über mich denken, Köln 1999
Voigt, Wolfgang (Hrsg.), Heinz Bienefeld 1926 – 1995, Tübingen, Berlin, Zweite veränderte Auflage 1999
von Beyme, Klaus (Hrsg.), Neue Städte aus Ruinen: Deutscher Städtebau der Nachkriegszeit, München 1992
von Busse, Hans Busso, Gedanken zum Raum – Wege zur Form, Stuttgart + Zürich 1997
Weisner, Ulrich, Neue Architektur im Detail. Heinz Bienefeld, Gottfried Böhm, Karljosef Schattner. Bielefeld 1989
Weisner, Ulrich (Hrsg.), Zusammenhänge, der Architekt Gottfried Böhm, Ausstellungskatalog der Kunsthalle Bielefeld 1984
Weisner, Ulrich (Hrsg.), Böhm: Väter und Söhne, Bielefeld 1994

Abbildungsverzeichnis

Seite	Fotograf/Archiv
8	Lauringpress-Bavaria Bildagentur (1); M. Vollmer (1)
9	Mathias Remmele (2)
12	Buch „Von deutscher Baukunst“, Hain Verlag (2)
13	Burgen, Schlösser, Altertümer Rheinland-Pfalz (2)
14/15	Rheinisches Landesmuseum Trier (3); Foto Marburg (1)
16-18	Norbert Huse (6)
19/20/21	dpa (je 1)
22	dpa - Karl Mittenzwei, - Peter Förster (je 1)
23	Maren Lüpnitz
24	Eva Schwarz (1)
27	Gerhard Weiß (1)
28	Klaus Kinold (1)
29	Gerhard Weiß (1); Archiv FH Trier (1)
30	artur – Klaus Frahm (1)
31/32	Klaus Kinold (3)
33	Buch „Von den Spuren“, Franz Peter, Franz Simmer (2); Klaus Kinold (2)
34/35	Klaus Kinold (2)
40-43	Elke Wallat-Schöpke (1); Werner Westdörp (3); Archiv von Busse (5)
47-49	Klaus Kinold (3); Sigrid Neubert (2); Archiv Schattner (1)
53-57	Archiv Bistum Trier (1); Tobias Trapp (5); Archiv Baumewerd (4)
59-63	Staatl. Konservatoramt Saarbrücken (5); Stadtverband Saarbrücken (1); artur – Dieter Leistner (4)
65-67	Christian Richters (6); Archiv Bienefeld
70-73	Hans Georg Carls (2); Foto Thewalt (1); Eva Schwarz (6); Archiv Baumewerd
75-79	Westf. Amt für Denkmalpflege; Christian Richters (6); Archiv Pfeiffer (3)
82-85	Willi Bosl (1); Stefan Müller (3); Archiv Ungers (2)
88-93	Peter Seidel (2); Archiv Kleihues (8) - H. Binet (1)
95-99	Atelier Altenkirch (6); Christian Richters (6)
102/103	artur – Dieter Leistner: Prof. Böhm (1); Archiv Böhm (2)
104/105	Sigrid Neubert (2); Archiv Schattner (1)
106-109	Klaus Kinold (2); Sigrid Neubert (4); Archiv Schattner
110/111	Archiv Staatliche Kunsthalle Karlsruhe (1); Atelier Altenkirch (2)
112-115	Broschüre „Lichtenfels“ (3); Jens Weber (4); Archiv von Busse (3)
116/117	Archiv Ungers (3)
118/119	Dieter Rensing (1); Archiv Baumewerd (6)
120-123	Klaus Kinold (7); Archiv Schattner
124-127	Archiv Kleihues – Jens Ziehe (1), – Christian Richters (1), – Michael Krüger (1); Helge Mundt (1)
128-131	Jörg Winde (6); Eva Schwarz (1); Archiv von Busse (1)
132/133	Andreas Muhs (1); Archiv Kleihues (2)
134-137	Christian Richters (5); Archiv Pfeiffer (1)
138/139	Eva Schwarz (2); Archiv Baumewerd (3)
140/141	Archiv Ungers (4)
142/143	Ben Willikens (1); Archiv Baumewerd (2)
146	Eva Schwarz (1)
148	dpa – Bernd Settnik (1)
151	Michael Heinrich (1)
152/153	Frank Peters (2); Archiv Pfeiffer (3)
154/155	Christian Richters (3); Archiv Pfeiffer (2)
156-159	Eva Schwarz (9); Archiv Bienefeld
160/161	Archiv Bienefeld
167-169	Archiv Pfeiffer
170	Eva Schwarz (1)

Alle nicht genannten Abbildungen stammen vom Autor

Umschlag: Foto Klaus Kinold

Dieses Buch ist nicht ohne die Hilfe und Unterstützung anderer Menschen entstanden und diesen soll an dieser Stelle dafür gedankt werden. Als Erstes sind zu nennen die Architekten und die Architektin, die sich bereit erklärt hatten, trotz ihrer sicherlich knapp bemessenen Zeit für ein Gespräch, für Fragen zur Verfügung zu stehen und somit erst die Verwirklichung des Konzeptes dieses Buches möglich gemacht haben. Dank an die Mitarbeiter und Mitarbeiterinnen in Ihren Büros, die bei weiteren Fragen und Recherchen geholfen haben.

Dank an Eva Schwarz, die trotz eines gehörigen organisatorischen Aufwands ihrerseits unkompliziert und spontan die fehlenden Fotografien erstellt hatte.

Dank an Monika Döring von der Verlagsanstalt Alexander Koch für ihre geduldige und aufgeschlossene Betreuung und Mithilfe.

Dank an Herbert Pfeiffer für seine moralische Unterstützung, die sehr hilfreich war, die Arbeit und Belastung, die ein Buch-Schreiben bedeutet und die nun einmal neben dem normalen Alltagsgeschäft geleistet werden muss, durchstehen zu können.

Dank an Michael, Diana, Markus und Marco, denen ich daher weniger zur Verfügung stand, die mir andererseits aber auch die notwendigen Freiräume eingeräumt hatten.

Der größte Dank aber an Dörte, Berend, Ole und Merle, denen ich sicherlich die meiste Zeit gestohlen habe.

Oskar Spital-Frenking

„Jenseits von sechs Flüssen und drei Bergketten steht Zora, eine Stadt, die keiner vergessen kann, der sie einmal gesehen hat. Doch nicht, weil sie gleich anderen denkwürdigen Städten in der Erinnerung ein außergewöhnliches Bild hinterließe. Zora hat die Eigenschaft, Punkt für Punkt im Gedächtnis zu bleiben mit seiner Abfolge von Straßen und von Häusern, entlang den Straßen und von Türen und Fenstern an den Häusern, obwohl es dabei keine besonderen Schönheiten oder Seltenheiten aufzuweisen hat. Sein Geheimnis ist die Art, in der das Auge über die Figuren … gleitet, die einander folgen wie bei einer Partitur, in der man keine Note … verändern oder vertauschen darf. Der Mensch, der auswendig weiß, wie Zora beschaffen ist, geht nachts, wenn er nicht schlafen kann, in Gedanken durch seine Straßen und erinnert sich der Aufeinanderfolge von Messinguhr, gestreifter Markise des Haarschneiders, Springbrunnen mit den vier Strahlen, gläsernem Turm des Astronomen, Stand des Wassermelonenverkäufers, Statue von Eremiten und Löwen, türkischem Bad, Kaffee an der Ecke, Querstraße, die zum Hafen führt. Diese Stadt, die man nicht aus seinem Gedächtnis löscht, ist wie ein Gerüst oder wie ein Netzwerk, in dessen Felder jedermann die Dinge einordnen kann, an die er sich erinnern mag: Namen berühmter Männer, Tugenden, Zahlen, Klassifikationen von Pflanzen oder Mineralien, Daten von Schlachten, Konstellationen, Redeauszüge. Zwischen jedem Begriff und jedem Wegepunkt kann er einen Affinitäts- oder Kontrastbezug herstellen, der zum sofortigen Abruf der Erinnerungen dient. Somit sind jene die kenntnisreichsten Leute der Welt, die Zora auswendig kennen.

Doch vergebens habe ich mich auf die Reise begeben, die Stadt zu besichtigen: Gezwungen, unverrückbar und sich selbst gleich zu bleiben, damit man sich besser daran erinnern könne, siechte Zora dahin, zerfiel und verging. Die Welt hat es vergessen."

Italo Calvino „Die unsichtbaren Städte" – Die Städte und die Erinnerung. 4,
aus dem italienischen von Heinz Riedt, 1994, Carl Hanser Verlag München/Wien

Büroräume Bürohäuser

Gelingt der Wandel zum Lebensraum Büro?
Von Jürgen Knirsch. 1996.
248 Seiten mit 440 Abb. (237 Fotos, 203 Zeichn. und Pläne, davon 180 in Farbe).
Format 24,5 x 28,5 cm. Geb.
ISBN 3-87422-625-5

Hotels

Planen und Gestalten.
Von Jürgen Knirsch.
3. Auflage 1997. 252 Seiten, 402 Abbildungen, davon 182 Pläne, Zeichnungen und 220 Fotos, (132 in Farbe),
Format 24,5 x 28,5 cm. Geb.
ISBN 3-87422-610-7

Messestand-Design

Temporäres Marketing – und Architekturereignis.
Von Ingrid Wenz-Gahler, 1999. 2. Auflage. 241 Seiten mit 552 z. T. farbigen Fotos, Plänen und Zeichnungen.
24,5 x 28,5 cm. Geb.
ISBN 3-87422-622-0

Café, Bar, Bistro

Design und Gastlichkeit
Von Ingrid Wenz-Gahler.
1999. 192 Seiten, 330 Farbfotos, 47 Pläne.
Text in deutsch und englisch.
24,5 x 28,5 cm. Geb.,
ISBN 3-87422-638-7

Barrierefrei Bauen

Barrierefrei Bauen für Behinderte und Betagte.
Dargestellt und kommentiert von 33 Fachautoren. Hrsg. von Axel Stemshorn. 1999. 4. völlig überarbeitete und erweiterte Auflage. 512 Seiten, 228 Abb., 49 Tabellen und Grafiken, 587 Pläne und Zeichnungen,
21,5 x 28,5 cm. Geb.
ISBN 3-87422-637-9

Der Altbau

Renovieren, Restaurieren, Modernisieren.
Von Otfried Rau und Ute Braune. 2000. 6. Auflage.
1. unveränderter Nachdruck.
360 Seiten, 650 Fotos davon 33 in Farbe. 176 Zeichnungen,
24,00 x 25,0 cm. Geb.
ISBN 3-87422-630-1

Arztpraxen

Gestaltete Räume für Arzt und Patient.
Von Elmar Schossig, Sabine Damaschke, Bernadette Scheffer. 1995. 200 Seiten,
373 Abb. z.T. in Farbe,
24,5 x 28,5 cm. Geb.
ISBN 3-87422-619-0

Feuchte und Salze

in Gebäuden

Ursachen, Sanierung, Vorbeugung.
Von Claus Arendt und Jörg Seele. 2000.
168 Seiten, 146 Abb. davon 78 in Farbe,
21,5 x 28,5 cm. Geb.
ISBN 3-87422-636-0

VERLAGSANSTALT ALEXANDER KOCH